劳动教育理论研究

赵 琳 著

哈尔滨工程大学出版社
Harbin Engineering University Press

内容简介

本书紧紧围绕大学生劳动教育理论与实践展开讨论，主要内容包括劳动与劳动教育理论、劳动教育目标的时代内涵分析、劳动教育工作研究、劳模精神和创新精神以及创新实践研究、大学生劳动教育的路径研究、大学生劳动教育的实践研究、大学生劳动教育的策略研究。总体来说，本书遵循理论与实践相结合、理论指导实践的原则，阐明新时期有关劳动教育的各方面问题。有目的、有计划地组织大学生参加劳动，可使其树立正确的劳动观念，培养劳动精神、奋斗精神和奉献精神，形成良好的劳动习惯和劳动品质，最终成为德智体美劳全面发展的社会主义建设者和接班人。

本书秉持劳动教育的基本理念，结合劳动教育理论与实践中的重点问题，凸显时代特征，既适合高校学生使用，也可为高校学生工作者、高校思想政治教育研究人员提供参考。

图书在版编目(CIP)数据

劳动教育理论研究 / 赵琳著. -- 哈尔滨 : 哈尔滨工程大学出版社, 2025. 1. -- ISBN 978-7-5661-4682-3

Ⅰ. G40-015

中国国家版本馆 CIP 数据核字第 2025NN4601 号

劳动教育理论研究

LAODONG JIAOYU LILUN YANJIU

选题策划 田 婧
责任编辑 刘梦瑶 暴 磊
封面设计 李海波

出版发行 哈尔滨工程大学出版社
社　　址 哈尔滨市南岗区南通大街 145 号
邮政编码 150001
发行电话 0451-82519328
传　　真 0451-82519699
印　　刷 哈尔滨市海德利商务印刷有限公司
开　　本 787 mm×1 092 mm 1/16
印　　张 10
字　　数 247 千字
版　　次 2025 年 1 月第 1 版
印　　次 2025 年 1 月第 1 次印刷
书　　号 ISBN 978-7-5661-4682-3
定　　价 49.80 元

http://www.hrbeupress.com
E-mail:heupress@hrbeu.edu.cn

前　言

2022年10月16日至22日，中国共产党第二十次全国代表大会如期召开。习近平总书记在此次会议报告中明确指出："在全社会弘扬劳动精神、奋斗精神、奉献精神、创造精神、勤俭节约精神，培育时代新风新貌……发挥党和国家功勋荣誉表彰的精神引领、典型示范作用，推动全社会见贤思齐、崇尚英雄、争做先锋。"

自"劳动"诞生以来，它对人类的进化与社会的发展起到不可忽视的作用。近年来，"劳动教育"这一概念再次受到人们的广泛关注，且热度持续上升。2020年3月，《中共中央 国务院关于全面加强新时代大中小学劳动教育的意见》（以下简称《意见》）发布，对加强新时代劳动教育进行了系统设计和全面部署；2020年7月，教育部印发《大中小学劳动教育指导纲要（试行）》（以下简称《指导纲要》），对各级各类学校开展劳动教育提出了细化要求。《意见》和《指导纲要》提出，普通高等学校要将劳动教育纳入专业人才培养方案，并明确了主要依托的课程。

本书顺应新时代劳动教育的要求，从新时代教育形势出发，结合当代学生心理和生理等方面的独有特征，全面而系统地阐述劳动教育及其相关理论，从现状、时代价值和实践路径等多个方面对新时代劳动教育进行理论根源与发展实施的研究。鉴于近年围绕劳动的热点话题不断涌现，本书以"劳动精神""劳模精神"及"工匠精神"为主体，在紧紧把握好"劳动"内核的同时，赋予"劳动"新的含义，使其在当代仍具有价值与活力。本书旨在引导学生建立正确的新时代劳动实践观和发展观，体现了编者对新时代全面加强劳动教育深刻而全面的思考，也为新时代学校全面落实立德树人的根本任务提供了重要的参考方向。

本书从理论层面明确劳动教育的价值取向，引导学生树立正确的劳动观，崇尚劳动、尊重劳动。同时使学生体会劳动创造美好生活的喜悦，树立劳动不分贵贱、热爱劳动、尊重劳动者的观念，培养勤俭、奋斗、创新、奉献的劳动精神。本书进一步丰富了劳动教育的内容和实践形式，促进学校、家庭对大学生劳动教育的重视，这对于当代大学生树立正确的劳动价值观、弘扬我国优秀传统文化和民族精神、践行社会主义核心价值观具有重要意义。

本书旨在切实提高高校劳动教育的育人实效，以理论与实践相结合为特色，既能引导学生对劳动的理解和思考，使其改变劳动的习惯和方式，增长劳动的智慧和本领，学会感恩、协作，增强社会责任感；又有助于提升高校学生工作者的育人水平，为构筑"师生共成长"的协同发展模式提供理论支持和实践依据。

由于著者水平有限，书中难免存在不足之处，请广大读者批评指正。

著　者

2024年9月

目　录

第一章　劳动与劳动教育理论

马克思主义劳动观认为,劳动是人的本质活动,是区别人与动物的重要标志。从某种意义上讲,劳动创造了人本身,使人不仅成为具有自然属性的生物,更是具有社会属性的能动性存在。在人类的活动过程中,人们通过劳动产生了劳动关系和交往关系,进而出现了更复杂的社会关系。同时,劳动创造的价值,不仅包括实体的经济价值,还包括人生价值、精神价值。马克思指出,人的解放是实现人本质的复归,是人真正占有自己并实现自己的过程,而这一切正是通过劳动实现的。

第一节　劳动概论

什么是劳动？劳动与人类社会及每个人是什么关系？劳动教育对于当代大学生具有什么样的作用和意义？

劳动作为人类活动的一个基础范畴,具有哲学、政治学、经济学和人类文化学等多方面的意义。劳动与人类社会密切相关,深入了解马克思主义的劳动观,认识劳动的深刻内涵和其与人类社会的关系,有助于我们深入认识劳动,并积极投入劳动实践中。

劳动是人们改变劳动对象,使其适合自身需要的、有目的的活动,即劳动力的支出或使用。劳动是人类社会存在和发展的最基本条件,在人类进化的过程中起着决定性作用。人类的祖先类人猿经长期劳动实践,才逐渐进化成能制造工具的人类。劳动在不同的社会制度下,具有不同的社会属性。

一、劳动的定义

劳动是指人类实践活动的一种特殊形式,多指创造物质财富和精神财富的活动。在《中国大百科全书(哲学卷)》中,劳动被定义为“人类特有的基本的社会实践活动,也是人类通过有目的的活动改造自然对象并在这一活动中改造人自身的过程”;在经济学中,劳动则是指劳动力(含体力和脑力)的支出和使用。《资本论》中有“劳动力的使用就是劳动本身。劳动力的买者消费劳动力,就是叫劳动力的卖者劳动”的论断。从历史唯物主义的视角看,劳动是人类社会赖以生存和发展的前提,正所谓“劳动创造世界、劳动创造历史、劳动创造了人本身”。

二、劳动与人的关系

马克思主义劳动观认为,劳动是人类的本质活动,劳动是人类一切活动的基础、本源乃至中心地位。劳动与人二者之间密切相关,互为本质、互相定义、互相推动。劳动创造了人本身,人的行为界定了劳动的概念。同时,人的发展又推动了劳动生产能力的提高,人在与劳动的动态平衡关系中创造了人类文明。

（一）劳动是人的起源和本质特征

恩格斯在《劳动在从猿到人转变过程中的作用》一书中，详细论述了劳动是如何创造了人本身的这一问题。猿类在进化为人类的过程中，正是通过劳动逐渐习惯直立行走，解放并发展出能够灵活使用和制造工具的双手。手的发展带动了整个身体和劳动内容形式的发展，促使“这些正在形成中的人”因劳动协作的需要而不断发出声音来进行交流，从而产生了语言。身体、工具与语言的发展，又进一步促进了大脑、感觉器官和社会群体的发展，最终形成了与动物有着本质区别的人和人类社会。总之，在从猿到人的转化过程中，劳动不仅起到了决定性作用，也是标志性成果。因此恩格斯总结说：“劳动是一切人类生活的第一个基本条件，而且达到这样的程度，以致我们在某种意义上不得不说：劳动创造了人本身。”

劳动是人类使用工具来改变自然物，使其适合自身需要的有目的的活动。人与动物的本质区别是劳动，人类的劳动行为与动物的本能活动有着本质的区别。其首要的一点在于，人类的劳动是有意识、有目的、有计划地改造自然的活动。马克思曾经把人和蜘蛛、蜜蜂做比较，来说明人类劳动的这种特点：“蜘蛛的活动与织工的活动相似，蜜蜂建造蜂房的本领使人间的许多建筑师感到惭愧。但是，最蹩脚的建筑师从一开始就比最灵巧的蜜蜂高明的地方，是他在用蜂蜡建造蜂房以前，已经在自己的头脑中把它建成了。”劳动工具的制造、携带、保存与使用逐渐成为一种生存方式和特殊能力，这显现了劳动的自由创造性；当劳动成为一种精神自觉而具有普遍的符号意义时，也就意味着具有真正的自由精神的人类出现了。而且，在劳动促进人创造自身的过程中，劳动经验的传递与劳动能力习得活动，也是人类实现种系生存与发展的一种教育自觉活动。

（二）人在劳动过程中的能动性和创造性

恩格斯曾说：“人们首先必须吃、喝、住、穿，然后才能从事政治、科学、艺术、宗教等活动。”诚然，人因生产劳动而生存。生产劳动首先创造了丰富的物质基础，使人在很大程度上能从自然界的物质束缚中脱离出来，成为万物的灵长。马克思指出：“整个所谓的世界历史，不外乎是人通过人的劳动而诞生的过程。”在这个过程中，劳动创造了人，同时也是人的存在方式。但人对劳动具有极强的能动性和对象性意志情感表达，因此，劳动是人的对象化过程，是主客体统一、身体与精神协调的过程。通过劳动，人超越了作为物种生命存在的自然性和自然依赖，实现了自由创造性，完成了自我实现。马克思在《1844 年经济学哲学手稿》中指出：“一个种的整体特性、种的类特性就在于生命活动的性质，而自由的、有意识的活动恰恰就是人的类特性。”在此，马克思在人与动物的根本区别上肯定了人是劳动的类存在。劳动的生命活动以满足物质需要为前提，人既要学会克制并延迟自己的本能欲求，避免在本能欲求的驱使下消耗有限的物质生活资料，也要在本能欲求的基础上，不断展开自我主导的、扩展性的生产劳动。因此，劳动虽然被认为是一种自我限制与延迟，但它延展了人的生存尺度，使人扬弃了对自然的依赖性，实现了理性自我的觉醒。人的自我克制与生产劳动充分体现了人意志的自由性和对劳动产品的创造性，劳动被赋予了作为人类存在方式的文化内涵。马克思主义对于劳动的充分肯定，表征了人的生命与动物的生命之间的本质区别，彰显了人的存在所特有的自由创造性，确认了劳动是人存在的类本质。

劳动是人类最基本的实践活动,也是人的对象性活动。马克思认为,人通过生产劳动改造对象和世界的过程,就是在生产劳动中实现其类生活对象化的过程。从事"对象性"生产劳动要求人具备以下能力。

第一,人应该具有主体意识。动物的生命活动与其自身相互统一,而人可以通过实践,实现从意识到物质活动的转换,进而使人的生命活动转化为意识的对象。

第二,人应该具有能动性。能够主动地认识世界和改造世界。

第三,人应该具有实践性。实践是人类特有的物质活动,人类劳动作为最基本的实践活动,创造了人类历史。实践性内在包含着革命性、批判性和斗争性。马克思主义认为,"实践的唯物主义者"能推动一切革命。人类实践的目的是推动人类社会的发展,实现人的全面发展,而发展需要通过对现存事物进行不断的否定、批判和扬弃来实现。

总之,劳动是人本质力量的对象化活动,崇尚劳动、尊重劳动是对人的本质力量即人的一般本质和现实本质的价值复归。人的一般本质指人类区别于动物的根本特征,即劳动是人类特有的生存和生活方式。劳动促使人类从动物的自然属性提升到人的自然属性,再发展为人的社会属性。人的现实本质是指人在不同劳动条件和不同社会经济形态下,从事现实活动的劳动者具有各不相同的特征。横向来看,在诸多复杂的社会生产关系中,不同的劳动方式决定了社会结构状况,也决定了人的阶级属性和社会地位;纵向来看,劳动必然受到一定历史条件的制约,不同历史条件下的劳动对象、劳动工具、劳动内容、劳动规模、劳动水平等因素决定了人的现实状况和实践能力。因此,人通过劳动及其产品实现并证明了自身的本质。正如马克思所言:"个人怎样表现自己的生命,他们自己就是怎样。因此,他们是什么样的,这同他们的生产是一致的——既和他们生产什么一致,又和他们怎样生产一致。"劳动是主体将自身本质力量和内在尺度对象化于客体的过程,也是人在追求全面发展的同时实现自我价值的过程。

三、劳动与人类社会

人类社会的各种活动无一不是劳动,无一不是建立在劳动基础之上的。劳动与社会发展息息相关。马克思主义唯物史观和中华民族发展奋斗的历史经验告诉我们,劳动是历史前进的动力,塑造了优秀的中华文化,也是推进党和国家事业发展的内在动力。

劳动是历史前进的动力。人类劳动不仅是人现实社会性本质生成的根本基础,也是推动人类不断进步的自由创造力量,是改变世界和解放人类自身的历史前进动力。人类社会运动史实质上就是人类社会的劳动发展史。劳动创造推动了人类社会的历史运动,正如马克思所言:"整个所谓的世界历史不外是人通过人的劳动而诞生的过程。"同时,人通过劳动不断体现和生成自身的创造性本质力量,从根本上讲,人是"创造性"的存在物,每个人都体现了创造性能量。人在劳动过程中不断发挥和发展自身的创造力,进而推动人类历史进步,实现人存在的真正价值。因此,人类历史的发展进程印证了劳动的自由创造性实质。

马克思主义劳动观首先从哲学、人类学和存在论层面肯定了人是自由创造性的劳动存在,自由创造性劳动即人以自由意志创造自身、创造环境、创造社会、创造历史的劳动。马克思主义劳动观将劳动与人的存在方式统一起来,给予劳动历史性的价值关怀。劳动作为人特有的自由创造性活动,蕴含了发展人和发展社会的教育旨趣,从而为劳动教育在促进人的发展和社会进步方面奠定了实践的逻辑基础。

劳动塑造了优秀的中华文化。劳动精神孕育于中华民族创造历史的实践之中，积淀于中华优秀传统文化、革命文化、先进文化之中，它反映了中华儿女崇尚劳动、尊重劳动的整体性格和深层心理，是中华民族独特的精神标识，也是维系中华民族生存和发展的精神纽带。中华民族是勤于劳动、善于创造的民族。正是因为劳动创造，我们拥有了辉煌的历史；也正是因为劳动创造，我们拥有了今天的成就。历史呼吁新时代劳动精神必须承载伟大而艰巨的光荣使命，现实召唤新时代劳动精神必须富有开创美好未来的创造活力。自古以来，精卫填海、愚公移山等蕴涵朴素劳动精神的神话传说，神农教民农作、舜耕历山、大禹治水等传颂劳动可贵的民间故事，刺股悬梁、积雪囊萤、燃糠自照等赞誉勤奋刻苦的成语典故，都彰显了崇尚劳动、尊重劳动是中国劳动人民在缔造灿烂文明的漫长劳动实践中形成的精神品格和价值追求，并由此创建了世代中华儿女丰富的物质世界和丰裕的精神世界。实现中国的发展目标，不仅要在物质上强大起来，也要在精神上强大起来。工匠精神、航天精神、互联网精神、改革开放精神等新时代劳动精神，生动地诠释了社会主义核心价值观，构筑了中国特色社会主义文化大厦，已然成为实现国家富强、民族振兴、人民幸福的目标的更基本、更深沉、更持久的精神力量。

劳动是推进党和国家事业发展的内在动力。中华民族五千年文明史是中国劳动人民自强不息、励精图治的伟大历史。中华民族历经磨难，无数仁人志士舍生忘死，为救国救民而奋起抗争。中国共产党改写了中华民族积贫积弱的历史面貌，续写了敢为人先的奋斗历程，谱写了举世瞩目的时代新篇，团结带领全国各族人民历经千辛万苦创造了彪炳史册的人间奇迹。从诞生之初，嘉兴南湖边寻找光明的摆渡人，到战争年代枪林弹雨中挺起脊梁的主心骨，再到建设时期广阔天地间勇往直前的先锋队，中国共产党始终初心如磐，团结带领人民前仆后继、顽强奋斗，把贫穷落后的旧中国改造为欣欣向荣的新中国，彻底实现了民族独立和人民解放，努力实现着国家富强和人民幸福，中华民族伟大复兴展现出前所未有的光明前景。

历览前贤国与家，成由勤俭破由奢。中国共产党始终把艰苦奋斗、勤俭治国作为党和国家事业发展的传家宝，根据不同历史时期人民的意愿和事业发展的需要，提出富有感召力的奋斗目标，团结带领全国各族人民为之不懈努力奋斗。在新的历史条件下，实现人民对美好生活的向往的奋斗目标，亟须弘扬和培育新时代劳动精神，不断发掘党和人民的创新、创造活力，发挥新时代劳动人民的历史主动性，发扬逢山开路、遇水搭桥的英勇品质和创造精神，中国人民在党的带领下锐意进取、大胆探索，通过劳动创造源源不断的物质财富和精神财富，不断有所发现、有所发明、有所创造、有所前进，逐步开拓社会主义劳动建设新局面。

第二节　马克思劳动价值论与人的全面发展

马克思劳动价值论是马克思政治经济学的理论基础，也是整个马克思主义理论体系的重要理论基础，是科学社会主义的基石，对指导我们进行中国特色社会主义建设具有重要的理论和现实意义。劳动价值论中的劳动是指生产劳动和创造价值的劳动，而生产劳动在劳动价值论中起到重要的连接作用，用马克思的话来说，就是“理解全部政治经济学的枢纽”。

一、马克思劳动价值论

马克思劳动价值论深刻阐释了商品经济的本质和运行规律,赋予了劳动在价值创造中的决定作用,并由此奠定了剩余价值论的理论基础。马克思劳动价值论不仅在人类经济学说上具有重要的理论价值和历史地位,而且在当今时代,依然有着重要的指导意义。

(一)马克思劳动价值论的主要内容

1. 劳动具有二重性

《资本论》中定义的"劳动"是指人与自然之间互相发生行为的过程,是人以自身活动调整、控制人与自然之间关系的物质变换的过程。衣服和器具,都是通过裁缝和铁匠的具体劳动生产出来的,具体劳动决定了生产商品的使用价值;当生产出的物品被作为商品出售时,它们必须以无差别的人类劳动作为衡量标准,此时物品是价值的实体,是抽象劳动的凝结。所以劳动具有二重性,由生产商品的具体劳动和抽象劳动构成。在政治经济学的范畴中,作为生产商品使用价值的具体劳动,不是一般意义上劳动分工的有用劳动,而是建立在社会分工基础上作为商品交换的有用劳动;抽象劳动是指同质的、无差别的形成商品价值的劳动。马克思通过由具体到抽象、先分析后综合的方法,考察了生产商品的劳动二重性。商品经济关系决定了生产商品的异质具体劳动转化为同质的无差别抽象劳动。因此,形成价值实体的人类劳动是一定社会关系的反映,具有历史性。

2. 商品是使用价值和价值的对立统一体

商品是使用价值和价值(亦称"商品二因素")的对立统一体。生产一件物品,能满足人类的某种需要,马克思将这种物的有用性称为使用价值,使用价值是具体劳动的成果。生产者生产出一件物品,无论是自己使用还是出售给顾客,物品都具有使用价值。一切非天然存在的物质财富要素,都必须通过人类的某种需要和专门的生产活动才能被创造出来。因此,使用价值是社会物质财富的承担者和交换价值的载体,是商品的自然属性。当从不同的产品中抽象出耗费的人类劳动时,虽然劳动形式不同,但这些劳动都来自人脑、肌肉、神经、手等生产耗费。从这个意义上说,生产的产品都是无差别的人类劳动,所以才能在市场上进行等价交换。凝结在商品中无差别的人类劳动就是价值。价值是商品的社会属性,由抽象劳动创造。劳动二重性和商品二因素紧密相连,不可分割,劳动二重性决定了商品二因素,并且后者是推导前者的逻辑起点。

3. 价值量与价值规律

马克思认为,商品的价值量是由生产商品的社会必要劳动时间决定的。在马克思的《资本论》中,社会必要劳动时间是指:"在现有的社会正常的生产条件下,在社会平均的劳动熟练程度和劳动强度下,制造某种商品所需要的劳动时间。"企业如果要想获得高利润,就必须通过引进科学技术提高劳动生产率,使生产该商品的劳动时间低于社会必要劳动时间,即商品个别价值低于社会价值时,企业才会盈利。社会必要劳动时间与商品的价值量成正比,与劳动生产率成反比。通过劳动价值论中价值量的变动,马克思探索出了市场价值规律。由于商品价值和价值量的存在,商品市场上必须遵循等价交换原则,商品生产者就会通过改进生产工具、提高劳动生产率的方法,争取更多的盈利并避免在商品市场上被淘汰,所以生产资料和劳动力在各生产部门被优化分配,这就是受价值规律影响的表现。

商品的价值在市场流通过程中转换为商品的价格,从短期和表面上来看,商品的价值和价格不一致,但其存在内在的联系;市场价值调节供求关系,供求关系影响市场价格,市场价格围绕市场价值并进一步围绕商品的生产价格上下波动,这是价值和价格内在本质的联系。

(二)马克思劳动价值论的当代价值

劳动的自然属性和社会属性构成了其本质与内涵,这是我们考察和研究劳动的最基本依据。

马克思认为:“劳动作为使用价值的创造者,作为有用劳动,是不以一切社会形式为转移的人类生存条件,是人和自然之间的物质变换;即人类生活得以实现的永恒自然必然性。”由此可见,马克思对劳动的基本定义有三层意蕴:其一,劳动是人与自然间的交换过程;其二,这种交换过程是有效用的;其三,这种交换过程是不受社会存在形式影响的,表现为一种自然必然性。这是因为劳动具有自然属性。

在考察了资本主义的生产过程之后,马克思进一步指出:“生产劳动是直接增殖资本主义的劳动或直接生产剩余价值的劳动,就是说,它是没有对工人即劳动完成者支付等价物就实现在剩余价值中的劳动,就表现为剩余产品的劳动,表现为劳动资料垄断者即资本家的商品剩余的增量的劳动……因此生产劳动是直接为资本充当自行增殖的因素,充当剩余价值的增量的劳动。”由此可见,生产劳动作为价值的创造者,其本质是由社会经济形态决定的。在资本主义社会,生产劳动仅指生产剩余价值的增量劳动,即生产符合资本主义生产关系的劳动,这是从生产劳动的社会属性角度来理解的。

在资本主义社会,生产劳动由资本主义的本质所决定,生产劳动必然是以资本家的物质利益生产为目的的生产劳动,这种生产劳动完全由价值进行调节,这种劳动创造的是资本。因此,生产劳动只是剥削工人剩余价值的手段,是在私有制条件下对人的异化。

马克思以唯物辩证法为批判武器,从商品这个微观元素出发,揭示商品的内在矛盾和整个资本主义社会的内在矛盾及其运动规律,建立起科学的劳动价值论,完成了政治经济学的革命,为无产阶级政治经济学和社会主义国家经济体系的建立提供了坚实的理论指导。劳动价值论是《资本论》立论的理论基础,马克思在批判资本主义和构想共产主义社会实现自由、自觉劳动的过程中,融入了丰富的劳动伦理思想。这些思想的建构逻辑和价值导向为中国特色社会主义建设提供了源源不绝的精神动力和理论滋养。

首先,要树立以人民为中心的根本立场。坚持以人民为中心的发展思想,是马克思主义政治经济学的根本立场,部署经济工作、制定经济政策、推动经济发展都要牢牢坚持这个根本立场。马克思政治经济学从一开始就旗帜鲜明地站在无产阶级和广大劳动人民的立场上,通过对资本主义矛盾运动的解剖,揭示了资本家对无产阶级和劳动人民的剥削,科学地论证了无产阶级是资本主义的掘墓人。以人民为中心建立在生产资料公有制基础上,确立了广大劳动人民在社会生产关系中的主体地位,是中国特色社会主义政治经济学的逻辑起点和根本立场。

其次,要坚持公平正义,让劳动者有更多的获得感。马克思在考察资本主义生产方式中发现了劳动和劳动力的区别,资本家在商品市场上购买的是劳动力的价格即支付工资,但购买的劳动在生产过程中会创造更多的价值,即价值增值过程,这就是剩余价值的来源。

党的十九大报告指出,要保证人民在共建共享发展中有更多的获得感。增强劳动者的获得感是基于马克思劳动价值论对于劳动创造价值、劳动者主体地位、劳动中人与人的社会关系,以及实现劳动自由自觉的倡导和创新,人的价值在资本主义生产关系及其价值体系中被遮蔽了,现代劳动以社会劳动取代雇佣劳动,力图将劳动从资本主义生产增值过程中解放出来,恢复劳动创造价值和尊重劳动主体的科学发展观,从而实现真正的公平正义,使劳动人民有更多获得感。

再次,要回归劳动价值,倡导工匠精神。劳动包括两方面的含义:从哲学角度来说,劳动是人的本质,是人实现自我价值的重要途径;从经济学角度来说,劳动主要是指劳动力生产物质生活资料。新时代背景下我们提倡劳模精神和工匠精神,这是建设社会主义精神文明的重要内容,也是社会主义核心价值观在个体和劳动层面的实践旨趣,更是马克思劳动价值论在中国特色社会主义新时代的继承发展和创新。新时代背景下的劳动者在劳动过程中,以生产物质生活资料为起点,创造出相互联系的社会关系;以实现自由自觉的劳动为奋斗目标,回归劳动价值,达到外在劳动与内在精神的有机统一,在实现自我价值和他人良性互动中推动社会发展。

最后,要扬弃异化劳动,实现人的解放。异化是指人与自身创造出来的东西存在对立状态。劳动作为一种类本质的自由自觉的活动,在资本主义社会里却成为异己力量反过来支配并奴役人,具体表现为劳动者同自己的劳动产品相异化,工人生产的财富越多,其自身的处境就越贫困,劳动者生产的商品越多,其劳动力就越变成廉价的商品。走中国特色社会主义道路,必须坚持马克思的劳动者立场,通过提高劳动者素质、发展生产力,以及创新完善的劳动思想理论,为实现劳动解放,进而达到人类自由而全面发展的共产主义积累条件。

二、异化劳动与人的全面发展

马克思用“异化劳动”来概括私有制条件下劳动者同他的劳动产品及劳动本身的关系,马克思认为劳动(自由自觉的活动)是人类的本质,但在私有制条件下却发生了异化。异化劳动理论是马克思主义理论的重要组成部分,旨在批判在资本主义社会中资本奴役劳动、物统治人等现象的种种弊端,进而阐述扬弃异化和实现人的自由全面发展的未来社会理想。

(一)异化劳动理论的提出

马克思在《1844 年经济学哲学手稿》中,将哲学与政治经济学研究结合起来,得出两点有关异化劳动的理论:其一,劳动是人类自由自觉的活动,构成了人的本质;其二,在资本主义私有制条件下,人与从属于自己的劳动发生了异化,即出现了异化劳动。马克思通过对各种异化劳动的分析,得出强制的固定化社会分工是产生异化劳动的根源这一理论,私有财产是异化劳动的结果,揭露批判了资本家无情剥削无产者的本质,并得出结论:只有扬弃固化的社会分工,消灭私有制,大力发展生产力,进入人类自由而全面发展的共产主义社会,异化劳动才会消失。

（二）异化劳动的四重规定性

1. 劳动者与劳动产品相异化

马克思异化劳动理论认为："劳动所生产的对象，即劳动的产品，作为一种异己的存在物，作为不依赖于生产者的力量，同劳动相对立。"劳动者生产的劳动产品本应归劳动者所有，但在资本主义制度下，劳动产品不归劳动者所有，而属于与工人相对立的资本家。资本家支付的工资勉强能维持工人自身的需求，工人没有主观能动性，没有精神追求，只为了简单的生存需要而成为资本家的奴隶或从属于工资。正如马克思所描述的那样，工人生产的财富越多，他的产品的力量和数量越大，他就越贫穷。工人创造的商品越多，他就越变成廉价的商品。物的世界的增值与人的世界的贬值成正比。工人在生产大量产品后得到的只是赤贫，但他们无法摆脱资本家的奴役，只能靠出卖劳动维持生存。

2. 劳动者与生产活动相异化

马克思认为，人的本质是自由自觉的活动，即劳动，在劳动中人应感觉到快乐和幸福，但在资本主义生产方式下，工人在劳动中受到的是人性的摧残、剥削和不幸。因而劳动对工人来说是一种外在的东西，劳动不属于劳动者本身，工人在劳动中不是肯定自己而是否定自己，工人只是机器式地发挥作用，为资本家生产更多的产品，为资本家创造更多的剩余价值。这种劳动并不是工人自愿的活动，只是为了肉体的需要而维持基本生存的被迫劳动。

3. 劳动者与自身的类本质相异化

马克思曾指出"人是一种类存在物"，人的类本质是人自由自觉的生产劳动，是人区别于动物的根本特性。人通过自由自觉的活动发挥主观能动性，不断实现自己的价值，也为社会创造财富。劳动是人的类本质，在劳动中工人感受到的是幸福，是自我价值的实现，人只有在劳动的实践中才能证明自己的价值和存在。但在强制社会分工的资本主义私有制下，工人的劳动不是自由自觉的活动，而是被迫的劳动，劳动仅仅是工人维持肉体生存的手段，工人的主体性被淹没，人的类本质丧失，只是作为动物的本质存在，人的类本质与人相对立，不再是作为真正意义上的人而存在。

4. 人与人相异化

人与自己的劳动产品、生命活动、类本质相异化的直接结果就是人与人之间相异化。当人与自身相对立的时候，他也会与他人相对立。工人为了生存，为了获得出卖劳动的机会，使得工人与工人相异化；与资本家之间只是利益关系，只是为了维持肉体的需求而从属于资本家，使得工人与资本家相异化；大资本家为了赚取更多的剩余价值，吞并小资本家，使得资本家之间相异化。马克思将物的异化上升为人与人之间的异化，批判了资本主义制度的不合理。

（三）马克思劳动异化论的启示意义

1. 有助于深化对社会主义本质的认识

马克思提出，人类社会只有发展到人人自由且全面发展的共产主义阶段，即生产力高度发达，私有制不复存在，劳动不再是谋生的手段，而是生活的需要时，异化劳动才会消失。社会主义商品生产同资本主义商品生产存在本质的区别，因而社会主义生产劳动与资本主义生产劳动也是有本质区别的。社会主义商品生产的本质决定了社会主义生产劳动的本质是满足人的全面发展的需求,是以人为核心的。由于社会主义公有制占主导地位,劳动过程不表现为人与物的对立、人与人的对立。人与人之间的关系表现为同一社会利益集团中各成员内部的关系。从事社会主义生产劳动的各个社会阶层都是“中国特色社会主义事业的建设者”,建设中国特色社会主义事业是社会各阶层最根本的共同利益、共同理想。因此,劳动过程中人与物的矛盾、人与人的矛盾可以自发调节或在社会主义国家的调控下进行调和。

2. 坚持以人民为中心的发展思想,不断增强人的主体意识

要想消除异化,首先要消灭私有制,消除强制的固化的社会分工,坚持以人民为中心,大力发展生产力。党的十九大提出:“新时代中国特色社会主义思想,必须坚持以人民为中心的发展思想”“使人民获得感、幸福感、安全感更加充实、更有保障、更可持续。”党的二十大报告提出:“全面贯彻党的教育方针,落实立德树人根本任务,培养德智体美劳全面发展的社会主义建设者和接班人。”劳动教育是促进人全面发展的重要内容,是落实立德树人根本任务的有力举措。增强新时代劳动教育育人实效是培育和造就德智体美劳全面发展的社会主义建设者和接班人的必然要求。

3. 坚持精神文化建设,促进人自由而全面发展

人的全面发展是指人的劳动能力,即人的体力和智力全面、和谐、充分的发展,以及人的道德发展。人的发展同自身所处的社会生活条件是相联系的,旧式分工造成了人的片面发展,机器大工业生产提供了人全面发展的基础和可能,社会主义制度是实现人全面发展的社会条件。生产劳动同智育和体育相结合,不仅是提高社会生产的一种方法,更是造就全面发展的人的唯一方法。在资本主义私有制下,工人没有精神文化追求,只是简单地维持基本生存。

三、劳动的目标

新时代劳动价值观以辛勤劳动、诚实劳动与创造性劳动为根本遵循和实践逻辑,协调劳动关系中的各种矛盾,推动人的全面发展和社会的全面进步。

(一)以辛勤劳动收获幸福

劳动是财富的源泉,也是幸福的源泉。辛勤劳动本身就是一种幸福,人们在劳动中体现价值、展现风采、感受快乐;辛勤劳动更是幸福的持久保障,没有经过辛勤劳动获得的成果如指间流沙,经不起时间的考验。

辛勤劳动需要埋头苦干、真抓实干,干在实处、干出成果。它具有以下四个层次的精神意蕴:一是“想干”的理想境界,即以更强的使命、更足的干劲、更实的作为,争做新时代的奋斗者、社会主义的实干家;二是“敢干”的责任担当,即以过人的胆识、豪迈的气魄、顽强的毅力,甩开膀子大胆干,撸起袖子加油干;三是“真干”的实践品质,以务实的作风、敬业的态度、勤勉的姿态,抓铁有痕、踏石留印;四是“巧干”的本领能力,以灵活的智谋、过硬的素质、卓越的才能,在新时代干实事、干大事、干成事、干好事。

(二)以诚实劳动立身处世

民无信不立,诚信是一个人乃至一个国家立身治世的根本。诚实劳动是社会转型和经济改革过程中规范社会关系的"润滑剂""稳定器"和"助推器",诚实劳动要求劳动者全身心投入劳动实践,不驰于空想,不骛于虚声。三百六十行,行行出状元,只要做到勤勉工作、精益求精,每个人都能在平凡的岗位上做出不平凡的贡献。

通过构建规范有序、公正合理、互利共赢、和谐稳定的劳动关系,实现全社会的诚实劳动。努力构建中国特色和谐劳动关系,是加强和创新社会管理、保障和改善民生的重要内容,是建设社会主义和谐社会的重要基础,是经济持续健康发展的重要保证,是增强党的执政基础、巩固党的执政地位的必然要求。构建中国特色和谐关系需要做到以下几点:一是坚持以人为本,解决好劳动者最关心、最直接、最现实的利益问题,以及最困难、最忧虑、最急迫的实际问题;二是坚持依法构建,健全劳动保障法律法规,将劳动关系的建立、运行、监督、调处的全过程纳入法治化轨道,加快建设覆盖全社会的信用信息系统,落实失信人员惩戒机制;三是坚持共建共享,推动劳动关系双方主体协商共事、机制共建、效益共创、利益共享,使得劳动成果更多、更公平地惠及劳动者,真正实现多劳多得、少劳少得、各尽所能、按劳分配;四是坚持改革创新,推进具有中国特色的劳动关系工作理论、体制、制度、机制和方法创新,不断革新劳动政策、健全劳动法律、改善劳动环境,将诚实劳动抽象性的价值取向固化为全社会共同遵守的制度规范,努力实现劳动者体面劳动,促进劳动者全面发展。

(三)以创造性劳动引领未来

劳动本身是生命展现价值多样性和丰富性的过程,人在生产劳动中既能改进人与自然、人与社会、人与自身之间的关系,又能使人超越现实生产劳动的限制,激发对自然世界与人为世界突破性的兴趣和想象,实现对未来社会超越性的理想与目标。

首先,创造性劳动指通过最大限度挖掘人的创造性思维、释放人的主观能动性,突破现存事物旧的表现形式和物质形态,从而生产和创造新的使用价值的劳动。劳动者在创造和享受生存所需物质产品的同时,也表现出对生命价值和精神意义的追寻。创造性劳动在促进人自由、全面发展,以及推动社会全面进步中发挥着极为重要的作用。

其次,创造性劳动要求劳动者成为德智体美劳全面发展的时代新人。出于社会发展的外在需求,以及个人发展的自然性内在要求,创造性劳动不仅要求劳动者的基本素质得到全面、整体、和谐的发展,还要求劳动者在各种素质及其内部要素的结构组合上追求自由、个性、创造性发展。全面发展和自由发展并驾齐驱,才能真正提高劳动者的综合素质,释放其劳动潜能,增强其创新、创造能力。

最后,创造性劳动是推动国家和民族向前发展的根本力量。面对新一轮全球科技竞争呈现的新态势、新特征,要适应和引领我国经济发展的新常态,关键在于依靠科技创新来转换发展动力,抓住科技创新就等于抓住了推动我国发展的关键。同时,科技创新还需要制度创新协同作用、共同推进。因此,创造性劳动并非一墙一隅,而是一个系统工程,要不断推进理论创新、实践创新、制度创新,以及其他各方面的创新,实现"频频讲创新、事事想创新、处处谋创新"的目标。

创造性劳动是全民族劳动者共同的事业,要强化实施创新驱动发展战略,普及科学知识、弘扬科学精神、传播科学思想、倡导科学方法，充分释放蕴藏在亿万人民中的创新智慧、充分涌流创新力量，不断推进大众创业、万众创新的深入发展。

第三节　劳动教育的含义与演变

劳动和教育是互相包含的关系，本质上，教育旨在为社会培养劳动者，是社会生产劳动体系中的一个环节，而劳动则是教育中的重要内容和培养目标。现代社会生产要求劳动者全面发展，只有全面发展的劳动者才能担负起现代社会大生产的责任，这是现代社会生产的客观规律；同时，中国特色社会主义进入新时代，劳动是人的全面发展和解放的活动，更接近于实现人的智力与体力的有机结合和自由发挥。因此，教育与生产劳动相结合，坚持并创新劳动教育，是现代教育发展的必然过程。

劳动教育是社会主义教育的重要特征，它以马克思主义"人的全面发展"学说为指导，为我们提供了坚实的理论基础。在社会主义教育中，劳动教育既是教育内容，也是教育目的，旨在培养广大青少年的劳动本领，树立劳动光荣的价值观念，保持社会主义国家主人翁和建设者的光荣本色。从这个意义上说，劳动教育是培养社会主义建设者和接班人的重要途径，新时代的大学生应当通过了解我国劳动教育的相关政策，深入领会劳动教育的本质和重要意义，高度认同劳动价值，精熟掌握劳动本领，努力促成个人的全面发展，积极投身社会主义建设。

一、劳动教育的含义

"劳动教育"是以促进学生形成劳动价值观（确立正确的劳动观、积极的劳动态度，热爱劳动和劳动人民等）及养成良好劳动素养（形成劳动习惯、有一定的劳动知识与技能、有能力开展创造性劳动等）为目的的教育活动。

首先，劳动教育中的"劳动"，不是广义的生产劳动，也不是狭义的脑力劳动或专业劳动，更不是指那种脱离实践、与生活脱节的纯粹智力活动。劳动教育中的"劳动"是指身心合一、身体力行、动手操作的劳动。

其次，劳动教育的真正目的是实现人的整体文化提升。人在劳动中，需要具备肉体的耐力与毅力，忍受辛苦与劳累；心理上需要保持紧张、兴奋、专注、投入；同时，还需要知识的实际运用和创造性的发挥。劳动要求肉体、心理、认知应高度融合，协调统一。主体必须以自觉的、能动的、积极的、快乐的态度投入劳动过程，发挥人的主体性，展现和丰富人的本质力量，提升精神境界，促进个性自由而全面的发展。通过全身心的投入，个体在忘我状态中得到感化和升华，实现"劳动化人"的目标。通过劳动教育、手工活动，人能够在简单、踏实的工作中找到安定感、满足感；在富有诱惑力的兴趣爱好中体会创造带来的成功乐趣、幸福感；在极具挑战的创造性工作中找到满足感、成就感。因此，大学生可以在"身心合一"的劳动过程中成为"完整的人"；在"身体力行"的劳动中树立正确的劳动价值观；在"多维空间"的劳动中促进自我的全面自由发展。

最后，马克思主义劳动主体论认为劳动是一切历史产生和发展的基础，是劳动者主体与主体、主体与客体之间建立联系的本质，是促成人之成人、人之为人、人之未来发展及人化世界之发展的决定性因素。远古时代，体力劳动连接人与自然，进而造就人，它既是人的本质,又是人生存发展的基本路径。文明时期,体力劳动成为主体需要,热爱劳动也成为国民公德的关键内涵,更是身份认同、阶级意识形成的关键路径。新时代,体力劳动被赋予新的元素和特征,科学化程度更高,且渗入了更多的智能化因子,但体力劳动依然重要,是人全面发展、健康发展不可或缺的重要内容。可以说,体力劳动是人自身的主体需要,也是社会各个时代发展的必然要求。在社会主义社会,劳动人民是主体,时代新人则是劳动人民的重要来源和关键人群。高校要培养时代新人,必须兼顾人和社会的共同诉求,以多元化、高质量的体力劳动教育培养全面发展的人。人的全面发展应该是完整的、和谐的、多方面的、自由的发展。体力劳动能力是完整发展的重要组成部分,是多方面发展、自由发展的重要基础。新时代大学生应着眼于个人发展的主体需要和社会发展的客体要求,积极投身于劳动教育之中,通过扎实的劳动实践锻炼,努力促成个人的全面发展。

二、中华人民共和国成立以来的劳动教育政策和观念嬗变

中华人民共和国成立以来,一直注重劳动教育,但是受制于时代发展的历史条件和局限,对劳动的理解和定位直接影响了劳动教育政策的制定。

(一)1949—1956 年

这一时期强调体力劳动、服务生产与思想改造。中华人民共和国成立初期,迫切需要大量从事工农业生产的劳动者,且落后的教育状况不能满足大多数小学毕业生的升学需求。因此,开展生产劳动教育,为工农业提供合格的体力劳动者成为这一时期教育的重要使命。此时的劳动教育主要指体力劳动和服务生产等。

(二)1957—1977 年

这一时期劳动教育的政治意义、经济意义和认识论意义都被提升到了前所未有的高度,实践也开始以一种前所未有的姿态强势推进。

(三)1978—1999 年

这一时期强调手脑并用、全面发展与重技轻劳,对是否及如何坚持教育与劳动相结合的问题进行了深入的讨论。改革开放初期,在对“教育与生产劳动相结合”的讨论中,作为教劳结合重要形式和途径之一的劳动教育概念得到了明确和澄清,劳动教育被认为是全面发展教育的组成部分之一。在与职业教育、综合技术教育等教育形式的对比中,劳动教育的独特价值得到彰显和确认。这一时期劳动教育的概念与技术技能、全面发展等密切相关。

(四)2000—2012 年

这一时期强调劳动素质、创新创造与综合实践。21 世纪前后,素质教育、创新创造、终身学习等概念的出现为劳动教育注入了新的内涵,也进一步拓展了劳动教育的外延。

(五)2013 年至今

这一时期,在新时代中国特色社会主义思想的指导下,强调劳动者情感、劳动体验与劳

动价值观。《国家中长期教育改革和发展规划纲要(2010—2020年)》强调:“加强劳动教育,培养学生热爱劳动、热爱劳动人民的情感。”2015年,教育部联合共青团中央、全国少工委印发了《教育部 共青团中央 全国少工委关于加强中小学劳动教育的意见》,旨在通过劳动教育,提高广大中小学生的劳动素养,促成他们形成良好的劳动习惯和积极的劳动态度,培养他们勤奋学习、自觉劳动、勇于创造的精神,从而为他们终身发展和人生幸福奠定基础。2015年12月27日,第十二届全国人大常委会第十八次会议表决通过了关于修改《中华人民共和国教育法》《中华人民共和国高等教育法》(以下简称《高等教育法》)的决定。新版《高等教育法》第四条新增了“为人民服务”与“生产劳动和社会实践相结合”等内容;第五条关于高等教育任务的表述中增加了“社会责任感”的要求。这一修订体现了与时俱进的法治精神,彰显了我国高等教育的价值取向,引领了高等教育改革发展的未来。

2020年3月,中共中央、国务院印发了《中共中央 国务院关于全面加强新时代大中小学劳动教育的意见》(以下简称《意见》)。《意见》要求,大学要站在新时代培养德智体美劳全面发展的社会主义建设者和接班人的高度,充分认识新时代培养社会主义建设者和接班人对加强劳动教育的新要求,坚持立德树人,把劳动教育纳入人才培养全过程,根据学生的特点,引导学生树立正确的劳动观,培养担当民族复兴大任的时代新人。

第四节 劳动教育的价值与作用

一、劳动教育的价值

价值本身是一种指向性的存在,是主体评价其他个体的尺度。价值存在的意义表明了人类社会发展过程中个体需要什么和需要的程度,同时也使个体认清当下社会能够满足自己的哪些需要,以及满足这些需要的执行力度。劳动教育的价值既包括劳动对社会发展的促进作用,又包括劳动对个体发展的教育意义。新时代的劳动教育被赋予了新内涵、新语境和新意义,我们理应省思当下劳动教育的价值回归和推进路径,把握劳动教育的未来方向。

(一)劳动教育促进学生的身心解放

教育的本质就是人的解放。解放是指使人恢复被遮蔽的人性并重获自由,进而成为一个真正有意义的、具有独立意识的完整个体。学生的身心解放意味着学生对自身“奴役”状态的意识觉醒和自我觉悟。劳动教育既包括人对自然的改造和适应,也包括有机体能力的意义表征,通过教育与生产劳动的结合,学生在增强体质的同时提高自身精神境界,获得身心二元的解放。随着新时代科技的不断发展,人工智能逐渐取代身体劳动,人类对技术理性与专业发展的畸形追求,使人沉溺于被技术改造过的便捷安逸的生活之中,学生生活逐渐偏离自然本性。学生通过眼睛看和耳朵听确实可以获得一定的信息,但以这种方式获得的信息远远不及学生亲自动手操作印象深刻。劳动教育为学生恢复本真、回归自然搭建了平台,使学生与自然重新建立联系,解决过去教育中学生手、脑“割裂”的窘境,实现身、心的解放。劳动教育在身体力行的、主动的劳动实践中充分开发个体的身体功能,尊重人与自然客观规律的同时,思考人与自然和社会的共生关系,培养学生的创新精神和批判意识,使其从教育过程中的“被压迫者”成长为身心力量得到全面解放的人。

(二)劳动教育培养学生的完满德行

完满德行的本质是具备认知之真、伦理之善和人性之美。德行是人作为完满生物的标志。德行有内外之分,外在德性指人在理性控制下的交往关系中对真和善的合理满足;内在德性指的是人对崇高的、丰满的、美的精神境界的执着追求。劳动教育反映着人与自然、人与世界的认知之真。一方面,劳动将个人的实践转化为新的知识与技能;另一方面,又通过新知识与技能的反思和强化,反哺新的实践过程,使理论与实践相互验证。劳动教育蕴含着新时代的伦理之善,集中体现在与他人交往、关心他人、承担社会责任等方面。我们应通过引导学生进入真实的劳动世界,为学生提供与他人协作的平台和关心他人的契机,让学生学会处理矛盾、团结合作、承担行为带来的后果等。

劳动教育指向人性之美。人性之美包括自我承认的获得和自我意识的形成。通过具体而真切的劳动过程产生相应的劳动成果,承认人之所以为人的本质和价值,个体获得自我承认的同时也获得他人认可,这是一个双向承认的过程。物化的或是精神化的劳动成果带来的自豪感能促进个体自我意识的形成,使个体在自由与美的创造性劳动中凸显个性和意识。劳动教育的价值追求之一就是在实践中挖掘德行的教化意义,涵养德行的品质,使学生形成完满的德行。通过丰富的劳动教育情境,学生能感知什么可为、什么不可为的道德准则,明确真与假、善与恶、美与丑之间的思想界限,学会遵守道德准则,捍卫道德尊严,逐步形成完满德行。

(三)劳动教育塑造学生的工匠精神

工匠精神是时代的财富象征,具体表现在人的身上,是指人的核心竞争力。新时代的工匠精神既是微观上的“匠心、匠德”,也是宏观上“民心、民德”。新时代工匠精神的理念体现在“一丝不苟的认真态度、精益求精的质量意识、追求卓越的创新精神”三个方面。一丝不苟的认真态度是培养工匠精神的基础。劳动教育的实践性为培养这种态度提供了平台,通过具体的实践培养学生认真观察、仔细分辨的意识和谨慎行动、严谨求证的能力,使其具备认真负责、务实求真的态度。精益求精的质量意识是形成工匠精神的关键。劳动教育是一种理论与实践相互验证的过程,通过有意识、有目的地指导学生开展手脑结合的实践,促使学生在认真负责的同时,力求更加出色、更加完美地完成任务,将事情做到极致。追求卓越的创新精神是塑造工匠精神的核心。劳动教育的实践过程能够促进学生对劳动工具的改造和劳动方式进行思考,使学生学会从事物的本质看待深层次的问题,从而激发思维碰撞,形成创新意识。劳动教育能引导学生摒弃浮躁与功利情绪,消除好逸恶劳的思想,避免道德滑坡;还能教会学生脚踏实地、精益求精、开拓进取,从而形成大国工匠精神,成长为新时代社会结构中不可或缺的知识型、技能型、创造型复合人才。

二、劳动教育的作用

教育与生产劳动相结合是学校教育的基本原则。劳动教育是实现学校培养目标的重要途径和内容,具有重要且独特的教育作用。

(一)劳动教育对大学生确证自我具有重要的作用

大学生正处于身心成长的重要时期,劳动作为沟通主观与客观的中介,有助于大学生的主观精神获得全面成长。

1. 劳动教育有助于大学生自我价值的生成

人的自我价值体现在其活动对自身需要的满足,包括物质性、精神性和能力性三个方面。通过对象化劳动,人在改造自然界和社会关系的过程中,真正证明了自己是有意识的类存在物。在劳动过程中,大学生可以直接获得一定的劳动成果,感受到自身作为改造客观世界主体的存在价值。在有意识地改造自然界和社会关系的过程中,人展现了区别于动物的意识能动性和追求梦想的主动创造精神。

2. 劳动教育有助于大学生正确认识人与自然、人与人的社会关系

在劳动过程中,主体作用于客体,塑造和形成一定的人与自然及人与人的社会关系,如共同的劳动关系。人通过为他人服务获得自我价值的承认和肯定。黑格尔曾说:“个体满足他自己需要的劳动,既是他自己的需要的满足,同样也是对其他个体的需要的一个满足,并且一个个体要满足他的需要,就只能通过别的个体的劳动才能达到满足的目的。”通过劳动教育,大学生可以体验人自身的力量,感受主体的自我价值和社会价值,从而在根本上证实现实社会关系中的“自我”。

(二)劳动教育对大学生形成正确的生活态度具有重要的作用

大学生正处于形成正确的世界观、价值观和人生观的重要时期,还没有完全形成对人生的深刻体验和感悟。劳动教育能使大学生在获取和支配财富的问题上更为理性和理智,更为崇尚劳动、崇尚创造。财富从根本上来源于人类的劳动,通过劳动教育,大学生能够形成正确的财富观。财富与道德之间存在内在的逻辑关联,劳动教育也有助于提升大学生伦理思维与道德价值选择的能力。道德的基础是特定的利益关系,对待财富的态度直接影响社会的道德状况。那些不是通过诚实劳动取得成果的现象,应该受到道义上的谴责,而不应该仅仅以最终的财富占有量来衡量其成功与否。其实,尊重劳动也就是尊重人类自身,是对人本质力量的捍卫。

(三)劳动教育对大学生个性健康发展具有重要的作用

劳动教育有助于培养大学生尊重劳动和珍惜劳动成果的品质,使其亲身体验到“一粥一饭之不易,一丝一缕之艰辛”的道理。在劳动的过程中,可以促使大学生养成吃苦耐劳的品格,学会团结协作,获得一定的劳动技能,得到直接的情感体验教育。劳动是人类自由、自觉、有意识的活动,不仅展现了自然存在的尺度和需要,也蕴涵着“美的规律”。劳动创造了美的生活,也创造了美的感受。在劳动的过程中,劳动者获得的不仅仅是物化的成果,还获得了审美的体验和愉悦的感受。劳动教育的根本目的不在于单纯地使人获得一定的劳动技能,而在于促进人的个性健康和谐发展,发挥劳动教育对培养人的独特教育价值,从而促进人的全面发展。

第二章　劳动教育目标的时代内涵分析

劳动教育目标是劳动教育的首要问题。这主要是因为,目标既是行动的出发点,又是行动的落脚点。如果在目标问题上发生偏差,那么整个劳动教育体系将会发生方向性的错误。当前,劳动教育实践存在的诸多问题,大多与劳动教育目标认识模糊存在很大的关系。因此,需要对劳动教育的目标进行确认。

第一节　劳动教育的目标审视

尽管劳动教育目标对于劳动教育而言意义重大,但是,不管在理论还是实践方面,对于劳动教育目标这一劳动教育的关键性问题却存在诸多语焉不详的地方。如劳动教育与德智体美其他四育在育人目标上有何不同?劳动教育与“教劳结合”的关系是什么?这些问题既是劳动教育目标方面的问题,更是涉及劳动教育自身作为“独立一育”存在合理性的核心问题。

一、劳动教育与德智体美四育

对于劳动教育的意义,人们几乎没有太多的争议。但是,对于劳动教育是否具备成为独立一育的条件,以及是否能够与德智体美四育在逻辑上并列,在学术界并未取得一致的意见。表面上看,劳动教育是否能够作为独立一育与其他四育一起共同构成全面发展教育的有机组成,这一问题仅仅是一个逻辑层面的讨论问题,但是,一旦劳动教育不能与其他四育在逻辑上并列,就意味着劳动教育并没有其独立的教育目标,这势必会动摇劳动教育作为独立一育存在的合理性。因此,我们需要对当前有关劳动教育地位的不同主张进行必要的澄清。

(一)关于劳动教育地位的不同主张

关于劳动教育的地位问题,有两种主要的对立观点:一种观点是赞同和主张将劳动教育与德育、智育、体育、美育并列作为学校整体教育的有机组成部分。黄济先生是这一观点的主要倡导者,他在《关于劳动教育的认识和建议》一文中就明确提出劳动教育应列为全面发展教育中的组成部分。其基本理由是劳动教育在人的全面发展教育中的地位和作用,不是其他四育所能完全替代的,它在实现人的全面发展教育中有着特殊的地位。尤其是在独生子女教育成为一个现实问题的时候,劳动教育在培养青少年的独立生活能力、勤俭朴实的生活作风,以适应社会发展的需求上,有着其他各育不能替代的作用。另外一种观点则是明确反对将劳动教育作为全面发展教育的重要组成部分,其代表人物是瞿葆奎先生,他在《劳动教育应与体育、智育、德育、美育并列?——答黄济教授》一文中提出,劳动教育虽然极其重要,但是从逻辑层面而言,它显然不是与德智体美四育在同一逻辑层面。当前,关于劳动教育的诸多说法,与学界对教育和生产劳动相结合这一命题中的关键概念,如智体、体育、教育的翻译错误有着非常大的关系。瞿葆奎先生认为,德智美属于人的“心”的层面范畴,而体则属于人的“身”的层面的范畴,身与心构成了完整的人的基本要素。因此,劳动教育是另一类教育、另一个层次的教育,它不能、也不应与体育、智育、德育、美育并列为人的全面发展教育的组成部分。

对于黄济先生和瞿葆奎先生的不同主张,郑金洲教授做了一种综合性的调和。他认为,两位先生关于劳动教育地位的不同主张,主要源于彼此分析劳动教育的角度不同。从学术逻辑的角度看,劳动教育的确不宜和智育、美育、德育、体育并列,但从实践逻辑和历史逻辑的角度看,把劳动教育纳入全面发展教育有其合理性。具体而言,黄济先生主要是从实践逻辑的角度来强调劳动教育属于全面发展教育中与德智体美四育并列的独立一育。而瞿先生则主要是从学术逻辑的角度来强调劳动教育与德智体美四育划分逻辑的不一致性。这样一种调和看似解决了黄济先生与瞿葆奎先生在劳动教育地位看法上的不同主张,但是仍有诸多需要进一步讨论的问题。比如,学术、实践、历史这三种逻辑是一种并列的关系,还是彼此间具有内在的逻辑关系?当这三种逻辑所主张的观点不一致时,相关的政策、实践该如何选择?这种调和的局限是客观存在的,但是随着时间的推移,随着我们更多、更好地向历史学习,在充分占有实践材料的基础上进行抽象概括,三者的范例现象会逐渐减少甚至消失。

除了这两种鲜明对立的观点外,关于劳动教育的地位,学术界还存在“中介说”的观点。持这一观点的主要代表人物是檀传宝教授,他从教育功能和教育内容的层次性角度,分别阐述了劳动教育的中介地位。其核心观点是,劳动教育是一般素养培育意义上的“教育”完成之后,受教育者走向真实“劳动”世界的“过渡”或者中介教育形式。劳动教育地位“中介说”提出的依据在于,人的素养是物质素质和精神素质的统一,物质素质对应人的身体素质,精神素质则对应人的知、情、意三个主要方面。身体素质在教育中属于体育的范畴,而知、情、意三者对应的是智育、德育和美育。因此,德智体美四育共同完成了人的一般素质的培育,而具有这些一般素质的人归根结底会成为社会主义的劳动者。从这个角度看,劳动教育处在德智体美四育的直接目的地位。

与“中介说”观点相似的还有柳夕浪等人的“综合育人说”。柳夕浪明确指出,“五育”并不属于同一层次的问题。就根本而言,德育是核心,是整个教育的灵魂。从内容来看,“五育”主要包括三个基本层次:第一层次是智育、德育和美育,三者共同属于人精神层面的教育;第二层次则是体育和健康教育,这属于身体层面的教育;第三层次才是劳动教育,它蕴含了德育、智育、体育、美育,是融合了各个方面内容要求的综合性教育。

不管是“中介说”还是“综合育人说”,二者都将劳动教育看成是德智体美四育得以实现的重要途径或者载体。在这种情况下,劳动教育显然不具有与德智体美四育并列的逻辑地位。因为德智体美四育主要是依据人的身心素养结构来做区分。而在人的身心素养结构中,并不存在劳动教育所专指的素养类型。也就是说,劳动教育所要培养的劳动素养如果转变为人的现实素质,必然会具体化为德智体美四个基本维度。在这种情况下,劳动教育就是要在以劳树德、以劳增智、以劳强体、以劳育美四个方面下功夫。如果抽空了德智体美等内容要求,既没有了真正的劳动,也没有了真正的教育,就只剩下没有实质性内容的外在形式。从这样的视角出发,我们必然会得出这样的结论:劳动教育得以成立的基本前提是德智体美四育在劳动中真实存在。

实际上,关于劳动教育地位的主张,本质上是一种关于劳动教育目标的讨论。一般而言,所谓教育目标,主要指的是人们对所要培养的人在质量规格上的一种预先设想。说得更通俗一点就是,一个受过教育的人应该是一个什么样的人?这是教育目标要回答的核心问题。以上学者虽然在劳动教育地位的具体观点上存在着分歧,但是,他们的论证起点都聚焦在对人的素质结构的认识基础上。可以说,对人的素质结构认识的不同,将会深刻影响其对劳动教育地位的看法。认为劳动教育与德智体美四育不在同一个逻辑维度上的观点,实际上暗含了一种对劳动教育目标的潜在否定。因为,教育目标指向人的素养的培养。既然劳动教育不能够在人的素养结构中找到其所属的独特位置,那么劳动教育也就失去了其培养目标。在这种情况下,劳动教育这个概念与其说是一个指向人的素养培养的教育概念,不如说是一种有着特殊作用的教育载体或途径。即劳动教育不是一种人的素养培养的教育,而只是一种教育的手段。一旦将劳动教育作为一种手段看待,那么,它的目的性存在便会被削弱甚至消失。因此,关于劳动教育地位的讨论,实质反映的是人们对劳动教育是否有其独立教育目标的认识。

(二)劳动教育地位独立性的辩护

劳动教育要想获得与德智体美四育同样重要的地位,它就必须在人的素质结构中找到得以存在的依据。否则,劳动教育在逻辑上就不能获得独立一育的资格。这里需要论证的一个关键问题是:人的素质结构的划分除了现有身心标准外,是否还有其他标准?如果我们能够在人的素养结构中发现德智体美这四种素养所不能完全覆盖的素养,那么,这将为劳动教育获得独立地位提供一种学理上的可能性。

实际上,关于人的素质结构的身心二分观点,并非当代学者独创。王国维在他的《论教育之宗旨》一文中开篇即指出:“教育之宗旨何在?在使人为完全之人物而已。何谓完全之人物?谓人之能力无不发达且调和是也。人之能力分为内外二者:一曰身体之能力,一曰精神之能力。发达其身体而萎缩其精神,或发达其精神而罢敝其身体,皆非所谓完全者也。完全之人物,精神与身体必不可不为调和之发达。而精神之中又分为三部:知力、感情及意志是也。对此三者而有真善美之理想:‘真’者知力之理想,‘美’者感情之理想,‘善’者意志之理想也。完全之人物不可不备真善美之三德,欲达此理想,于是教育之事起。教育之事亦分为三部:智育、德育(即意育)、美育(即情育)是也。”基于此,王国维将教育的宗旨区分为如图 2-1 的结构。

这种关于人的素质结构的划分,既与心理学的研究有关,也与康德哲学有着密切的关系。西方心理学家普遍认为,知、情、意的“三分”是提顿斯在沃尔夫的官能心理学理论基础上提出的。提顿斯将“心”划分为理解、情感和意志三个部分,也就是知、情、意。但是,提顿斯关于“心”的这种三分法,在当时并未受到足够的重视。真正让三分法受到关注的是康德的三部主要著作的发表。《纯粹理性的批判》主要讲认识论,相当于认识活动;《实践理性批判》主要讲伦理学,相当于意志活动;《判断力批判》主要讲美感,相当于情感。基于此,有学者认为,这三部著作不仅构成了康德的批判哲学体系,也构成了他的心理学体系。康德肯定了把心理活动再分为认识、情感和意志三大项的见解。由于康德在学术上的崇高地位,18 世纪末之后,这样一种关于心的三分法逐渐成了一种公认的看法。

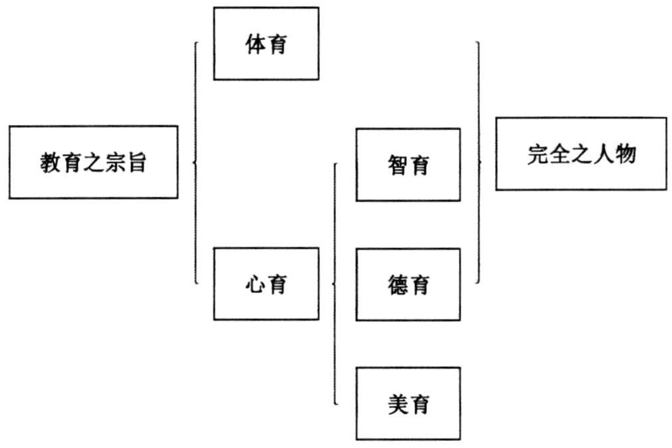

图 2-1　王国维教育宗旨结构

这种关于人的素质结构的划分从其演绎逻辑而言是十分成功的。但问题是,对于人的素质结构的划分仅有逻辑上的自洽也许是远远不够的。这主要是因为,关于人的素质结构的划分,是建立在对人的素质的总体认识基础之上的。素质结构划分的科学性必须以对人的素质总体认识的科学性为前提。而对人的总体素质的认识则与我们如何认识人的本质有着非常密切的关系。可以说,有什么样的人的本质观,就会演绎出什么样的人的素质。

从马克思的角度看,人的本质就其现实性而言,是一切社会关系的总和。这实际上表明,对于人的素质的理解,需要回到具体的现实生活中去把握,才能真正洞见其现实规定性。一旦回到社会关系总和的角度来看待人的本质,那么,我们就不难发现人的素质不是抽象的,而是历史的、具体的存在,既有鲜明的时代性,也有突出的功用性。即作为在素质结构上完整的人不应该是一个脱离社会、脱离生活的抽象的人,其素质的获得应该服务于个体现实生活的需要。也就是说,教育目标不仅要回答受过教育的人应该具有什么样的素质,同时也必须回答具有这些素质的人应该过什么样的生活,和应该承担什么样的角色使命这些问题。因此,我国的教育方针不仅规定了人的素质结构(德智体美劳全面发展),而且也规定了具有这种素质结构的人的社会形象(社会主义建设者和接班人)。

关于教育目标的讨论,除了可以从抽象的人身心构成角度来讨论其基本素质之外,还可以从人的生活需求或角色的角度来探讨其需要什么样的素质。在这方面,斯宾塞的思路或许可以给我们提供一些参考。在斯宾塞看来,以往的教育根本就不考虑生活自身的需要,而是教授了一些对于生活而言并不重要的知识。他认为,在心智方面同在身体方面一样,我们所追求的都是装饰先于实用。不只在过去,在我们现代也差不多一样:那些受人称赞的知识总放在第一位,而那些增进个人福利的知识倒放在第二位。而对于生活技艺有帮助的知识只占很次要的地位。在我们现在的大学和普通学校里也有同样的轻重倒置的情况。因此,他明确主张教育的根本目的是为人的完满生活做准备。对于人而言,"怎样生活"是我们的主要问题。不只是单纯从物质意义上,而是从最广泛的意义上来看人应当怎样生活。概括一切特殊问题的普遍问题,是在各方面、各种情况下正确地指导行为使之合乎准则。总之,怎样运用我们的一切能力使对己对人最为有益,怎样去完满地生活?这既是我们需要学的大事,也是教育中应当教的大事。为我们的完满生活做准备是教育应尽的职责;而评判一门教学科目的唯一合理办法就是看它对这个职责尽到什么程度。那么,教育要如何做才能够更好地为完满生活做准备呢?这就需要我们对完满生活的基本构成领域和层次有准确的把握。在他看来,应当按照重要程度把人类生活的主要活动分为以下五个方面:

(1)直接有助于自我保全的活动;

(2)从获得生活必需品而间接有助于自我保全的活动;

(3)目的在抚养和教育子女的活动;

(4)与维持正常的社会和政治关系有关的活动;

(5)在生活的闲暇时间用于满足爱好和感情的各种活动。

这五个方面构成了一个人生活的基本领域。因此,人通过教育所获得的素质就要有助于其在这些不同的领域或角色中更好地生活。简言之,只有那些帮助人获得完满生活的素质,才是教育应当培养的。

暂且不论斯宾塞关于完满生活的基本领域划分的科学性如何,他从这样一种基于人的生活的现实性角度来考虑人素质的思路,是有其特别重要现实意义的。当前教育改革的一个重要价值取向就是强调要回归生活世界,但是,教育对生活的回归不能仅仅止于内容、手段和方法,更应该将生活作为教育的土壤和最终归宿。

在这方面,日本教育家小原国芳的"全人教育"思想或许是一个重要的尝试。他认为:"教育的内容必须包含人类的全部文化,因此教育必须是绝对的'全人教育'。此处所说的全人教育,是指完全人格即和谐人格而言。人在文化上欠缺了多少,作为人就残缺了多少。"而他关于人的素质结构的认识,虽然也秉持了身心二分的基本观点,但他在对身心所包含的具体要素的理解上,基于其"全人教育"思想,提出了新的教育见解。他认为,人类文化有六个方面,即学问、道德、艺术、宗教、身体、生活。学问的理想是真,道德的理想是善,艺术的理想是美,宗教的理想是圣,身体的理想是健,生活的理想是富。教育的理想就是创造真、善、美、圣、健、富这六种价值。而真、善、美、圣四种价值称为绝对价值,健、富的价值称为手段价值。其关于真、善、美、圣四种绝对价值的强调,更多体现的是人的形而上的精神性需求,而健、富这两种手段的价值反映了作为形而下的物质性存在需要。

这种关于人的素质结构的划分,固然带有一定的宗教色彩,但其不同之处在于,他不仅考虑了作为人的一般性内在规定性,同时也充分考虑了人的现实性需求。尤其是对健和富作为手段价值的强调,更具有非常明显的社会现实性特征。他曾痛心疾首地指出:"在关门海峡停泊的、从外国回来的货轮,所载货物的三分之二据说是日本货。这是从上海、香港、新加坡、孟买、马赛等港,经海关检验与样品不符而被退回的不合格产品。'日本制造'这个标签,在世界市场上成了劣等商品的标签。第一次欧洲战争时期,日本输出到各国的产品中,罐头里头掺石子;铅笔中心是空的,两端灌入少量的铅芯;鞋子的鞋底里夹纸板;以次充好牟取暴利的财阀也有。真正是日本的耻辱,国贼的行为。"基于这样的现实,他极力强调:"为了生活而需要面包。为了使精神有效地增强,就需要许多手段。轻视富的价值,则精神文明不能成立;没有精神文明的发展,也就不能指望物质文明的进步。"

由此可见,他关于人的素质认识虽然总体上继承了"身心"二分的传统观念,但是,他的出发点和具体解释是有其创新之处的。特别是在身体的认识方面,他最大的贡献在于,突破了过去关于身体主要是从健康和体育的角度来看待的单一视角,把维系身体存在的生活本身的财富创造活动也纳入了其对于身体的理解当中。这使得人的素养结构更为丰富,更具有现实指向性。

如果我们将小原国芳"全人教育"思想中的宗教因素剔除,那么,其关于人的素质结构的总体观点,对于我们以更好地生活为尺度构建人的素质要求,具有重要的参考价值。总体而言,人的生活主要包括物质生活和精神生活两个主要范畴。前者是人生活的物质基础和存在前提,其中,人身体的健康是构成人生命存在的生理前提,而人的劳动创造则是构成人生命维系的物质保证。马克思曾指出:"任何一个民族,如果停止劳动,不用说一年,就是几个星期,也要灭亡,这是每一个小孩都知道的。因此,劳动过程……是制造使用价值的有目的的活动,是为了人类的需要而占有自然物,是人和自然之间的物质变换的一般条件,是人类生活的永恒自然条件。"人的物质生活不同于动物的物质生活的重点在于,人通过劳动可以创造出满足人所需要的对象物,因而人在自然面前获得了其作为主体的能动性,而动物只能从对自然的直接利用中满足自我的生存需要,因而是受制于自然支配的。

马克思在身体维度上对于劳动创造的强调和小原国芳所讲的指向生活的"富"的教育相类似。小原国芳十分钦佩瑞士人的劳动和创造精神,他认为"瑞士山连山,可就不出铁、金、石油。平原地少,其所种植的做面包原料用的小麦只够三个月吃的。然而,瑞士人民在长期的生活中培养了勤劳、努力、节俭、钻研、创造的美德。他们花钱从国外购进少量原料,用智慧和技术能够获得百倍、千倍、万倍的收入。那就是世界首屈一指的精密仪器、钟表、纺织品、药品和交通工具"。基于此,他号召日本人"向瑞士学习"。从他关于瑞士的评价明显可以看出,他对于劳动创造的极其重视。

从精神生活的角度看,劳动教育是人的生活的意义构成和文明保障。如果说物质生活主要解决的是人靠什么而"活着"的问题,那么精神生活则重在解决"为什么活"和"如何活"等意义层面的问题。对于人来讲,精神生活主要涉及三个方面:理智的生活、道德的生活和审美的生活。其中,理智的生活主要体现为人对存在世界本质的追问和探索,其基本价值追求是"真";道德的生活更多地与人的社会存在有关,主要体现在生活的"善"的维度;而审美的生活则主要反映的是人对生活品位和格调的追求,其核心价值就在于"美"。

从生活逻辑角度审视劳动教育的地位,不难发现,劳动教育对于生活而言,其独特的价值在于,它指的是一种创造生活的素质培养,其核心就在于使人获得一种对象化的物质创造能力。这种对象化的物质创造能力显然不是其他四育所要着力培养的目标。由此可见,在这种分析框架中,劳动教育获得了其在育人体系当中的独特目标,这也就赋予了劳动作为独立一育的合理性。与此同时,由于劳动教育所指的创造生活在逻辑上与其他四育所指向的生活具有一致性,这也就确保了劳动教育具备与其他各育一道共同构成全面发展教育组成部分的逻辑自洽性。当然,以上的分析主要是基于一种理论上的演绎,现实当中这几个领域的生活也是会相互影响、相互作用的,但这并不妨碍彼此的相对独立性。

二、劳动教育与"教劳结合"

自 2018 年全国教育大会召开之后,劳动教育日益成为教育理论和教育实践的重要热词。然而,在理论讨论中存在一些需要我们高度关注的问题:劳动教育与"教劳结合"之间是什么关系?劳动教育是否等同于"教劳结合"?或者,"教劳结合"是否就是劳动教育?如果这些问题没有明确答案,就可能导致理论和实践上的种种偏差。一个非常重要的现实是，当前诸多关于劳动教育的理论探索，都从马克思“教劳结合”思想中寻求理论依据，甚至有意无意将其等同于劳动教育。而实践中很多被冠以劳动教育名义的做法，实则与“教劳结合”并无实质性差异。之所以造成劳动教育与“教劳结合”关系认识的偏差，在很大程度上是源于人们对劳动教育目标的把握存在模糊性。实际上，“教劳结合”与劳动教育二者提出的背景、具体内涵等方面有着显著差异。准确把握二者的不同，将有助于我们更好地理解劳动教育的目标。

(一)“教劳结合”与劳动教育提出背景的不同

要准确把握“教劳结合”与劳动教育的不同，需要对二者提出的背景有全面的了解。实际上，“教劳结合”与劳动教育所提出的背景及各自要解决的核心问题，存在显著差异。

“教劳结合”是教育与生产劳动相结合的简称，它是马克思主义教育思想的重要组成部分。马克思之所以高度重视教育与生产劳动相结合，其直接原因是为了解决大工业背景下儿童的受教育问题，但其宗旨则是为了实现无产阶级的最终解放。

马克思所处的时代是工业大生产的时代。这一时代的劳动不同于以往的关键之处在于，劳动的科技含量明显增强。在过去的手工劳动时代，劳动的复杂性较低，个体参与劳动所需的各种能力基本上在劳动中就能够获得，因此，劳动者及其子女所需要的教育在劳动中就能够满足。但是，大工业生产的出现，对劳动者劳动能力的要求比手工劳动时代的要求明显提高，在这种情况下，仅靠劳动本身是很难满足对劳动者劳动能力培养的需求，这就需要劳动者及其子女在劳动之外通过专门的教育来保障其劳动能力的获得。这使得大工业生产之前劳动者的教育与劳动自身融为一体的局面被打破，劳动者的教育与生产劳动从形式上相互分离。但是，这种分离与教育和劳动的第一次分离有着本质性的不同。第一次教育与劳动的分离诞生于古代学校，不是为了进一步促进生产的发展，而主要是占有剩余价值的统治阶级为培养其统治人才服务的。也就是说，第一次从生产劳动中分离出来的教育虽然也创造了大量的文化，但总体而言，这时候所独立出来的教育并不是要回归劳动本身，而主要是为了更好地实现阶级统治的需要。第二次从生产劳动中分离出来的教育诞生于现代学校，其出发点是通过提高劳动者的劳动能力使其更好地适应大工业生产的需要，因而，这样一种看似独立于具体生产劳动之外的教育，其本质上却是与现代生产相通的。从这个角度看，虽然教育与生产劳动在形式上是相互分离了，但这种形式上的分离却在更高的层面上实现了二者更为本质的结合。因此，在大工业时代，教育与生产劳动相结合的前提是二者的相对独立，而不是将二者简单揉在一起。

但是，需要注意的是，鉴于当时社会生产力和工人阶级的实际情况，工人阶级的子女不可能完全脱离生产劳动去接受教育。在马克思看来：“‘禁止童工’！这里绝对必须指出年龄界限。普遍禁止童工是和大工业的存在不相容的，所以这是空洞的虔诚的愿望。实行这一措施——如果可能的话——是反动的，因为在按照各种年龄严格调节劳动时间并采取其他保护儿童的预防措施的条件下，生产劳动和教育的早期结合是改造现代社会的最强有力的手段之一。”这主要是因为：一方面大工业生产迫切需要大量劳动力；另一方面工人阶级所占有的生活资料不足以完全维系其子女生存和发展的需要，需要其子女也参加生产劳动。因而，抽象地讲“禁止童工”在马克思看来是违背当时社会发展要求的。他认为：“现代工业吸引男女儿童和少年来参加伟大的社会生产事业，是一种进步的、健康的和合乎规律的趋势，虽然在资本主义制度下它是畸形的。在合理的社会制度下，每个儿童从九岁起都应当像每个有劳动能力的成人那样成为生产工作者，应当服从普遍的自然规律，这个规律就是：为了吃饭，他必须劳动，不仅用脑劳动，而且用双手劳动。”这里需要指出的是，虽然马克思赞同儿童应该参加生产劳动，但是，他对儿童参加生产劳动的主张是有条件的。他认为，儿童参加生产劳动首先要确保其劳动的基本权益，包括参与劳动的年龄、工作时长、劳动长度等方面的限定；其次则是要确保儿童接受教育的权利。他曾说：“如果不把儿童和少年的劳动和教育结合起来，那无论如何也不能允许父母或企业主使用这种劳动。”正是如此，马克思认为：“尽管工厂法的教育条款整个说来是不足道的，但还是把初等教育宣布为劳动的强制条件。这一条款的成就第一次证明了智育和体育同体力劳动相结合的可能性，从而也证明了体力劳动同智育和体育相结合的可能性。”这种结合基本保障了儿童接受教育的权利实现。

与此同时，马克思还从社会未来发展的角度提出：“从工厂制度中萌发出了未来教育的幼芽。未来教育对所有已满一定年龄的儿童来说，就是生产劳动同智育和体育相结合。它不仅是提高社会生产的一种方法，也是造就全面发展的人的唯一方法。”恩格斯在《反杜林论》中也指出，社会主义社会“造就全面发展的一代生产者，他们懂得整个工业生产的科学基础，而且每一个人对生产部门的整个系列从头到尾都有实际体验，所以这样的社会将创造新的生产力”。

在社会主义社会中，将劳动和教育相结合，从而保证多方面的技术训练和科学教育的实践基础。因此，从未来社会和教育发展的角度看，“教劳结合”必将促进人的全面发展。这种全面发展主要体现为人可以适应现代生产的任何职能，而不是像旧式分工那样只能终其一生在某个固定的工作岗位上。

由此可见，马克思所讲的“教劳结合”，其基本立足点是大工业生产的实际。它要解决的有三大核心问题：一是大工业生产的可持续发展；二是工人阶级子女的受教育权利；三是解放工人阶级为核心的社会改造。

当前我们国家所大力倡导的劳动教育，其提出背景显然与“教劳结合”思想的产生背景有着很大的不同。从2020年颁布的《意见》来看，当代劳动教育的提出，主要针对的是“近年来一些青少年中出现了不珍惜劳动成果、不想劳动、不会劳动的现象，劳动的独特育人价值在一定程度上被忽视，劳动教育正被淡化、弱化”这些现实问题。也就是说，劳动教育固然要培养学生的劳动能力，但更为重要的是要培养学生正确的劳动观念和劳动精神。由此可见，当代劳动教育所要解决的问题与“教劳结合”所要解决的问题有着根本性的不同。在很大程度上，“教劳结合”要解决的问题是如何培养生产发展所需要的全面发展的人，而劳动教育只是作为教育方针的五育之一，是全面发展教育的组成部分，而不是全面发展教育本身。

（二）“教劳结合”与劳动教育实施路径的不同

从形式上看，马克思和恩格斯所处时代的“教劳结合”的主要途径是“教育教学+生产劳动”，即基本上采用半工半读的形式来实现“教劳结合”。但是，这并不意味着马克思和恩格斯认为“教劳结合”只有半工半读的形式。在他们看来，要实现“教劳结合”，最重要的路径就是综合技术教育（也称工艺教育）。这主要是因为：“现代工业的技术基础是革命的，而所有以往的生产方式的技术基础本质上是保守的。现代工业通过机器、化学过程和其他方法,使工人的职能和劳动过程的社会结合不断地随着生产的技术基础发生变革……因此,大工业的本性决定了劳动的变换、职能的更动和工人的全面流动性……大工业又通过它的灾难本身使下面这一点成为生死攸关的问题:承认劳动的变换,从而承认工人尽可能多方面的发展是社会生产的普遍规律,并且使各种关系适应于这个规律的正常实现。”而当时的旧式分工,则将工人一辈子固定在某个岗位上无法流动,这就从根本上制约了生产力的进一步发展。恩格斯在《反杜林论》中指出,“因此,旧的生产方式必须彻底变革,特别是旧的分工必须消灭。代之而起的应该是这样的生产组织:在这个组织中,一方面,任何个人都不能把自己在生产劳动这个人类生存的自然条件中所应参加的部分推到别人身上;另一方面,生产劳动给每一个人提供全面发展和表现自己全部的即体力的和脑力的能力的机会,这样,生产劳动就不再是奴役人的手段,而成了解放人的手段。因此,生产劳动就从一种负担变成一种快乐”。

那么,如何才能实现工人的自由流动呢?这就要实施综合技术教育(工艺学),确保工人掌握现代工业生产的基本原理。马克思指出:“大工业的原则是,首先不管人的手怎样,把每一个生产过程本身分解成各个组成要素,从而创立了工艺学这门完全现代的科学。社会生产过程的五光十色的、似无联系的和已经固定化的形态,分解成为自然科学的自觉按计划的和为取得预期有用效果而系统分类的应用。工艺学揭示了为数不多的重大的基本运动形式,不管所使用的工具多么复杂。人体的一切生产活动必然在这些形式中进行,正像力学不会由于机器异常复杂,就看不出它们不过是简单机械力的不断重复一样。”马克思对此做了进一步说明:“工艺学校和农业学校是这种变革过程在大工业基础上自然发展起来的一个要素;职业学校是另一个要素,在这种学校里,工人的子女受到一些有关工艺和各种生产工具的实际操作的教育。如果说,工厂法作为从资本那里争取来的最初的微小让步,只是把初等教育同工厂劳动结合起来,那么毫无疑问,工人阶级在不可避免地夺取政权之后,将使理论的和实践的工艺教育在工人学校中占据应有的位置。”对儿童进行普通技术训练,能使他们比较容易地转到其他工业部门。正因为如此,马克思认为:“对儿童和少年工人应当按不同的年龄,循序渐进地授以智育、体育和技术教育的课程……把有报酬的生产劳动、智育、体育和综合技术教育结合起来,就会把工人阶级提高到比贵族和资产阶级高得多的水平。”因此,充分实现教育与生产劳动相结合,就必须进行综合技术教育。这样才能保证工人在不同部门之间自由流动这一大工业时代“生死攸关”的问题得到根本性的解决。也就是说,“教劳结合”所主张的综合技术教育承载着向工人阶级及其子女传授现代生产基本原理的重任,因而,必然强调必要的知识学习。

从中共中央、国务院以及教育部所颁布的劳动教育相关文件来看,当前劳动教育是发挥劳动的育人功能,对学生进行热爱劳动、热爱劳动人民的教育活动。实施劳动教育的重点是在系统的文化知识学习之外,有目的、有计划地组织学生参加日常生活劳动、生产劳动和服务性劳动,让学生动手实践、出力流汗,从而让学生接受锻炼、磨炼意志,培养正确的劳动价值观和良好劳动品质。也就是说,劳动教育强调的核心是学生的劳动参与。这一点与“教劳结合”的强调重点和实施路径有很大的不同。可以说,“教劳结合”的一个重要任务是要解决工人阶级子女的教育问题,因而要确保他们能够在劳动之外获得必要的知识教育,以更好地适应大工业发展的劳动需求。但是,当前的劳动教育主要强调的则是学生在接受学校教育外,还要参加各种形态的劳动锻炼,劳动不是知识学习而是当代劳动教育的主要实施路径要求。基于此,当前劳动教育所强调的实施途径主要包括独立开设劳动教育必修课、在学科专业中有机渗透劳动教育、在课外校外活动中安排劳动实践、在校园文化建设中强化劳动文化。由此可见,当前所强调的劳动教育实施途径与“教劳结合”所主张的实施途径还是有着很大的不同的。

(三)“教劳结合”与劳动教育地位的不同

“教劳结合”与劳动教育二者在教育方针中的地位是不一样的。通常情况下,教育方针的内容主要包括教育的性质、地位、目的和基本途径等。《中华人民共和国教育法》第五条对我国的现行教育方针做了如下规定:“教育必须为社会主义现代化建设服务、为人民服务,必须与生产劳动和社会实践相结合,培养德智体美劳全面发展的社会主义建设者和接班人。”从这一方针表述可以明显看出,“教劳结合”主要解决的是整个教育实施的基本途径问题,而劳动教育则主要回答教育目的中人才培养规格的问题。

前者作为一种教育的途径,可以普遍适用于所有社会制度。对此,有学者就明确指出,作为教育途径的“教劳结合”是现代大工业生产的必然要求,它并不具有区分资本主义制度和社会主义制度的功能在里面。因此,将马克思主义者“教育与生产劳动相结合”的教育主张理解为只存在于社会主义社会、具有社会主义性质,是一种对于马克思列宁教育思想的严重误读。但劳动教育作为教育目的中的内在人才培养规格,深受特定社会制度的影响和制约。这也是为什么教育部所颁布的《大中小学劳动教育指导纲要(试行)》明确指出劳动教育是新时代党对教育的新要求,是中国特色社会主义教育制度的重要内容,也是全面发展教育体系的重要组成部分,是大中小学必须开展的教育活动。劳动教育具有鲜明的思想性,必须将马克思主义劳动观贯彻始终,将劳动观念和劳动精神教育贯穿于人才培养全过程,以及贯穿家庭、学校、社会各个方面。它注重让学生在学习和掌握基本劳动知识技能的过程中,领悟劳动的意义与价值,形成勤俭、奋斗、创新、奉献的劳动精神。

由此可见,“教劳结合”在我国的教育方针表述中,更多地定位于教育途径的层面,它是针对包括劳动教育在内的整个教育体系的一种实施路径要求。而劳动教育在教育方针中则属于教育目的的范畴,是培养全面发展的人的重要教育力量。

第二节 劳动教育目标的构成要素

在中共中央、国务院颁布的《意见》中,明确了劳动教育的总体目标为“通过劳动教育,使学生能够理解和形成马克思主义劳动观,牢固树立劳动最光荣、劳动最崇高、劳动最伟大、劳动最美丽的观念;体会劳动创造美好生活,体认劳动不分贵贱,热爱劳动,尊重普通劳动者,培养勤俭、奋斗、创新、奉献的劳动精神;具备满足生存发展需要的基本劳动能力,形成良好劳动习惯”。从这一文件表述可以看出,劳动教育的目标可以具体分解为四个主要构成要素:劳动观念、劳动精神、劳动能力和劳动习惯。

一、劳动观念

劳动观念主要反映的是个体对劳动的价值、意义、地位和功能等问题的总体认识,在一个人的劳动素养中居于核心地位。我国劳动教育所强调的劳动观念,特指马克思主义的劳动观。可以说,正是因为在目标层面高举马克思主义劳动观,才使得我国的劳动教育具有不同于资本主义社会的教育属性。

总体而言,马克思关于劳动价值、意义等问题的看法,主要体现在其历史唯物主义、政治经济学和教育学原理学说当中。也就是说,马克思主义的劳动观主要由三部分组成:历史唯物主义的劳动观、马克思主义政治经济学的劳动观和马克思主义教育学的劳动观。

(一)历史唯物主义的劳动观

历史唯物主义的劳动观,主要强调的是劳动创造人、劳动创造历史这两大核心命题。马克思和恩格斯主要是从两个意义上论述了劳动创造人:一是从人的生理结构与动物生理结构不同的角度论述了劳动是如何创造人的;二是从类本质的角度阐述了劳动对人的存在的积极价值。

1. 劳动创造人

劳动对于人独特生理结构的形成具有非常重要的作用。在1876年发表的《劳动在从猿到人转化过程中的作用》一文中,恩格斯就深刻指出了劳动对人的诞生的积极意义。他认为,通过劳动,人的手变得自由了,能够不断地获得新的技巧,而由此获得的更大的灵活性便遗传下来,并且一代一代地增加着。这意味着,“手不仅是劳动的器官,它还是劳动的产物”。与此同时,随着劳动过程中人与人之间交流需要的增多,人的语言也得到了进一步的发展,因此,恩格斯认为,语言是从劳动中和劳动一起产生出来的。劳动复杂程度的增强和人的语言能力的不断提高,有助于大脑的进化。劳动和语言,这两个最主要的推动力,在它们的影响下,猿脑就逐渐变成了人脑;人脑和猿脑虽然十分相似,但要大得多和完善得多。正是在劳动的直接推动下,人类经历了从早期猿人到晚期智人的发展过程。由此可见,在劳动中,人实现了在改造自然界的同时也改造了自身,从而使得人的生理结构具有了不同于其他动物的生物属性。正如恩格斯所说:“脑和为它服务的感官、越来越清楚的意识以及抽象能力和推理能力的发展,又作用于劳动和语言,为这二者的进一步发展不断提供新的推动力。”可以想象,随着人类劳动不断向纵深发展,人的生理结构也必将发生进一步的改变。

在恩格斯的基础上,马克思从劳动和自由相结合的视角出发,在“劳动创造人”的进化生物学解释中引入了文化社会学的考察,从而发现了生产劳动既是实现猿向人过渡的关键环节,同时也是人张扬自我主体性的重要存在方式。他在《1844年经济学哲学手稿》中指出:“正是在改造对象世界的过程中,人才真正地证明自己是类存在物。这种生产是人的能动的类生活。通过这种生产,自然界才表现为他的作品和他的现实。因此,劳动的对象是人的类生活的对象化:人不仅像在意识中那样在精神上使自己二重化,而且能动地、现实地使自己二重化,从而在他所创造的世界中直观自身。”在这里,马克思把“有意识的生命活动”当作人的本质,或者说,以“类”作为人的本质。而人的类特性就在于自由自觉的活动。劳动作为一种对象化的实践活动,是人的类本质得以充分展示的必要途径。通过劳动,人能够在对象化的实践中获得对自我本质力量的真正占有,人才是自在自为的存在者。马克思指出:“动物和自己的生命活动是直接同一的。动物不把自己同自己的生命活动区别开来。它就是自己的生命活动。人则使自己的生命活动本身变成自己意志的和自己意识的对象。他具有有意识的生命活动。这不是人与之直接融为一体的那种规定性。有意识的生命活动把人同动物的生命活动直接区别开来。正是由于这一点,人才是类存在物。”由此可见,劳动创造人不仅仅是一种生物学意义上的创造人,更是一种自由自觉的类本质意义上的创造人。这样的人才是真正意义上的人。

2. 劳动创造历史

在马克思看来,劳动不仅创造了人,还创造了整个历史。他明确指出:“人们为了能够‘创造历史’,必须能够生活。但是为了生活,首先就需要吃喝住穿以及其他一些东西。因此第一个历史活动就是生产满足这些需要的资料,即生产物质生活本身,而且,这是人们从几千年前直到今天单是为了维持生活就必须每日每时从事的历史活动,是一切历史的基本条件。”恩格斯也鲜明地指出:“历史破天荒第一次被置于它的真正基础上;一个很明显的而以前完全被人忽略的事实,即人们首先必须吃、喝、住、穿,就是说首先必须劳动,然后才能争取政治、宗教和哲学等——这一很明显的事实在历史上的应有之义此时终于获得了承认。”当前人类物质财富的丰富与文化的繁荣,无不以劳动为基础。由此可见,劳动是人类历史得以存在的第一前提,没有了劳动,不仅人类的历史无法展开,人自身的存在也会失去根基。

(二)马克思主义政治经济学的劳动观

马克思主义政治经济学的劳动观所强调的核心命题是劳动是价值的唯一源泉,按劳分配是社会正义的重要表现,异化劳动本质上是对人的压迫和剥削。

1. 劳动是价值的唯一源泉

劳动是价值的唯一源泉,这是马克思政治经济学的一个核心命题。马克思关于资本主义剥削的批判,都以这一命题为基本前提。马克思认为,劳动具有二重性,即劳动是具体劳动和抽象劳动的统一。“一切劳动,一方面是人类劳动力在生理学意义上的耗费;就相同的或抽象的人类劳动这个属性来说,它形成商品价值。一切劳动,另一方面是人类劳动力在特殊的有一定目的的形式上的耗费;就具体的有用的劳动这个属性来说,它生产使用价值。”在这里,马克思把商品看成是使用价值和价值的统一体,形式不同的具体劳动主要决定使用价值,而凝结在商品中的一般的、无差别的抽象劳动则是形成商品价值的唯一源泉。因此,马克思确定了价值是凝结在商品中的抽象劳动,抽象劳动的价值成为商品价值的一般尺度,而劳动的自然尺度是劳动时间,因而就可以用抽象的劳动时间量来衡量商品的价值量。这里需要注意的是,劳动是价值的唯一源泉,不等于说劳动是财富的唯一源泉。财富和价值并不是同一概念。在马克思看来,所谓财富,主要指的就是使用价值。而具有使用价值的东西不一定都是劳动创造的,比如大自然中的空气等。基于此,马克思曾经明确指出:“劳动并不是它所生产的使用价值即物质财富的唯一源泉,自然资源同劳动一样也是使用价值(物质财富就是由使用价值构成的)的源泉。”只劳动是创造不出物质产品的。物质产品(使用价值)的生产是劳动、劳动资料和劳动对象相互结合、共同作用的结果。只有深刻认识这一点,我们才能够更好地解释当前各种纷繁复杂的财富创造和价值创造的问题。

2. 按劳分配是社会正义的重要表现

资本主义社会的不公正首先体现在资本家垄断生产资料而无偿占有工人在劳动中所创造的剩余价值。在资本主义制度下,劳动者虽然在形式上已经摆脱了奴隶社会、封建社会的人身依附关系,表面上获得了与资本家相同的平等权利。但是,由于生产资料掌握在资本家手中,劳动者丧失了一切生产资料,除了他自身外,一无所有。他在整个生产链中,只是作为商品化的劳动力而存在。在这种情况下,劳动者与资本家存在着非常明显的实质性的不平等权利。劳动者只能将自己的劳动力出卖给资本家,但是他却没有办法改变自己作为生产力的商品属性。即劳动者的劳动力并不真正属于他自己,而是属于购买他的资本家。因此,资本家购买劳动力进行生产,其根本目的是为了占有劳动者在劳动中所创造的剩余价值,从而实现资本的增值。因而,销售与利润,是资本主义生产的原始动力。也就是说,资本主义社会中的生产不是为了劳动者个人价值的实现和生活品质的提升,而是为了实现资本利润的最大化。

资本主义社会中所讲的资本,不纯粹是一个物的概念。按照马克思主义政治经济学的观点,资本就其实质而言,是一种社会权力。这种权力主要建立在私有制基础上。对劳动者剩余劳动的剥削是这种权力的本质所在。这里的"剩余劳动"主要是指"一切为养活不劳动的人而从事的劳动",而且"支配着这种剩余劳动的不是工人,而是资本家",因此所谓的"劳动剥削"就是指资本家对雇佣工人的剩余劳动的无偿占有。马克思明确指出:"分配的结构完全取决于生产的结构。"因此,一个社会制度能否保证劳动者占有其劳动产品,就成为判断这个制度是否正义的关键所在。

3. 异化劳动本质上是对人的压迫和剥削

马克思认为,劳动本应是实现人的本质力量对象化的实践。但是,在资本主义私有制的条件下,本应体现人主体力量和类本质特征的劳动,变成了异己的压迫力量。异化劳动下的个体由于已经完全丧失了劳动的自主权,也丧失了自我在劳动中获得正面肯定的可能,因而,这样的劳动从根本上剥夺了劳动者劳动的内在主动性、积极性和创造性。

因此,劳动要彰显其对于人的正面意义,就必须实现对异化劳动的抛弃,从必然王国真正走进自由王国。马克思指出:"事实上,自由王国只是在必要性和外在目的规定要做的劳动终止的地方才开始;因而按照事物的本性来说,它存在于真正物质生产领域的彼岸。像野蛮人为了满足自己的需要,为了维持和再生产自己的生命,必须与自然搏斗一样,文明人也必须这样做;而且在一切社会形式中,在一切可能的生产方式中,他都必须这样做……但是不管怎样,这个领域始终是一个必然王国。在这个必然王国的彼岸,作为目的本身的人类能力的发展,真正的自由王国,就开始了。但是,这个自由王国只有建立在必然王国的基础上,才能繁荣起来。工作日的缩短是根本条件。"要真正实现对异化劳动的扬弃,就必须推翻资本主义私有制,建立社会主义公有制。

(三)马克思主义教育学的劳动观

马克思主义教育学原理中的劳动观,主要体现在对教育与生产劳动相结合的论述中。鉴于前文已经对此问题做了较为详细的论述,这里不再赘述。

综上所述,劳动教育所要培养的马克思主义劳动观,是一个非常庞大且系统的学说。

它不仅仅回答了如何认识劳动的问题,也回答了如何通过劳动去理解整个世界的问题。当前的劳动教育之所以主要停留在具体劳动技能的学习和锻炼之上,主要的原因在于我们尚未对马克思主义劳动观有准确的认识。因此,在具体贯彻落实劳动教育的过程中,深入学习和领会马克思主义劳动观的基本内涵,对深化新时期劳动教育意义重大。

二、劳动精神

劳动精神主要指人在劳动中所应具有的精神风貌,它反映的是一个人对其劳动的认可度和投入度。可以说,劳动精神在很大程度上是一个人劳动的动力系统,不仅对于个体的生存、劳动意义感和幸福感的获得等方面有重要作用,而且对劳动工具的创新、劳动效率的提高等方面都具有积极作用。

(一)劳动精神的个体向度

劳动精神对于个体而言,首先是一个谋生的问题。任何个体在社会中生存,都需要依靠自身所具备的一技之长创造劳动产品,并通过与他人交换,获得生存所需的其他生活资料。如果一个人缺乏劳动精神,对自己所从事的劳动缺乏必要的尊重和投入,在劳动中敷衍塞责,必然会影响其劳动产品的质量。产品质量不高,必然会造成其在市场交换中处于劣势,甚至被禁止流通。一旦个体所创造的产品不能在市场流通,他也就失去从他人那里获得其他生活资料的物质前提,从而失去谋生的基本保障。因此,从消极的角度看,劳动精神对个体的必要性,首先体现在它可以确保个体获得生存的基本条件。与此同时,劳动精神同样关系到他人的生命安全和生活质量,对他者而言,劳动精神同样具有非常重要的谋生功能。这主要是因为在当前这样一个劳动高度社会化的时代,劳动分工的细化使得人与人之间的功能性依赖度明显提高。如果某个个体缺乏劳动精神,在工作中以次充好,不仅会危及个人的生计,更可能危害他人的生命安全。因此,劳动精神实际上承载着对他者,甚至是对整个人类生命的敬畏。没有这种敬畏,个体就特别容易放弃对诚实劳动等劳动精神的坚守。因此,劳动精神的谋生功能不仅关乎个体,更关乎整个人类。

劳动精神除了有助于个体的谋生之外,从积极的角度看,它还能促进个体获得劳动的意义感,进而获得人生价值感、意义感的重要精神保障。从前文论述可以看出,劳动是人的本质力量对象化的实践活动,正是在这种对象化的实践活动中,个体才能充分占有其自由自觉的类本质,从而获得存在的价值感和意义感。如果一个人对劳动缺乏内在热情,他就很难看到劳动对人精神幸福的价值和意义;倘若一个人没有对劳动的投入,他便难以通过劳动获得展示自我本质力量的必要途径。这实际上要求个体不仅要把劳动当作一种谋生的手段,更应将其视作幸福的载体。尤其是对于当代学生而言,劳动幸福是其重要的劳动诉求,而要获得劳动幸福,就必须具备劳动精神。只有个体真正将劳动视为事业去追求,才会在劳动中迸发出无比的热情,全身心地投入其中。

(二)劳动精神的社会向度

劳动精神不仅关乎个体的生存和意义感的获得,同样也关乎整个生产领域的革新和社会的进步。在很长一段时间里,我们往往把劳动精神理解为个体的一种品质,而很少看到劳动精神所承载的社会意义。如果仅仅将劳动精神作为一种个体德行去要求,那么,这就在很大程度上将劳动精神降格为一种个体可以自由选择的私人行为。因为,作为个人品质的劳动精神是不能用强制力量去要求的,主要靠个体的内在自觉来遵守。但是,劳动精神从来就不是纯粹的个人美德。中国社会从一穷二白的困难中走出来,靠的不是他人的施舍,而是一代又一代劳动者的辛勤劳动、诚实劳动、创造性劳动。也就是说,如果没有这样一种强有力的劳动精神作为支撑,中国社会的发展是很困难的。

当前,中国社会经历了站起来、富起来到强起来的历史发展,更需要大力激发每个人的劳动精神,尤其是创造性劳动的精神。中国已是世界上最大的制造业大国。当前,制约中国进一步发展的关键性领域主要集中在高科技领域。如果这些领域不能实现从"0"到"1"的突破,不能在核心技术领域实现完全的知识产权的话,那么,中国的发展就特别容易因他人的技术垄断而陷入被动,甚至陷入难以为继的困境之中。在这种情况下,就更需要每一个劳动者以更加饱满的热情、更加敬业的态度、更加投入的创新,来实现中华民族的伟大复兴。因此,在新的历史条件下,我们应该自觉地将劳动精神的培育,与整个社会、国家的发展进步联系起来,才能够确保我们的劳动教育真正发挥其推动社会进步的作用。

这就需要我们在劳动精神的教育方面,突破过去仅从个体品质或美德的角度去谈劳动精神的局限,真正让个体体会、感悟劳动精神所具有的社会意义和价值,这样才能够更好地发挥劳动精神教育的时代价值。

三、劳动能力

在中共中央、国务院颁布的《意见》中,关于劳动教育总目标能力部分的表述是,培养学生"具备满足生存发展需要的基本劳动能力"。这一表述实际上是从两方面对劳动能力做出了限定:一是限定了劳动能力的性质;二是限定了劳动能力的程度。前者主要表明劳动教育目标所要培养的劳动能力不是指向特定职业的专门化的劳动能力,而是所有人都应掌握的劳动能力,因而这里所指的劳动能力具有鲜明的非职业化和基础性特点。后者则明确了劳动能力的程度,即劳动教育不是要培养学生某一方面的精深劳动能力,而是培养基本劳动能力,是与人的生存发展有关的基础性劳动能力。也就是说,劳动教育所要培养的劳动能力是受"基本"两个字限定的。

当前,劳动教育实践领域特别热衷于培养学生各种各样的劳动技能,但是,这并不代表所有的劳动技能都属于劳动教育所要培养的劳动能力范畴。正如前文所述,劳动能力的培养,重在基本。那么,什么样的劳动能力具有基本的特征呢?一般而言,当我们说某项能力为基本能力的时候,主要指的是这项能力是人人必需,而且是人人能够达到的。所谓人人必需,主要指的是个体如果缺乏了这样一种基本能力,他的生存就会有困难;所谓人人能够达到,则意味着每个人经过学习都能够达到这样的能力要求。如果用这样的标准来要求,劳动教育所要培养的基本劳动能力有以下两类:一是维持个体生存的基本劳动能力,没有这种劳动能力,个体的生存就会出现问题;二是指职业世界的职业共同能力,这种能力是从事所有的劳动都应具备的能力。理解劳动能力培养的非职业化和基础性,对于劳动教育的实践意义重大。

首先,可以有效避免劳动教育的职业化倾向。目前,在学生劳动能力的培养方面,一些学校的实践过于职业化。例如,很多学校为学生提供了实际劳动的资源,比如开设"开心农场"或组建各种工艺品加工车间等等。然而,这些"开心农场"和工艺品加工车间究竟要培养学生什么样的劳动能力呢？是要将学生培养成种植能手，还是工艺品制作大师？如果是这样，那么这些所谓的劳动教育，其实质更接近职业教育而不是面向所有学生的普通教育。根据《意见》的精神，劳动教育是国民教育体系的重要内容，它是所有大中小学都必须开设的教育必修课。因此，作为国民教育范畴的劳动教育显然是属于普通教育的范畴而非职业教育的范畴。这实际上表明，劳动教育所要培养的学生劳动能力，不应以特定职业为导向。

作为普通教育的劳动教育，虽然并不指向特定职业技能的专门化学习，但是，这并不意味着劳动教育就完全与职业无关。实际上任何职业的劳动能力都包含专业性劳动能力和共通性劳动能力两大部分。前者所指的是具体的劳动形态，所需要的是专门化的职业能力，比如裁缝所需要的量体裁衣这种能力就是专门化的职业能力。而后者则指所有劳动形态都应包括的能力，是从事所有职业都必需的共通性能力，如创新能力、批判性思维、合作能力、交流能力、信息素养、自我发展素养等，这些都属于“职业共通能力”。而职业共通能力毫无疑问属于基础性的劳动能力范畴。这理应成为学校培养学生劳动教育能力目标的重要维度。

从职业共通能力培养的角度来思考劳动教育，学校就可以大有作为，而不是囿于特定的劳动形态而局限了劳动资源开发的对象。实际上，《意见》已经明确指出，学校劳动教育的内容既包括日常生活劳动、生产劳动，也包括各种服务性劳动。因此，学校完全可以根据自身所处区域的产业特点来选择合适的劳动形态对学生进行劳动能力的培养。只要学生在参加这些产业劳动的过程中，能够提升诸如创新、批判、创意物化等职业共通性能力，劳动教育的能力目标就得以实现。由此可见，只要准确把握劳动教育能力目标的内涵，学校的劳动教育必将迎来更广阔的发展空间。

有效避免劳动教育资源开发的盲目拔高现象。劳动教育主要培养的是学生基础性劳动能力。所谓基础，主要有两方面意思：一是从程度上来讲，不能片面拔高，毕竟学校的劳动教育不是专门的职业教育；二是受众面要广，要确保大多数学生都能达到一定水平。当前，劳动教育资源的开发在一定程度上存在着盲目拔高现象，突出表现为，一些学校过于追求某些专门技能的高精尖培养，而忽视其基础性。一些学校认为，只有在某些具体劳动技能的培养方面达到较高的水准，才能体现学校劳动教育的水平。为此，学校不惜重金购买各种先进劳动设备，聘请相关领域的专家授课。在这种情况下，这类学校劳动教育资源的开发就成了那些所谓具有较高天赋的孩子可以享受的教育特权。这样一种劳动教育资源开发思路在很大程度上不仅背离了劳动教育所要培养的是学生的基础性劳动能力这一教育目标，也有悖于教育公平的实现。

因此，回归劳动教育应当培养基础性劳动能力这一目标，就要求我们在进行劳动教育实践时，首先要充分考虑所提出的劳动能力要求与学生实际水平的适切程度，不能盲目开发那些不属于基础性劳动能力的劳动教育；其次则需要考虑所开发的劳动教育的普遍性问题，即这些劳动教育资源的开发应该能够满足所有学生基础劳动能力的培养。

四、劳动习惯

劳动习惯是一个人劳动意识和劳动品质的综合体现。所谓劳动意识，主要指的是个体有主动劳动的内在自觉；而劳动品质则是指个体在劳动中能够妥善处理好劳动资料，能够统筹协调各种劳动工序。良好的劳动习惯既有利于个体生活品质的提升，同时也有利于其工作和劳动效率的提高,以及能够保障劳动安全。

(一)劳动自觉意识

劳动习惯首先体现为一个人自觉的劳动意识。一个具有良好劳动习惯的人,最显著的特征就是“眼里有活”。所谓“眼里有活”,意味着他总能在看似日常而平淡的生活中,发现劳动的可能性。这种劳动的可能性实际上反映了个体对象化实践的丰富性。一个人在生活中发现自我得以对象化实践的载体越多,他就越容易在生活中获得存在感和意义感。因此,具有劳动自觉意识的人,更容易发现生活中需要劳动的对象。

基于此,要想培养学生的劳动习惯,首先要培养他们具备敏锐的对象化实践眼光。很多孩子缺乏劳动习惯,根本原因在于他们没有发现需要对象化的可能载体。这实际上是要求我们要给孩子生活的世界必要的“留白”,不宜将孩子的生活安排得过于完满。或许正是在那些不太完满的生活中,孩子更容易发现劳动的可能性。通过这些日常劳动,孩子不仅能够获得劳动的成就感,还能强化其劳动的自觉意识。

(二)劳动统筹协调

如果说,劳动自觉意识更多地体现在是否愿意劳动这一维度的劳动习惯培养上,那么,能够在劳动中做好各种统筹协调则是劳动习惯在劳动中的具体要求。

劳动过程中的习惯,一方面反映了一个人的劳动能力;另一方面也体现了一个人的劳动品质特点。在劳动过程中,需要遵守相应的工作流程和操作要求,才能确保劳动的顺利进行。这就需要个体处理好个人与劳动环境、劳动资料、劳动工具等方面的关系。如果一个人在具体的劳动过程中,随意摆放劳动工具而没有将各种工具及时归位,对各种劳动资料的使用不节约,随意丢弃浪费,不仅会在无形当中增加劳动成本,降低生产效率,同时也会带来诸多的安全隐患。因此,劳动习惯对于整个劳动过程而言,具有非常重要的作用。

目前,我们在培养学生劳动习惯时,更多聚焦于第一层面劳动习惯的养成,即重点提升学生劳动的内在自觉性。但是,对于学生在劳动过程中应形成的习惯,相对而言不够重视。实际上,劳动过程中的劳动习惯与劳动效率和劳动安全基本上是一个问题的两个方面。劳动习惯不好,必然会影响效率,也会引发安全问题。因此,劳动习惯的培养,必须与劳动安全和劳动效率等内容有机结合,才能够真正将教育目标落到实处。

由此可见,就劳动教育目标而言,其所包含的内容是多方面的,所指向的劳动素养也是多维度的。就劳动观念、劳动精神等内在于个体世界观、人生观和价值观层面的劳动素养而言,其更多反映的是学生对劳动功能和意义的认识,对劳动的态度,以及对以劳动为核心的社会生产关系的价值判断等,主要属于观念性的社会意识形态范畴。就基本生存能力和习惯而言,则主要指向个体操作性的动手实践能力的获得。简言之,劳动教育的目标包括两大方面:一是观念意识层面;二是能力习惯层面。前者更多的是一种观念性的劳动素养,而后者则主要是一种实践性的劳动素养。劳动教育的实施,应该根据这两种不同类型的劳动素养的特点来选择合适的教育载体,才能够真正实现育人目标。

第三节 劳动教育目标的实践意义

讨论劳动教育的目标,不仅具有非常重要的理论价值,更有强烈的现实意义。可以说,当前劳动教育实践中存在的诸多问题,大多与劳动教育目标的认识不清、把握不准、贯彻不够有着非常密切的关系。

一、劳动教育目标的实践缺位

毫无疑问,劳动教育目标是整个劳动教育实践的出发点和归宿。但是,很多学校开展劳动教育实践存在的最大问题就是劳动教育目标的偏离。这种偏离主要表现为两个方面:一是对劳动能力的片面强调,缺乏对整个劳动教育目标的整体把握;二是将手段误认为目标而追求,从而导致对目标的遗忘。

(一)缺乏对劳动教育目标的整体把握

完整的劳动教育目标应该是由劳动观念、劳动精神、劳动能力和劳动习惯有机组成的。然而,如今在很多劳动教育实践当中,往往更为看重的是劳动能力的培养,在很大程度上忽略了培养劳动观念、劳动精神等意识层面的劳动教育目标。

虽然马克思主义劳动观作为劳动教育目标的核心具有非常重要的意义,但从当前实践层面来看,看似轰轰烈烈的劳动教育似乎并未对马克思主义劳动观这一劳动教育目标给予足够的重视。具体表现为,许多学校的劳动教育实践,将劳动教育仅仅理解为对学生劳动能力的培养,因此,主要强调让学生"动动手、流流汗",至于这些劳动实践在多大程度上完成了对学生马克思主义劳动观的培养任务,则缺乏考虑。而有些学校在推进劳动教育时,也会在理论层面强调对学生进行正确劳动观念的培养。但这一观念如何培养,在具体的教育方案中则语焉不详,最终必然导致目标失败。

实际上,相比于劳动精神、劳动能力和劳动习惯这几个维度的劳动教育目标,培养学生树立马克思主义劳动观更难。这一方面是因为马克思主义劳动观自身所包含思想的复杂性,导致其在转变为具体的教育内容时,存在诸多教育上的困难;另一方面则是由于长期以来从事劳动教育的教育工作者自身对于马克思主义劳动观的理解较为表面,甚至对马克思主义劳动观的具体内容解释不清,这势必会使其在开展劳动教育的时候避重就轻,选择相对容易的劳动技能来开展劳动教育。

如果在实践层面没有充分贯彻落实马克思主义劳动观的目标要求,就容易使人产生对劳动教育的误解,认为劳动教育没有思想和知识含量,这势必造成劳动教育实际地位低下的结果,导致人们认为只要学会某项劳动,就可以承担所有的劳动教育的任务。如果是这样的话,那么,劳动教育也许就不需要进行专门研究,也不需要专门的教师来教授,因为社会上存在着的大量有关劳动技能培训的资源,如各种教人如何收纳、如何整理、如何做饭等短视频在网络上随处可见,学生只要观看这些视频就可以学会,不需要教师再辛苦制作课件来讲解。因此,劳动教育如果没有了马克思主义劳动观这一培养目标,就会沦为一种纯粹的技能培训,劳动教育作为中国特色社会主义教育制度的重要组成部分的教育属性就无法体现出来。

产生以上问题的原因是多方面的，但是，最为根本的原因在于，学校在培养学生正确的劳动观的，对于什么是正确的劳动观，尤其什么是马克思主义的劳动观，没有清晰的认识。我们很难想象，一个不懂数学的老师能够教好数学。然而，在劳动教育中，却存在大量对马克思主义劳动知之甚少却仍在从事劳动教育的教师。这种现象实际上是非常荒谬的。因此，贯彻落实马克思主义劳动观需要帮助广大从事劳动教育的教师对这一目标的具体内容和要求进行必要的了解。

（二）误把手段当作目的

当前，很多地方在推进劳动教育时，更关注为学生提供劳动场所和资源，却较少深入钻研劳动教育的目标。这种偏差很容易导致将推进劳动教育的手段误认为目标本身。例如，一些学校总是纠结于劳动教育中该让学生种菜还是种粮食，是养小鱼还是养小鸡。这种做法实际上是舍本逐末。其根本原因在于，无论是种菜还是种粮食，或养小鱼还是养小鸡，这些都是劳动教育的具体载体，而不是劳动教育所要追求的目标本身。也就是说，我们让学生参与和学习这些劳动技能，其目的显然不是为了培养他们以后做农民或渔民，而是为了通过这些活动帮助学生形成马克思主义的劳动观、劳动精神、劳动能力和劳动习惯。如果我们在劳动教育中忽视这些目标的实现，反复纠结于具体劳动形式的选择，那么势必会导致将手段当成目的去追求的现象。

正确的思路应该是，始终以劳动教育的目标为导向，选择合适的手段。选择何种手段的关键就在于，这些手段是否有利于特定目标的实现。实际上，相对于目标的稳定性，手段具有很大的可选择性。我们应该在完整把握劳动教育目标的前提下，因地制宜地考虑手段的具体选择，而不能为了突出一些手段而遗忘了目标的达成。也正因为如此，《意见》中明确指出，劳动教育要坚持因地制宜。根据各地区和学校实际，结合当地在自然、经济、文化等方面的条件，充分挖掘行业企业、职业院校等可利用资源，宜工则工、宜农则农，采取多种方式开展劳动教育，避免“一刀切”。这一要求表明，只要牢牢把握住劳动教育的育人目标，那么，在具体劳动手段或途径的选择上，各个地区、各个学校完全可以充分考虑自身实际情况和学生特点来自主选择，而不必跟风开展某种具体的劳动。

二、劳动教育目标的教育价值

劳动教育目标实际上是劳动教育的首要问题，它不仅影响劳动教育实施的方向、过程的调控和结果的评价，而且对学生自我劳动素养的发展和社会劳动教育的支持等方面具有重要价值。

（一）劳动教育目标的教育功能

对于劳动教育而言，劳动教育目标最重要的功能就是确保劳动教育方向的正确性。没有正确的方向引导，劳动教育就不能真正发挥其育人的作用。只有目标正确，整个劳动教育才会沿着健康的方向发展。当前，学校教育实践中劳动教育目标的方向功能并没有得到充分发挥。前文所分析的劳动教育在实践中的缺位问题，实际上就是劳动教育目标的偏离问题。

劳动教育目标除了具有非常重要的引导功能外，对于劳动教育而言还具有十分重要的调整功能。也就是说,正是因为劳动教育目标的存在,我们才能够在具体的劳动教育实践过程中,不断调整相应的手段和方法,使之能够更加精准地朝着劳动教育目标所设定的方向前进。否则,在具体的劳动教育实践过程中,我们将难以判断劳动教育的实施状况,也很难发现其中存在的问题并及时调整。因此,劳动教育目标的存在,就成为我们衡量劳动教育实施过程是否偏离方向、是否存在问题的重要依据。也只有在劳动教育过程中不断根据教育目标来调整相关实施策略,才能够最大限度地确保劳动教育目标的最终实现。

最后,劳动教育目标对于整个劳动教育而言,还具有非常重要的评价功能。评价的目的是考察目标的实现程度,如果目标不清晰,评价也就失去了依据。因此,科学的劳动教育目标设定,对于劳动教育评价的有效进行意义重大。如果目标设定过高,就容易出现劳动教育实效性不高的问题;而目标设定过低,则不利于劳动教育功能的充分发挥。这就需要教师在准确把握劳动教育目标的总体要求基础上,充分考虑学生的实际情况因材施教,设定每个学生具体劳动教育实践的目标。

(二)劳动教育目标的个体意义

劳动教育目标不仅对于整个劳动教育有着非常重要的作用,而且对于个体的劳动素养提升也有着积极的意义。

首先,通过劳动教育目标,个体可以看到自我劳动素养提升的方向,从而能够根据目标对自我成长进行主动规划。实际上,提升人的劳动素养,除了依靠外在的教育引导之外,也同样需要个体的自主努力。清晰、明确而富有召唤力的劳动教育目标,对于个体劳动素养的提升有着非常突出的意义和激励作用。实际上,一个人劳动教育内在学习动机的激发,与其对劳动教育目标的认识有着很大的关系。当一个人在劳动教育目标中看到了自我未来成长的美好蓝图,他就更容易激发学习的积极性。这实际上要求教师在劳动教育总体目标的实践转化过程中,能够在劳动教育目标与学生个人成长之间建立起内在的联系,只有这样学生才能够从劳动教育当中获得前进的动力。

其次,劳动教育目标还能够为学生的劳动教育提供评价标准。即学生可以依据劳动教育目标来对照自我在劳动教育学习过程中的表现。当个体的表现达到劳动教育目标的要求时,个体就会获得一种自我肯定的积极力量,激励其更加投入地接受劳动教育。而当个体发现其表现与劳动教育目标的要求还有一定差距时,劳动教育目标同样也会成为个体调整自我学习策略和方法的重要依据。在这种情况下,劳动教育目标就成为个体不断进步的行动指南。

(三)劳动教育目标的社会价值

想要顺利开展劳动教育,必须得到整个社会的大力支持。而劳动教育要想获得社会支持的一个重要前提,就是它必须有一个被社会各界广泛认可的目标。没有这样一个目标,劳动教育将难以获得社会的有效支持。这主要是因为,劳动教育目标是整个劳动教育的核心,其基本主张都反映在其设定的目标之上。因此,劳动教育目标构成了整个社会认识和了解劳动教育的重要窗口。总而言之,劳动教育目标具有非常重要的社会动员和社会整合功能。

劳动教育目标的社会动员功能主要指的是劳动教育目标对于劳动教育的社会宣传、社会形象建构等均具有重要的作用。正确的劳动教育目标,是向社会宣传劳动教育价值和意义的重要名片,也是社会认识和评价劳动教育的重要依据。因此,劳动教育目标的设定,要充分考虑其社会意义。

劳动教育目标的社会整合功能则主要指通过劳动教育目标,可以将社会上的各种劳动教育力量和资源有机整合起来,形成立体化、社会化的劳动教育育人体系。只有当社会大众对劳动教育目标有充分的认识之后,人们才能够结合自身实际情况,考虑自身在国家推动劳动教育的过程中可以承担的任务和扮演的角色。一旦劳动教育目标不清晰,那么,社会上各种潜在的劳动教育资源就很难整合起来。因此,劳动教育目标的存在,就为各种劳动教育的社会资源凝聚在一起的方向和目标。

由此可见,劳动教育目标在劳动教育实践中具有多方面的价值和意义。深入了解劳动教育目标的内涵,是科学制定劳动教育目标的前提,也是目前劳动教育实践最为迫切需要加强的重点工作。一旦我们从劳动教育的目标去思考劳动教育的实践,就会发现劳动教育可发展的空间无比宽广。各种原本不在劳动教育考虑范围内的资源,在劳动教育目标的引领下,都可以转变为具体生动的劳动教育资源。例如,各种劳动文化、劳动艺术,都可以成为学校劳动教育实践的重要载体。过去,我们之所以没有看到这些劳动教育资源的存在,一个非常重要的原因就在于缺乏从劳动教育目标的角度来审视整个教育。因此,准确把握劳动教育目标,是切实推进劳动教育有效落地的根本保证。

劳动教育内容是落实劳动教育目标的重要载体,也是师生互动的重要教育中介。劳动教育内容主要涉及三个方面的基本理论问题:一是劳动教育的内容有哪些存在形态,即劳动教育的主要载体是什么;二是对于这些不同形态的劳动教育内容应该如何选择,即确定劳动教育内容的基本原则是什么;三是对于选择出来的劳动教育应当如何组织,才能构成学生具体的学习内容,即劳动教育内容如何向学习内容转化。

第三章　劳动教育工作研究

劳动是人类创造物质财富和精神财富的活动。加强劳动教育是继承和发展马克思主义理论、实现中华民族伟大复兴中国梦的关键,是高校落实立德树人根本任务、促进大学生成长成才的重要途径和手段。大学生通过学习马克思主义劳动观和中国特色社会主义劳动观,能够正确认识劳动,理解劳动的价值和意义,树立正确的劳动观念,进而成长为德智体美劳全面发展的社会主义建设者和接班人。

第一节　劳动教育主客体关系与工作思路

劳动教育是一个人德智体美劳全面发展的主要内容之一,主要目标是让学生树立正确的劳动观念和劳动态度、热爱劳动和劳动人民、养成劳动习惯。劳动教育实践是一项意义重大的工作,只有认真理解劳动教育主客体关系与工作方法,才能根据不同阶段的学生特点开展相对应的劳动教育工作的实践。

一、劳动教育的主客体关系

劳动教育工作是工作主体(教师)能动作用于工作客体(主要是受教育者)的对象性活动,是教育工作者在劳动教育总体工作思路下,按照自己选择的目标和行动方案,通过教学提高学生专业能力的同时引导学生提高全面素养的过程。

(一)劳动教育的工作主体

主体和客体是哲学中两个极其重要的范畴。所谓主体,是指按照一定目的去认识和改造客观对象的人。所谓客体,是指被认识和被改造的客观对象。主体和客体不同于主观和客观。主观是指人的精神世界,客观是指个体意识之外的客观世界或客观存在。主体是人,但不是所有人都能成为主体。缺少自我意识,居于被动地位的人不是主体。只有具有明确自我意识、居于主动支配地位的人才是主体。劳动教育工作系统是由"人"和"物"组成的,其中物的因素不可能成为主体,不同学习阶段的学生是处于被引导地位的人,也不是主体,只有处于支配地位的人才能称为主体。概而言之,劳动教育的工作主体就是劳动教育工作中从事教育活动的教师。基于此,我们认为劳动教育工作主体应当具备如下几方面素质。

1. 劳动教育工作主体必须具有开展劳动教育教学工作所需的专门知识

知识是社会意识研究领域的基本范畴,众多学科都对其有所论述,关于它的含义界定很多,并存在或大或小的差异。知识是人们对客观对象的浅层感知和深层认识的总称,知识作为人类认识世界的成果和改造世界的武器,也是一种无形的财富和巨大的力量。我们这里所使用的知识范畴,不局限在某个具体的领域,而是指人类知识的整体。这些知识按照哲学上的诉求目标可以分为真理知识、善德知识和美感知识;按照学科可以分为自然科学知识、社会科学知识和思维科学知识;按照反映客体信息的水平又可以分为经验知识和理论知识;按照获得知识的途径还可以分为直接知识和间接知识。总而言之,知识的分类可以有两个视角:横向和纵向。

横向是指知识的不同领域,比如前两种分类;纵向主要是指知识的层次性,比如后两种分类。在开展劳动教育过程中,教师无疑需要掌握专业知识,而且还要学习其他知识。这主要包括以下几方面。

(1)通晓专业工作领域的科学知识和专门技术,这是成为专业教师的基本要求。

(2)尽可能掌握与思想政治教育理论和社会科学有关的知识。劳动教育工作作为一种人类教育实践活动,自始至终是在社会大系统中进行的。劳动教育工作的主体要想实现自己的目标并有效进行劳动教育工作,除了通晓有关专业技术知识之外,还要掌握思想政治教育理论和社会科学知识,这就要求教师认真学习党和国家的文件,以及学习习近平总书记重要讲话等带有鲜明时代特征并具有现实指导意义的知识。如果缺乏这些知识,就不能在复杂多变的社会环境中审时度势、选择更合理的手段教育学生。

(3)要熟识有关人的知识。劳动教育工作的主要对象是人,换句话说,劳动教育工作就是做人的工作。因此,作为一个劳动教育工作的主体,应当熟悉自己的对象,懂得人的生理、心理、需要、追求、信仰、期待和他们的行为规律,掌握有关的生理学知识、心理学知识、社会学知识、行为科学知识等人学知识。如果不了解人,将活人看作死物,或者对人的认识过于浅薄,片面地将学生看作“知识接收器”,那么劳动教育工作就难以做好。相反,只有掌握有关人的知识,了解人的心理活动和思想变化,才可能有效沟通主客体的关系,将教师的意图转化为学生对劳动教育目标的理解。

(4)作为劳动教育工作的主体,还必须学习运用哲学。哲学是各门科学知识的最高概括,具有认识世界和改造世界的多种特殊功能,它为教师提供综观全局、预测未来、揭示因果、防微应变的方法论,也为教师确定正确决策提供价值坐标。教师是按照唯物主义观点或唯心主义观点来决策,还是以系统辩证的方法或以形而上学方法来处理教学工作中的有关问题,将直接关系到劳动教育工作的成败。所以,要开展劳动教育必须要学好哲学。

2. 劳动教育工作的主体还应具备丰富的教学经验和实践能力

知识作为劳动教育工作主体的一种潜能,只是劳动教育工作活动的一个前提条件,拥有丰富的知识可以提高劳动教育工作成功的可能性。要使可能变为现实,教师还应具备将各种知识转化为相应劳动教育活动工作的能力,不断在劳动教育工作实践中学会如何具体应用这些知识。也就是说,在劳动教育工作中知识固然很重要,没有足够的相关知识自然谈不上能力的培养,因为能力不是凭空产生的,而是由知识转化而来的,将知识同能力、理论同实践对立起来片面强调学生工作实际能力的观点是不正确的。但同时也必须清楚地看到,知识并不等于能力,有知识而无能力只能是空谈家而不可能成为优秀的教师。从这个角度分析,能力比知识更为重要。

当年恩格斯在《给〈萨克森工人报〉编辑部的答复》一文中对少数年轻干部奢望党的领导地位曾经这样说过:“他们那种本来还需要加以深刻的批判性自我检查的‘学院式教育’,并没有给予他们一种军官官衔和在党内取得相应职位的权利;在我们党内,每个人都应该从当兵做起;要在党内担任负责的职务,仅仅有写作才能或理论知识,甚至二者全都具备,都是不够的;要担任领导职务,还需要熟悉党的斗争条件,掌握这种斗争方式,具备久经考验的耿耿忠心和坚强性格,最后还必须自愿地把自己列入战士的行列中。”我国古代法家的代表人物韩非子在选拔高级官员时也提出:“故明主之吏,宰相必起于州部,猛将必发于卒伍。”这都说明知识不等于能力,能力是在劳动教育工作实践中从知识逐步转化而来的。

3. 劳动教育工作主体总是同一定权力相联系的

所谓权力,是按照预定方式引起别人心理或行为变化的权威和能力。它是通过约定俗成或通过法律程序所赋予的一部分人对另一部分人的影响力和支配权。权力作为一种欲望,人皆有之。但权力欲望并不能无条件地转化为现实中的权力,真正掌握权力的人只能是少数。在劳动教育活动中,教师也是一种权力的拥有者。作为劳动教育的工作主体,一定要有相应的影响和支配别人的权力。至于这种权力是通过习惯由一些人传递给另一些人,还是通过某种学校的规章制度赋予的。无论人们对其持何种态度,它都是劳动教育工作主体本质的规定性。只有获得现实中劳动教育工作权力的主体,才能成为真正的劳动教育工作的主体,否则就不能区别劳动教育工作的主体和客体。教师若无权决策,无法对活动中的学生行使指挥、调度、奖惩、控制,劳动教育工作就会成为一句空话。在有分工有协作的社会生产和生活中,权力欲的产生和权力的运用不仅是必然的,总体上也具有合理性。恩格斯在《论权威》中更明确地指出:“联合活动,互相依赖的工作过程的复杂化,正在取代各个人的独立活动。但是,联合活动就是组织起来,而没有权威能够组织起来吗?”可见,权力是社会发展的产物,也是劳动教育工作主体本质的规定性。如果失去权力或有权力不敢运用,劳动教育工作的主体也就不复存在。

4. 劳动教育工作主体同威信联系在一起

教师个人的威望和信誉是劳动教育工作主体的又一本质的规定性。所谓威望,是指教师良好的品德和超常的能力在学生中造成的特殊影响力。所谓信用,则是教师和学生通过教学活动交往、相互沟通所形成的后者对前者的尊重和信任。同权力不同,威信不是由习惯和法律自外赋予劳动教育工作主体的,而是学生对教师的一种认同,是教师自身造就和学生赋予的。在一部分人影响另一部分人的心理行为的意义上,劳动教育工作主体的威信也是一种权力,因为凭借威信同样可以达到支配别人的目的。所不同的是,权力是一种强制影响力,威信是一种自然影响力,前者是由地位决定的,后者是自发产生的。所以,权力同威望并不一样,不能认为有权必威、有权必信,威信同权力是构成劳动教育工作主体的两个并列的内在规定性。有一种观点认为,劳动教育工作既然是一部分人支配另一部分人的行为活动过程,那么权力之中就必然包含威信,威信是从权力地位中自然产生的。这种看法认为有权必威,有权必信,权力必然产生权威,但事实并非如此,权力和威信并不具有必然的联系。有权是否同时具有威信,这要看教师如何看待权力和运用权力,看他是否正确对待学生。一般来说,只有不滥用权力的教师,才有可能恰当地运用权力,从而才能逐渐树立威望并得到学生的信任。相反,认为权力是万能的,以为有了权力就有了一切,从而颐指气使、以权压人,企图采用简单的行政命令手段去进行劳动教育工作的教师,必然引起学生的反感和抵制,进而失去学生的信任,成为虚设的主体。可见,要做好劳动教育工作,除了要掌握一定的权力,还要建立教师的威信,使学生不是从形式上而是从实质上接受劳动教育工作的指令。

知识、能力、权力、威信,这四者就是劳动教育工作主体必备的四重规定性,并且缺一不可。

劳动教育工作是一种复杂且特殊的人类教育实践活动,无法通过一个人来单独进行,必须和一部分人协同完成。在当代学校和教育机构,参与劳动教育工作的人各有其不同的职责,劳动教育工作系统通常由决策人员、智囊人员、执行人员和监督人员按一定方式组成,我们称之为劳动教育工作的主体系统。在劳动教育工作系统中,决策人员包括学校管理部门,也包括专业课教师;智囊人员,可以包括校内外专家、教学研究者及思政课教师;执行人员是授课主体,是指具体的授课教师;监督人员是指学校的教学督导检查人员。

劳动教育工作的主体是由决策、智囊、执行、监督四大子系统有机组成的共同体,如何建立健全最优化的劳动教育工作主体系统是做好劳动教育工作的关键所在。

要建立一个理想的劳动教育工作主体系统,首先要坚持目标择优原则,即根据劳动教育工作目标的要求来选择确定劳动教育的工作人员。具体做法可以从以下两点入手:第一,要因事设人而反对因人设事,劳动教育工作人数的多少应根据教学任务的多少和事务的繁简确定。这在管理学上称为“管理跨度”。如果比例过大,管理跨度太宽,管不过来;比例过小,则人浮于事,政出多门,不仅造成人力的浪费,而且难于统一意见,也不好管理。在组建劳动教育工作主体系统时究竟用多大的比例为宜,应视具体情况而定,不过原则上必须遵守一定的劳动教育工作跨度。无论是哪种劳动教育工作主体,都应合理配置人员比例,既不能“韩信用兵,多多益善”,用很少的教师去管理大量学生,更不能倒过来,让多个教师领导少数学生。第二,在确定劳动教育工作主体的总人数之后,紧接着还要根据工作的需要对不同的劳动教育工作人员的人数进行再分割。一般来说,决策人员只能是少数,大量的是执行人员,智囊人员和监督人员的人数并无特殊规定,要根据劳动教育工作活动的性质而定。

要建立一个理想的劳动教育工作系统,还必须根据系统要素特性互补的原则,建立工作团队。系统论认为,系统是由若干功能相异而又彼此补充的要素按一定结构有机组成的统一体。如果要素属于同一性质,那么这种系统就会因为功能单一、缺乏互补性而成为一种机械系统。具体说来,应坚持以下几种互补原则:第一是知识互补和能力互补。也就是将不同知识型和能力型的成员组成一个教学团队,避免形成“清一色”的“理论型”或“实干型”团队,从而避免“近亲繁殖”现象。第二是气质互补和性格互补。将不同性格、不同气质的人相搭配,使之相互弥补对方因气质性格和缺陷可能造成的错误,例如将果断型的人与沉稳型的人搭配起来,思索型的人和实干型的人结合起来。第三是性别和年龄互补。性别在当代劳动教育工作中具有越来越明显的独特功能,年龄则与经验、作风、对事物的敏感程度相联系。理想的工作队伍不应由相同性别和同一年龄段的人组成,而应当男女适度搭配,由老、中、青三个年龄段的人组成。老年人阅历深、经验多,青年人对新事物敏感、富有锐气;男性通常胆大果断,而女性在细节把控上更具优势。只有将不同性别、年龄的人组合在一起才能形成功能互补;反之,则无法给整体系统提供优化效应。正如列宁在谈如何组织苏维埃领导机关时说:“最好是使这个机构有各种各样的人员,在这个机构里我们应当设法把多种素质和不同优点结合起来,因此,我们得下功夫拟好候选人名单。举例来说,如果新的人民委员部是由一个模子出来的人组成的,假定是由官吏型的人组成的,或者排除鼓动员型的人,或者排除善于交际或深入他们不太熟悉的群众中去的人等,那就糟糕透了。”

由不同知识能力、性格气质、性别年龄组成的主体系统,各成员间要做到功能互补,同时还必须克服各种障碍,做到心理相容。因为各个成员有不同的经历、气质、性格,他们之间在心理上是有障碍的;每个成员的知识结构、工作能力不同,彼此间便缺少共同语言;而年龄、性别、价值观念、思想方法不同的成员,对问题的看法也不可能完全一致。

要使不同特质的领导和成员做到功能互补,必须先让他们做到心理相容。而要做到心理相容,则是一件极为复杂的思想工程,需要异中求同,培养灌注以下几点意识。

第一,确认共同的价值目标。人们的观念不可能完全相同,但既然同为一个劳动教育工作主体系统的成员,必须要有共同追求的价值目标。如果价值目标不统一,各怀一己之私,是必然互不相容的。只有为了同一个目标走到一起,才可能求大同存小异,形成共同的价值观念,做到彼此配合、相互谅解。中国共产党在民主革命时期提出的"五湖四海"思想,堪称这方面的典型。

第二,确认互助互利的系统观念。按照系统论,子系统无法脱离系统而独立存在并发生作用,系统因素都以其他因素的存在作为自身存在的前提。所谓互助互利,即指劳动教育工作主体系统的各个成员只有相互配合才能发挥系统的劳动教育工作功能,自身才能从中获得成就感。只有当互助互利的观念为各成员所接受,变成自觉的意识,成员之间才可能相互支持、相互配合。

第三,要形成互相尊重的环境气氛。教师在比较年轻时被选拔到领导岗位,一般具有超出常人的某种才能,自我意识很强烈。然而,由于年轻阅历尚浅,这些教师有时可能缺乏对自身的正确估计,容易苛求与之共事的同事,甚至缺乏相互之间的尊重。要改变这种状况,就必须提倡"己所不欲、勿施于人"的理念,培养宽容互谅和谦虚谨慎的精神。年轻领导应善于学习别人的长处、尊重他人的人格。同时应提倡同事间多接触、多谈心,增进相互了解,增强心理上的融合感。通过这种努力,有助于开启心灵门窗,沟通思想渠道,凝成团体意识,从而实现心理相容。

(二)劳动教育的工作客体

客体是相对于主体而言的对象,劳动教育工作的客体是劳动教育工作的主体所作用的对象。既然劳动教育工作是主体作用于客体的一种特殊实践活动,在研究劳动教育工作主体的规定、结构、工作体制和主体的活动方式之后,还必须进一步考察劳动教育工作对象的规定、特点、组织结构和活动方式。

客体在一般意义上,是主体有目的、有计划作用的对象。其中,凡是被人们有目的、有计划地认识和考察的对象,就被称为认识客体;而被人们有目的、有计划地加以控制和改造的对象,就被称为实践客体。因此,客体范畴是一个包容甚广的哲学范畴,人类思想和活动所涉及的一切对象,都可以被称为客体。

劳动教育工作客体就是人们常说的劳动教育工作的对象。笔者认为,劳动教育工作的客体有人、财、物、时间、信息、环境等多方面因素。

在非基础教育阶段,职业学校、高等学校学科专业的类型是多种多样的,因此,在不同的劳动教育工作活动中构成客体的具体要素也多少不一、形质各异。但是,从哲学的角度来看,无论何种劳动教育工作客体,都是由从事某种实践活动的人和实践赖以进行的物两类要素所构成。其中,人的要素又可以包括人的思想(价值观念、意志情绪、认识能力)、人的行为(行为方式、行为趋向、行为方法)、人员结构(组织结构);物的要素则包括环境、时间、信息等。下面就上述因素中进行一一分析。

第一,人的思想。人是劳动教育工作客体的重要因素。进行劳动教育工作首先需要了解的就是人的思想,因为人是有思想的理性动物,而不是无思想的机器或动物;当代学生是思想最为活跃的群体,解决他们的思想问题是第一要务。人的思想虽然无形但并非不可捉摸,对于个人来说,思想是一种反映客观的主观存在,而当它作为被他人认识和影响的对象,又是一种被反映、被掌握的不以劳动教育工作主导者意识而改变的事实因素。这说明学生的思想虽然是一种无形的精神,但对于教师来说却具有可知性和客观对象性。劳动教育工作既然是一部分人通过教育另一部人去进行的某一实践活动,那么劳动教育工作主体自始至终必须先了解学生的意愿、关注他们的情绪、激励他们的情感、培育他们的才智、树立他们的观念,从而使学生的思想成为可预测、可感知、可跟踪引导的对象。

第二,人的行为。人的行为即人的现实活动。同人的思想比较,它具有明显的客观物质性和目的方向性。当学生进入教学活动环节时,就与教师形成了互动关系,其活动就不再完全自主,而是成为受劳动教育工作主体支配的对象性客体。劳动教育工作的可行性在于,一部分人的行为方式、行为趋向乃至活动方法,不能任由自己支配,而需接受他人的引导、规定及指挥。在具体的活动中,学生干什么、怎样干、为什么而干,都是由教师在国家规定的教学目的和教育方针指导下决定的。

第三,人员结构。作为劳动教育工作客体要素的人,不是以个体的方式而是以群体的方式而存在。群体究竟以何种结构方式进行活动,对劳动教育工作的成效影响极大。因此,劳动教育工作客体要素不仅包括人的思想和活动,还包括人与人之间的组合方式或组织状态。教师只有根据不同的活动目的来建立相应学生的教学组织系统,并根据情况的变化适度调整组织结构,才能使学生的培养工作取得成效。

第四,环境。也可以称为组织环境,它是存在于劳动教育工作系统之外又影响劳动教育工作系统的一系列因素的总和,包括校园周边生态自然环境、社会环境、政治法律环境、科技文化环境等。环境对于劳动教育工作的作用具有两面性影响:一方面,环境作为劳动教育工作系统的存在条件,是既定的、外在的因素。可以说,是具体的环境选择决定具体劳动教育工作系统;凡是适应特定环境的组织才能存在,与环境不适应者便会灭亡。在这个意义上,环境不是劳动教育工作主体可以驾驭改变的客体。另一方面,劳动教育工作主体是具有主观能动性的人,因而劳动教育工作系统也不可能被环境完全左右,在一定范围内和一定条件下,它可以按照自身的需要去选择环境、改造环境、与环境建立起互通物质、能量和信息的和谐平衡关系。在这个意义上,环境就成为劳动教育工作主体的重要工作之一。各类、各层次学校应当在坚持党的一系列教育方针的前提下,大胆改革、勇于探索,想方设法改造现有的环境,或者开发利用不利环境中的有利因素。因此,笔者认为,环境决定劳动教育工作,劳动教育工作又反过来改造环境。如果看不到前者,会犯唯心主义错误;而抹杀了后者,就会走向机械唯物主义。

第五,时间。在哲学上,时间被看成物质存在的基本方式之一。物质处在绝对的运动中,运动着的物质所固有的过程性、延续性和先后承续性,就是时间。在劳动教育工作客体诸多要素中,无论是人的要素还是物的要素,无一不与时间有关,或者说都在时间中运动、转换、匹配。因此,劳动教育工作的客体要素也包括时间。时间本身是不会被人所改变的,也就是说,时间不会随人的意志而改变,其固性不可逆。要让学生充分认识时间的价值和提高时间的使用效率,就要求教师对学生进行时限控制、时机选择和时效教育。学生是在一定的时间内进行活动的，因此教师开展劳动教育工作时不仅要引导学生的思想和行为，还必须对其活动的时间做出规定，否则就不算是科学化的劳动教育工作。此外，对活动所涉及的物和信息，也应当进行时限控制，有些超过规定时限的物资可能变质，有些信息可能失效。时机选择可以引导或指示学生恰当选择和准确把握某种机遇，充分发挥时间的效率价值，可以达到在正常情况下所达不到的目的。时效是指相同时限内的不同工作效率。时效教育就是向学生灌输时间就是效率的观念，引导学生抓紧时间学习和参与相关活动，在短时间内发挥出最大的效益。虽然时间对每个人是平等的，时间本身具有不以人的意志为转移的客观性，但是人对时间价值的认识和利用时间的方式又大有差别。当代社会，随着生活节奏的加快，教育学生养成时间观念，学会有效地利用时间十分重要，这是新时代思想政治教育工作的要求。

第六，信息。在自然界中，虽然客观存在着多种多样相互关联的信息，而且这些信息客观地经历着传递、接收、处理和反馈过程，但这一切只是"自然"地进行着的。信息是人类为了解、沟通外界客观对象以提高其组织性而开展的自觉活动。在劳动教育工作中，为了防止内部混乱而加强其组织性，就必须收集大量信息、分析整理有关信息，利用信息来进行科学的预测和决策，从而使组织系统内部保持和谐，建立与环境的稳态平衡。相反，如果对信息视而不见，不进行收集整理，劳动教育工作就可能陷入"盲人骑瞎马，夜半临深池"的境地，甚至导致主观蛮干。

综上所述，劳动教育的工作客体包含着人、财、物、时间、信息、环境等多种要素，是一个结构复杂的多元动态系统。

（三）劳动教育工作主体和客体的辩证关系

劳动教育工作的主体和客体作为劳动教育工作大系统的两极，其性质、结构和功能是完全不同、截然对立的。所有劳动教育活动，皆是由相应的劳动教育工作的主体和与之对立的工作客体组成的。如果分不清劳动教育工作的主体和客体，或混淆二者的界限，就会导致思维和决策的混乱。同时，研究劳动教育工作的主体和客体二者之间的辩证关系，可以从动态上把握劳动教育工作的实质。

首先，劳动教育工作的主体和客体作为劳动教育工作实体系统的两极，是以对方为自身存在的条件的。劳动教育工作主体之所以居于主体地位，是因为存在可被其支配的客体；而劳动教育工作客体之所以成为被支配的一方，则是因为其必须追随、服从劳动教育工作主体。如果没有劳动教育工作主体，就无所谓劳动教育工作客体；同样，没有劳动教育工作客体，也不可能形成劳动教育工作主体。劳动教育工作主体与客体之间是一种相互依赖的关系，二者的性质和地位是相互规定的。

其次，劳动教育工作客体受劳动教育工作主体的制约。人们常常将劳动教育工作活动单方面地理解为劳动教育工作主体对学生主动施加的各种影响。其实，劳动教育工作活动绝非劳动教育工作主体作用于劳动教育工作客体的单向活动，而是二者之间相互作用、相互制约的双向活动。在劳动教育工作过程中，劳动教育工作主体也受到劳动教育工作客体的作用和制约。这是因为以下几方面原因。

第一，劳动教育活动计划必须根据劳动教育工作客体的现状制定，劳动教育工作主体须按照学生实际情况制订计划。

第二,劳动教育活动计划的实施依赖于劳动教育工作客体与劳动教育工作主体之间的协调,特别依赖于作为客体的人与劳动教育工作主体的合作。如果师生不进行配合,劳动教育工作便无法开展。

第三,劳动教育工作主体的工作行为不可以随心所欲,他们也必须接受纪律的约束和相关人员的监督。

如果任性妄为,一意孤行,学生就有可能在教学活动中出现各种形式的(公开的和隐蔽的)不合作行为。因此,劳动教育工作绝不是劳动教育工作主体单方面作用于劳动教育工作客体的单向活动,而是劳动教育工作主体和客体相互制约、相互作用的双向活动。劳动教育工作不应仅仅理解为教师的能动活动,而应理解为劳动教育工作主体和学生的互助合作活动。

再次,劳动教育工作的主体和客体在一定条件下可以相互转化。也就是说,劳动教育工作主体和学生的角色是可以互换的。在劳动教育工作中,人被划分为劳动教育工作主体和客体两类角色。在特定的场合,劳动教育工作主体和客体的划分是确定的,一个人或扮演前者或者充当后者,而不能同时兼任二者,否则就无角色可言也无从进行劳动教育工作。但是在社会活动的大系统当中,劳动教育工作主体和客体的界线相对模糊,一个人所充当的社会角色是多种多样、不断变化的。在具体的教学活动中,很多教师都会在条件允许的情况下,鼓励、支持学生自主策划活动,丰富劳动教育内容。同时,学生也应积极参与劳动教育活动,并学会角色转换,在不同场合负相应的责任、做不同的事,尽量避免角色冲突。

最后,劳动教育工作主体和客体在一定条件下具有直接同一性。从某种意义上讲,劳动教育工作主体可以是劳动教育工作客体,而劳动教育工作客体也可以是劳动教育工作主体。劳动教育工作主客体的关系不仅如上所述,表现为两者外在的相互依存、相互制约和相互转化,还表现为两者内在的直接同一,使二者在特定情况下结合于一人之身。所谓二者内在的直接同一,是指劳动教育工作主体以自身言行为工作对象,既是劳动教育工作主体,又是劳动教育工作客体,或者说教师一身二任或二位一体。劳动教育工作不仅是教师的职责,也是学生的责任。只有当主客体直接同一,教师与学生都能够同时承担主体与客体的双重角色,才可能推动劳动教育工作逐步建设成为高质量的学生工作。

二、上下贯通推动劳动教育的工作思路

人类社会的发展不可避免地导致阶级和阶层的出现,虽然社会主义社会不存在政治上对立的阶级,但是仍然存在因为文化水平、社会分工不同导致的社会阶层。要推动社会的发展,就要把不同层级的社会成员整合为一个社会系统体系,实现上下贯通、全员参与。这一理念对于劳动教育工作同样适用。

(一)坚持文化自信,实现上下贯通,做好劳动教育工作

从某种意义上讲,思维是教育乃至一切活动的起点。那么思维的起点又在哪里?这是一个必须回答的问题。人们常常会说看问题要全面、深刻、提纲挈领。那么,纲在哪里?领又是什么?这也是一个必须回答的问题。劳动教育工作的指导思想和纲领就是党和国家的政策文件。

要实现上下贯通、全员参与,就需要正确的观念指导。做好劳动教育工作的关键就是

在纲领文件指导下,让学生掌握正确的文化理念,从而树立文化自信。

2016 年 7 月 1 日,庆祝中国共产党成立 95 周年大会在北京人民大会堂隆重举行。习近平总书记在大会上发表重要讲话,他指出:“坚持不忘初心、继续前进,就要坚持中国特色社会主义道路自信、理论自信、制度自信、文化自信,坚持党的基本路线不动摇,不断把中国特色社会主义伟大事业推向前进。”

对于首次提出的文化自信,习近平总书记指出,文化自信,是更基础、更广泛、更深厚的自信。在五千多年文明发展中孕育的中华优秀传统文化,在党和人民伟大斗争中孕育的革命文化和社会主义先进文化,积淀着中华民族最深层的精神追求,代表着中华民族独特的精神标识。我们要弘扬社会主义核心价值观,弘扬以爱国主义为核心的民族精神和以改革创新为核心的时代精神,不断增强全党全国各族人民的精神力量。

习近平总书记的重要论述明确地告诉人们:努力实践马克思主义思想与中华优秀传统文化的有机结合,在党和人民伟大斗争中孕育革命文化和社会主义先进文化,可以更好地弘扬社会主义核心价值观,弘扬民族精神和时代精神,增强全党全国各族人民的精神力量。这也是开展劳动教育工作必须关注的问题。习近平总书记指出,当今世界,要说哪个政党、哪个国家、哪个民族能够自信的话,那中国共产党、中华人民共和国、中华民族是最有理由自信的。

中华文化是世界上持续时间最长的文化。从理论逻辑看,中华文化具有互补多元的价值结构,还具有开放包容的价值态度、和谐统一的价值取向。

坚持文化自信和社会主义核心价值观是实现中国梦的“加速度”,是弘扬中国精神的“源动力”,是凝聚中国力量的“向心力”,是坚持中国道路的“稳定力”。

中华文化生命力源于其所具备的“博采众长”特质。“博采众长”理念体现出系统的综合性,“博采众长”思想时刻提醒着开展劳动教育的教师,只要是好的、正确的理念,都要积极引进。中国把马克思主义思想确立为指导思想,就是因为马克思主义思想符合中国国情。而实现马克思主义中国化,恰恰是“博采众长”理念不断创新的表现。

教师想要更好地开展劳动教育工作,首先必须了解中华文化中的“博采众长”思想和实践成果。

一个国家和民族的发展必然是兼容并包的。中国历史上很多创新和社会发展与进步都是在吸收外来优秀文化的过程中实现的。

赵武灵王即位的时候,赵国正处在国势衰落时期,为了摆脱不利的局面,使国家强大,其推行“胡服”、教练“骑射”政策,史称“胡服骑射”。因此,“胡服骑射”是符合“博采众长”理念的典型案例。

赵武灵王所推行的“胡服骑射”是一个有机的整体。“胡服”除了有利于骑兵作战需要,在农业生产和生活中,比当时中原的服装也有着突出的优越性,使人们的生产劳动和其他社会活动更加便利,逐步成为中原地区的大众服饰。春秋以前,中原地区的战争与交通基本上是用马车,马匹只是用来驾车的,不作为骑乘。赵武灵王推行“胡服骑射”,变革了中原的作战方式,使我国由车战时代进入了骑战时代。这在中国历史上有着划时代的意义,一支更灵活、更有生气的兵种开始占据了重要的地位,一种更具威力的作战方式被广泛应用。随着骑射的发展,马匹逐渐用于骑乘,在当时道路并不发达的情况下,增强了各地的交往与联系,促进了各地尤其是中原汉族与边地各少数民族之间的经济、文化交流。

赵武灵王在大力推行“胡服骑射”的同时，辅之以开明的民族政策，推进了农业文化与游牧文化的交融，也加速了这些地区的封建化进程，客观上促进了中原汉族与周边少数民族的融合，促进了农业文化与游牧文化的融合。同时，保护了边地人民正常的农牧业生产和生活，加强了北方局部地区的统一，为后来秦汉统一北方奠定了基础。

赵武灵王认为，传统文化本身就是在长期社会发展中逐步形成和完善的，每个时代都会淘汰一些不合时宜的成分，因时制宜地产生一些新的思想和制度，这是中国古代朴素的辩证法思想。推行“胡服骑射”，大胆学习敌人的长处，发展壮大自己，继而有效地打击敌人，夺取最后胜利的战略思想，比近代思想家魏源提出的“师夷技之长以制夷”理念早了二千一百多年，对当时的哲学思想和军事思想产生了强烈的冲击。

古代中国不仅在制度上引进外来先进经验，而且还大胆使用外来人才。唐朝的文化教育发达，长安既是全国的政治经济中心，也是亚洲各国的文化教育交流中心。当时的日本、朝鲜半岛的国家(新罗等)，以及尼泊尔、印度、越南、柬埔寨、印度尼西亚、缅甸和斯里兰卡等大批留学生在长安求学，而且唐朝的外国官员多达三千人，在人才使用方面，这就是典型的“博采众长”。

艺术领域的“博采众长”则使中华艺术体系更加丰富。敦煌莫高窟是集建筑、雕塑、绘画于一体的立体艺术博物馆，古代艺术家在继承中原汉民族和西域兄弟民族艺术优良传统的基础上，吸收、融合了外来的表现手法，发展成为具有敦煌地方特色的中国民族风俗的佛教艺术品，为研究中国古代政治、经济、文化、宗教、民族关系、中外友好往来等提供了珍贵资料。

敦煌莫高窟艺术品中就有很多“博采众长”的例子：敦煌最早的禅窟，全模仿了库车苏巴什的禅窟形制。北魏的中心柱窟与廊柱佛塔式大厅则是阿富汗巴米扬大佛石窟在西域克孜尔地区逐渐演化而成的。不仅如此，外来艺术也为敦煌艺术提供了素材，例如《张议潮出行图》中就有天竺乐及中亚波斯等国的舞乐的内容。

在中国艺术领域中“博采众长”也有很多现代的例子：中国现代的歌剧《白毛女》、芭蕾舞剧《红色娘子军》都是典型案例，不仅如此，西方油画艺术与中国文化相结合，也创作出了很多优秀作品。

在新的历史时期，习近平总书记分别提出建设“丝绸之路经济带”和“21世纪海上丝绸之路”的合作倡议。依靠中国与有关国家既有的双多边机制，借助既有的、行之有效的区域合作平台，“一带一路”通过借用古代文化中“丝绸之路”的概念，高举和平发展的旗帜，积极发展与沿线国家的经济合作伙伴关系，共同打造政治互信、经济融合、文化包容的利益共同体、命运共同体和责任共同体。习近平总书记提出建设“一带一路”、构建人类命运共同体，正是新时期中华文化自信的重要表现。

(二)上下贯通开展劳动教育工作需要处理的矛盾关系

世界是充满矛盾的，矛盾存在于一切领域。上下贯通推动劳动教育工作的过程也是一个矛盾世界，同时也是解决各种矛盾的过程。例如，在决策过程中存在着主观目的和实现可能的矛盾，智囊人员同决策人员的“谋”“断”矛盾；开展劳动教育工作过程，存在着上下级之间的矛盾，工作部门之间的矛盾，同级人员之间的矛盾；在调整控制过程，存在计划与执行的矛盾，环境和组织的矛盾，离散和协调的矛盾等等。显然，这些矛盾的产生有其极为复杂的根源。那么,在上述各样的矛盾中,究竟有无一种贯穿上下,贯通推进劳动教育工作过程始终、决定上下贯通,推进劳动教育工作过程基本性质的矛盾呢?答案当然是肯定的,这就是上下贯通,推进劳动教育工作过程主体和工作客体之间的矛盾。这一矛盾决定着上下贯通推进劳动教育工作过程的基本形式和基本性质、引发其他矛盾的产生并制约着其他矛盾的解决。因此,研究这一矛盾便成为研究上下贯通推进劳动教育工作过程相关问题的一项重要命题。

在一般意义上,上下贯通推进劳动教育工作过程主客体的矛盾是指充当主体的人同作为客体的人和物之间的对立统一关系。但是,对物的使用也是人们在上下贯通理念指导下开展时出现的。因此,两者的矛盾又可归结为上下贯通推进劳动教育工作过程中人与人的对立统一关系,它分别表现为主体与客体在指挥和服从、纪律和自由、集权和分权、竞争和协调等四方面的对立关系。

1. 指挥和服从的矛盾运动

“指挥”是一个组织学概念,在上下贯通推进劳动教育工作过程中指的是劳动教育工作主导者根据劳动教育工作或者自己所处部门的统一安排,领导劳动教育工作参与者开展劳动教育工作的行为过程。

“服从”则相反,它是指劳动教育工作参与者接受上级的指令、按照上级的意图而运作的过程。上下贯通推进劳动教育工作的基本原则,就是指挥统一、令行禁止。如果放弃指挥或者拒不服从,上下贯通推进劳动教育工作过程就不可能进行;而指挥无方或服从勉强,上下贯通推进劳动教育工作过程也难以奏效。

在上下贯通推进劳动教育工作过程实践中,指挥和服从不是自然达到统一的,而是在经常的矛盾运动中求得一致的。之所以会经常出现矛盾,大致有以下主要原因。

第一,资源分配不公,劳动教育工作参与者因无法得到成就感而不愿参与具体活动。在开展上下贯通推进劳动教育工作过程时,如果在资源分配上处理不当,就会导致大多数参与者没有参与感,不利于活动落到实处。因此,在设计活动时就应努力让更多的劳动教育工作参与者参与其中,这样才会有收获。

第二,价值观念不统一,劳动教育工作主导者和劳动教育工作参与者缺乏一致的价值观念。上下贯通推进劳动教育工作过程不仅是少数劳动教育工作主导者的职责,更是组织所有成员共同的事业,它需要大家对组织目标取得共识,上下要有共同的价值观念。但是在实际生活中,人和人的社会地位、主观需要是不完全相同的,基于不同的社会地位和主观需要,每个人的价值观念也不可能自然地取得一致。尤其是劳动教育工作主导者和劳动教育工作参与者,由于他们处在不同的地位,年龄、生活阅历的明显差异必然导致价值观念存在着明显的区别,二者经常发生观念冲突,这就可能导致劳动教育工作主导者发出的指令被劳动教育工作参与者曲解乃至抵制。

第三,个别劳动教育工作主导者有权无威,滥用职权。上下贯通推进劳动教育工作过程的指挥权虽是必要的,但指挥是否得到相应的服从则取决于掌握权力的劳动教育工作主导者有无威信,指挥是否得当。只有既具有权威、又指挥得当的劳动教育工作主导者,才能从信息和情感理智上沟通劳动教育工作参与者,从而得到下属的信任、理解和拥戴。而有权无威的劳动教育工作主导者,其指挥若是强迫命令、滥用职权、朝令夕改、意气用事,其结果必然会遭到下属的抵制,或者使人们被迫屈从或盲目服从。劳动教育工作参与者的不配合必然导致指挥的落空;而屈从、盲从或只是表面上的服从而非自觉地服从,也会使指挥失去真实的对象而成为虚假的指挥。

在上下贯通促进劳动教育工作过程中,要做好相关工作就需要注意如下几点:

第一,在开展活动中,指挥不允许采取简单的强制命令,而应伴之以说服、指导和激励,使广大劳动教育工作参与者心服口服、自觉服从;

第二,指挥应以上下共识为基础,以真理为前提。反对不做调查研究的瞎指挥,提倡服从真理,尊重权威;

第三,力求指挥的正确和服从正确的指挥,为劳动教育工作主导者和劳动教育工作参与者的关系造成一种良性循环的格局。劳动教育工作主导者越能充分考虑劳动教育工作参与者的意志,并服务于劳动教育工作参与者的利益,劳动教育工作参与者就越会自觉服从其指挥;同时,劳动教育工作参与者越是服从劳动教育工作主导者的指挥并支持其工作,劳动教育工作主导者的指挥就会越高效,其积极性也会因此越高,从而更充分地体现劳动教育工作参与者的智慧,并更好地服务于劳动教育工作参与者的利益。

2. 纪律和自由的矛盾运动

要实现上级对下级的有效指挥,组织必须制定明确的纪律;但为了将盲目屈从转化为自觉服从,并充分发挥广大劳动教育工作参与者的主动创造性,还需要赋予一定的自由。

纪律和自由是上下贯通推进劳动教育工作过程中的又一对矛盾,两者也常常通过劳动教育工作主导者与劳动教育工作参与者的关系表现出来。所谓纪律,是组织为实现目标,保证上下贯通推进劳动教育工作过程有序进行而制定的各种行为规范,它主要是由劳动教育工作主导者来监督执行。自由有多重含义,对组织纪律而言,主要指劳动教育工作参与者在纪律允许的范围内,行动的自主性与行为的自觉性和自律性。上下贯通推进劳动教育工作过程想要顺利进行,既要有统一的组织纪律来规范人们的行为,统一大家的行动,又要有一定的自由,使个人能独立地开展本职工作。没有纪律,就无法约束人们的行为使组织形成合力,就无法推行上下贯通促进劳动教育工作;没有自由,组织成员的一言一行全部按劳动教育工作主导者的指令行动,会导致劳动教育工作参与者丧失自主性和自觉性,从而成为没有主见的人,也实现不了培养有理想的青年劳动教育工作参与者的目标。由此可见,纪律和自由作为矛盾的两个侧面,是相互依存、彼此作用的。上下贯通推进劳动教育工作过程在一定的意义上,就是劳动教育工作主导者代表的组织纪律和劳动教育工作参与者代表的个人自由这两者之间的对立统一过程。但是,纪律和自由的对立统一运动不是自发完成的,它作为社会规律之一,必须通过人们的正确认识和有效上下贯通推进劳动教育工作过程才能实现。但是,由于认识的偏颇和历史的局限性,纪律和自由长期处于对立状态,在劳动教育工作参与者培养工作的历史上曾出现过两种错误的工作模式:一种是只强调纪律而排斥自由的工作模式。这种模式往往会将上下贯通推进劳动教育工作过程片面地理解为对组织成员的纪律约束和行为强制,试图将劳动教育工作参与者的一切言行全部纳入工作的目标。在这种模式中,纪律就是一切,人们的一言一行无不受到组织的限制和监督。在这里自由并未获得合法的地位,劳动教育工作参与者的主动创造性被看作不安本分,不仅遭到鄙视,甚至可能受到惩戒。持这种观点的人无法理解纪律和自由的辩证关系。长此以往,一方面,由于剥夺劳动教育工作参与者通过正当渠道表达个人想法的机会,必然引起他们的对抗或使之逐步失去主见,纪律无法起到真实的效用;另一方面也助长了劳动教育工作主导者的专擅任性，使之我行我素。与之相反的另一种模式，就是只讲自由不讲纪律的自由主义工作模式。自由主义者肯定人的自我力量、尊重人的自由创造、批判专制主义蔑视人的种种观点，无疑具有部分的真理性，但是却忽略了团体章程和纪律约束的必要性和重要性，容易导致无政府主义倾向。

因此，在上下贯通推进劳动教育工作过程中，劳动教育工作主导者既要警惕无视自由只讲纪律的工作方式，注意尊重劳动教育工作参与者首创精神，维护人们的自由权利，又要反对破坏纪律的极端自由主义，严格组织纪律，培养遵守纪律的良好习惯。

3. 集权和分权的矛盾运动

所谓集权，通常是指把政治权力集中于中央。这是狭义的或政治学的集权。在上下贯通推进劳动教育工作过程中，集权具有广义性，它泛指一切上下贯通推进劳动教育工作过程活动中将权力集中到各级组织进行统一指挥的行为。分权则是它的对立面，意味着下级组织分有上级的一部分权力，各自独立地行使一定权力的行为。

上下贯通推进劳动教育工作过程之所以可行，首先在于上下贯通推进劳动教育工作过程主体拥有统一指挥的权力，这就需要集权。如果工作主体不能集权，导致“大权旁落”，就无法进行统一指挥，组织就被分割为一个个互不相属、无所适从的机械部分，主体也会因为失去所控制的客体而不复存在，上下贯通推进劳动教育工作过程目标就难以实现。因此，自从人类有分工有协作以来，集权就有它存在的意义和价值。

上下贯通推进劳动教育工作过程绝不是工作主体一方面的活动，而是工作主客体双方的活动。从一方面看，劳动教育工作主导者只有集中权力才能对作为客体的劳动教育工作参与者施加影响，引导他们的行为；另一方面，被支配的客体又有归他们支配的客体对象，也需有一定的支配权，是另一种对象的主体，因而客体就必须分有一定的权力。

集权和分权作为对立的双方，各有利弊，因此必须互相补充。集权的优点是思想统一、指挥集中，一定的集权还可促进决策的专门化，使某一职能部门能独立开展工作。其缺点是不可能事事都面面俱到，对于劳动教育工作过程中随时变化的情况无法及时全面地加以控制。分权的优势恰好是对集权的补充，它可以代替上级进行现场指挥，也能根据变化的情况随时做出应变的现场决策，以发挥职能部门和各级下属组织的自主性和创造性。其缺点是容易形成本位主义，滋生无人管理的分散主义，因此需要通过集权加以限制。

在具体的上下贯通推进劳动教育工作过程中，要使集权和分权恰当统一起来绝非易事，从辩证法的角度看，两者的适度平衡往往是在不平衡中逐步实现的。

要使集权和分权统一起来是一个极为复杂的权力分配问题，值得深入研究。不过，总的原则是“大权独揽，小权分散”“宜统则统，宜分则分”。具体说来，第一，决策权一般应该被掌握在核心部门之手，否则工作目标就无法统一，容易形成分散主义；第二，在开展业务性质和工作程序大致相同的活动时，也宜集权不宜分权；第三，在特殊情况下，为加强某一职能部门的作用或使特定活动专门化，也应使之集权化；第四，为应付各种特定性事件，可以成立某种临时专门领导班子，将平时归不同部门拥有的某种权力收归上级，集中使用；第五，上级组织无法决定和无力指挥的事，可以交给下级全权处理；第六，具体事务的执行权，应当适度授予下级，以便在突发事件中能够灵活应对。

要在上下贯通推进劳动教育工作过程中使集权和分权统一起来，除了按照上述原则把握好上下各自的权力限度之外，关键还要在劳动教育工作主导者和劳动教育工作参与者中树立正确的权力观念，处理好上下级人与人之间的关系。

4. 竞争和协调的矛盾运动

所谓竞争，是指系统内成员之间，或系统与系统之间为实现自身特定目的而展开的一种排他性活动，它具有扩散性、排他性、无序性和创造性等特征。协调则是属于系统的组织活动或组织的系统功能活动之一，具有与竞争刚好相反的聚合性、协同性、有序性、保守性等特征。

在生物界和人类社会，竞争和协调作为两种互补的现象，是普遍存在的。在生物界，无论植物或动物为了自身的存在和发展，无时无刻不在争夺最适合生存的环境，彼此之间充满了生存竞争。正是这种竞争推动着物种的进化，显示了大自然的勃勃生机。不过，生物之间的竞争是弱肉强食，它同时也带来了负面价值，使物种之间和生命个体之间彼此疏远离散，表现出盲目的冲动，并破坏生物群落的有序性。因此，竞争就需要协调来进行控制和补充。否则，竞争将无异于自我毁灭。

人类社会是由生物界进化发展而来的，社会生活也一样充满竞争。同生物界一样，社会竞争既是社会进步的动力机制也会带来负面影响，同样需要组织协调加以补充控制。如果不进行协调，人类社会也会在竞争中走向灭亡。

但是，人类社会毕竟不同于生物，社会领域的竞争协调同生物界的竞争协调相比较，有着本质的区别：首先，生物之间的竞争是由生命的本能冲动或生存需要引起的，它缺乏明确的目的性，而显现出纯粹的自发性。社会竞争本质上是社会的，每一次竞争的产生都有着极为复杂的社会根源，是一种具有自觉意识的社会性活动。其次，生物竞争是以弱肉强食的自然方式进行的，竞争者之间完全是一种你死我活的敌对关系。社会竞争虽然也有类似的关系和行为，但社会中通行的主要方式则不能简单定义为弱肉强食，竞争者之间的相依性是主要的。再次，生物竞争也离不开"协调"，但这种"协调"通常无法在生物自身或生物群落内部发生（高级动物群中的动物首领也有控制协调群体内部竞争的某些行为功能），而是来自竞争的外部自然环境。各类植物的共生现象、动物群成员之间的某种组织性，主要是由外部环境造成的。社会则不然，人类社会的每一种竞争都有相应的协调相伴随。而且，这种协调多是自觉的，是由某些人或组织来进行的。正是由于社会能自觉协调社会竞争，人类才不同于生物竞争，社会才有序地组织起来。让劳动教育工作参与者理解上述问题也是上下贯通推进劳动教育工作过程的重要任务。

可见，社会竞争和社会协调都是社会自组织的两种机制。前者是社会组织的动力机制，后者是社会组织的调控机制。在上下贯通推进劳动教育工作过程领域，前者主要表现为劳动教育工作参与者之间的关系，后者则主要表现为劳动教育工作主导者对劳动教育工作参与者之间的关系；前者多通过劳动教育工作参与者的活动来进行，后者则属于劳动教育工作主导者的职责。所以，社会竞争和社会协调之间的关系也体现了是上下贯通推进劳动教育工作过程主体和工作客体的关系。认识两者的矛盾并寻求解决矛盾的途径是上下贯通推进劳动教育工作过程的一项重要内容。

在上下贯通推进劳动教育工作过程领域，竞争首先表现为在带有竞赛性质的活动中，组织内部广大劳动教育工作参与者之间的同级竞争，主要有争荣誉、争自我表现等。与竞争相反的则是不争、退让，如让利让名，或不争利而争贡献等行为。无论是争或让，都不能笼统地说谁是谁非、孰好孰坏，而应做具体分析。不过一般来说，竞争才能打破平衡、拉开差距,形成人们行为的压力或动力,免于组织系统处于平衡状态而失去发展的生命活力。相反,认为争夺是恶行而厌恶竞争,保持与世无争的消极态度,一味退让求得人际关系的平衡,对人对事不加分析,一概反对竞争,这实际上是缺乏竞争进取意识的处世哲学。当然,竞争既能带来活力,也会引起麻烦;既打破平衡,又可能带来组织内耗和混乱。尤其是竞争中一些极个别的劳动教育工作参与者个体可能会选择不正当手段(如损人利己、中伤诽谤他人以抬高自己),必然使人人相互防范从而破坏人际的情感沟通和正常关系。这时就需要劳动教育工作主导者从中进行协调。防止人与人之间出现这种不正当竞争的基本原则不是取消竞争,而是批判不道德的竞争行为,确立公正平等的竞争原则。为此,劳动教育工作主导者既要明察秋毫、辨别好坏,更要敢于坚持公正原则和确立切实可行的平等竞争准则。

上下贯通推进劳动教育工作过程中,既要提倡竞争、保护竞争,又要协调好竞争,避免可能引起的组织混乱,对竞争进行控制和引导。如果对竞争协调得当,组织就会呈良性,并且有序循环,上下贯通推进劳动教育工作过程主客体之间也相得益彰。相反,如对竞争不闻不问、放手不管,或对竞争横加限制,其结果可能导致工作走向混乱无序,使上下贯通推进劳动教育工作过程缺乏活力。因此,劳动教育工作主导者需要时刻注意:竞争必须合法合理,不允许采取损人利己的手段来打击他人;竞争在本质上是一种竞赛协作关系,而不是敌对关系。劳动教育工作主导者可以依靠上下贯通推进劳动教育工作过程有效协调竞争,解决集体和劳动教育工作参与者个人、劳动教育工作参与者个人和个人的利益矛盾,使上下贯通推进劳动教育工作过程主客体关系高度统一。

第二节　在劳动教育中实现“立德树人”

习近平总书记在全国高校思想政治工作会议上强调:“高校思想政治工作关系高校培养什么样的人、如何培养人以及为谁培养人这个根本问题。要坚持把立德树人作为中心环节,把思想政治工作贯穿教育教学全过程,实现全程育人、全方位育人,努力开创我国高等教育事业发展新局面。”

劳动教育是一项相对较新的工作任务,所以在教育中融入思想政治工作元素,对实现“全程育人、全方位育人”目标十分重要。要在劳动教育中实现“立德树人”的目标,一方面,要从理解劳动教育内涵入手,发挥“立德树人”引领作用;另一方面,全面提高劳动教育课教师参与思想政治工作素质,把“立德树人”落到实处。

一、理解劳动教育内涵,发挥“立德树人”引领作用

(一)正确认识“劳动”和“劳动教育”,把握课程育人方向

本书前文已经分别给出“劳动”和“劳动教育”的定义。但是,还有一个值得注意的问题是:在开展“劳动教育”时,简单地用职业教育和职业教育体验来代替劳动教育的观点存在一定的局限性。例如,让职业院校担纲策划、设计所在区域所有学校,包括幼儿园、中小学甚至大学的劳动教育课程;让职业院校的师生到本地区所有学校,包括幼儿园、中小学甚至大学担任劳动教育课的授课教师等观点也越来越盛行。

2020 年颁布的《意见》明确指出:“根据各学段特点,在大中小学设立劳动教育必修课程,系统加强劳动教育。”文件同时指出:“小学低年级要注重围绕劳动意识的启蒙,让学生学习日常生活自理,感知劳动乐趣,知道人人都要劳动。小学中高年级要注重围绕卫生、劳动习惯养成,让学生做好个人清洁卫生,主动分担家务,适当参加校内外公益劳动,学会与他人合作劳动,体会到劳动光荣。初中要注重围绕增加劳动知识、技能,加强家政学习,开展社区服务,适当参加生产劳动,使学生初步养成认真负责、吃苦耐劳的品质和职业意识。普通高中要注重围绕丰富职业体验,开展服务性劳动、参加生产劳动,使学生熟练掌握一定劳动技能,理解劳动创造价值,具有劳动自立意识和主动服务他人、服务社会的情怀。……高等学校要注重围绕创新创业,结合学科和专业积极开展实习实训、专业服务、社会实践、勤工助学等,重视新知识、新技术、新工艺、新方法应用,创造性地解决实际问题,使学生增强诚实劳动意识,积累职业经验,提升就业创业能力,树立正确择业观,具有到艰苦地区和行业工作的奋斗精神,懂得空谈误国、实干兴邦的深刻道理;注重培育公共服务意识,使学生具有面对重大疫情、灾害等危机主动作为的奉献精神。”

领会文件精神,不难发现,“参加生产劳动”是中学阶段的工作,小学生直接“参加生产劳动”存在安全隐患和风险。普通高等学校要明确劳动教育主要依托课程,事实上,很多历史悠久的本科院校是十分重视劳动教育和义务劳动等活动的。例如,清华大学就有组织学生开展义务劳动的传统,而且这种传统义务劳动在改革开放以后还逐步丰富成为志愿者服务的一种特色活动;而且,很多 985、211 学校的义务劳动也是以体力劳动形式存在的。因此,“让职业院校担纲策划、设计所在区域大学的劳动教育课程”显然未能充分发挥本科生的聪明才智,而设计义务劳动活动可能更有教育价值。大学生本科院校可以邀请职业院校的老师和社会各界的劳模为大学生讲课,而那种“中职生站上了高中生、大学生的劳动教育课的讲台,给自己的同龄人,给自己曾经的同学,甚至给自己曾经仰望的学霸们讲课”的观点更是值得商榷的,让没有教学训练或工作经验的在校中职生讲课,本身在教案设计、课堂组织等方面就面临许多难以解决的问题;如果由教师准备相关内容让学生去讲,则更像一场“形式化的表演”。

习近平总书记强调:“要树立正确的世界观、人生观、价值观,掌握了这把总钥匙,再来看看社会万象、人生历程,一切是非、正误、主次,一切真假、善恶、美丑,自然就洞若观火、清澈明了,自然就能做出正确判断、做出正确选择。”

人生目的、人生态度、人生价值构成了人生观的核心内容。一个人为什么而奋斗,其一生的理想和目标是什么,正确的人生观能够帮助人们做出正确的人生决定。

劳动观是劳动者对劳动的基本看法和基本态度,是劳动者在劳动过程和择业过程中的具体表现,决定了劳动者对劳动的价值判断和价值选择。劳动者为什么要劳动?或者说劳动者是为了什么?首先劳动是为了生活,为了更美好、更幸福地生活;但是,更高境界的劳动观认为,劳动是为了让更多人更美好、更幸福地生活。同样,在那些为祖国建设而远赴条件艰苦地区的建设者,以及为了国家而隐姓埋名多年的“两弹一星”功臣的身上,都体现了为了更多人更美好、更幸福地生活而付出劳动的理念,这种思想带有明显的利他性,也是当今社会需要倡导的劳动观。

不仅如此,在中国共产党的发展历史上有很多有名的劳动运动,不仅可以成为劳动教育课的教学内容,也可以成为在劳动教育课融入德育观点的典型案例。例如,抗战进入相持阶段后,由于日军作战逐步转向敌后战场和国民党实行消极抗日积极反共的政策,陕甘宁边区在经济上、财政上日益困难。1940 年冬,国民党政府不仅完全停发八路军的薪饷、弹药和被服等物资,而且调动几十万军队对陕甘宁边区和其他抗日根据地实行军事包围和经济封锁。在这种情况下,中共中央把发展生产作为解决经济财政问题的关键,在边区开展了大生产运动。中央领导人身先示范、参与生产更是成为中国历史上的一笔宝贵的精神财富。在这个过程中,毛泽东、朱德带头开荒种菜,周恩来、任弼时带头学习纺线,陈云、张闻天带头参与生产的故事都被人传为佳话。

(二)正确理解“劳动教育”系统结构,实现“立德树人”引领工作

系统是趋向某个共同目标而一起工作的一组相关联的组件。人们对系统的认识,有一个发展过程。系统(System)一词来源于古希腊文 systēma,原义为 Syn,有“共同”和“给以位置”的含义。系统意味着事物的共同部分和每一事物在总体中应占据的位置。尽管概念原始,但其深刻的含义,不能为许多人所接受,常常引起误解乃至错误。

随着科学技术的发展,系统被赋予了进一步的含义。例如,系统是“以规则的相互作用又相互依存的形式结合着的对象的集合”“有组织或被组合化的全体”“结合着的全体所赖以形成的诸概念和诸原理的复合体”。

对于系统的定义,尚无明确的统一认识,相对权威的文献中有一些较为通用的解释:美国《韦氏(Webster)大词典》中“系统”一词被解释为“有组织的或被组织化的;结合着的整体所形成的各种概念和原理的综合;由有规则的相互作用、相互依存的形式组成的诸要素集合等。”

在《中国大百科全书 · 自动控制与系统工程》卷中,系统被解释为“由相互关联、相互制约、相互作用的一些部分组成的具有某种功能的有机整体”。日本的 JIS 标准中,“系统”被定义为“许多组成要素保持有机的秩序,向同一目的行动的集合体”。很多著名学者专家对“系统”也做了一些经典论述,含义相近,不再一一叙述,综合以上记载,系统可以定义为:系统是由若干可以相互区别(独立)、相互联系而又相互作用的元素组成,在一定层次结构中分布,在给定的环境约束下,为达到整体目的而存在的有机集合体。

从上述论述,可以认识到系统是一个整体,它的组成部分是有组织的,相互之间有依存与作用关系。同时,系统不仅有实体部分,还有赖以形成的概念部分。事实上,一辆汽车、一台机器、一个工厂、一个学校乃至国家行政机关都是在一定指导思想和方针、方式下形成的。强调实体部分而忽视概念部分或反其道而行之都会导致对系统的曲解,从而造成对问题处理不当而带来损失的局面。系统整体行动是有目的的,系统中的构成要素为服从目的需要而持有的秩序与联系。任何人造系统的开发与建立都是有明确的目的性并在目的指引下实施的。离开目的性,必将造成系统过程的盲目性或模糊性,以致无果而终或“先天不足”。

因此,对系统概念的理解应持发展的观点。对系统概念的理解必须从以下几方面去考虑。

首先,系统必须由两个或两个以上的要素(部分、要素)组成。要素是构成系统最基本的单位,因而也是系统存在的基础,系统离开了要素就不称其为系统。构成系统的要素随系统的不同而不同,要素的目的多少是由系统的复杂程序所决定的。

其次,系统是按一定方式结合的有机整体。系统整体与要素、要素与要素、整体与环境之间,存在着相互作用和相互联系的机制。例如钟表是由齿轮、发条、指针装配而成的,但随便把一堆齿轮、发条、指针放在一起不能构成钟表,必须按一定的结合关系装配起来才行。

最后,任何系统都有特定的功能,是整体具有且不同于各个组成要素的新功能。这种新功能是系统内部有机联系的要素,以及系统以整体方式和系统环境之间相互作用所决定的。谚语“三个臭皮匠,顶上一个诸葛亮”说的是几个普通人组织起来集思广益的集体智慧是惊人的,但又有“一个和尚挑水吃,两个和尚抬水吃,三个和尚没水吃”一说。一正一反的例子恰恰说明,系统如何来组织以满足特定的系统功能是系统发挥最大作用的关键。

任何事物都是系统和要素的对立统一体,系统与要素的对立统一是客观事物的本质属性和存在方式,它们相互依存、互为条件,在事物的运动和变化中,系统和要素总是相互伴随而产生,相互作用而变化。

系统的定义可以概括为相互联系的元素的有机集合体。“集合”强调的是它所包含的元素之间的某种“相似性”或“共同之处”,因为有共同之处,可以在思考中把它作为一个整体。例如红茶的集合,元素应全是红茶,花、青、黑、白、绿、苦茶均不可混入,否则将不是“红茶集合”的整体性。如果“红茶”的集合加上某些限制,比如“祁门红茶”,则“集合”范围随之缩小,同时“集合”元素的共同之处却随之增多,如“祁门红茶”集合中的元素共同之处又增加了皖南的气候、土壤等环境因素。事实表明,集合元素必定具有某些“共同之处”,这是对“集合”思考中判断是否是一个整体的前提。“集合”元素的共同点或相似处可以是物理因素,也可以是非物理因素。比如某公司资产可以是房地产、设备、资金、股票、有价证券、“知识产权”价值等,尽管物理性差别很大,却在同属某公司的观念下放到统一集合中考察。

系统的概念与集合不同,虽然也含有“集合性”的含义,却主要强调元素之间的“关系”与“联系”,有目的地形成结构,而非考察其元素是否有相似性或共同之处。性质完全不同的若干元素无论是固态、液态,物质的还是非物质的,有生命的还是非生命体,只要彼此相关,相互影响(直接的或间接的)都可以纳入一个系统之中。与“集合”靠相似性“整合”不同的是,系统之所以“整合”众多的元素(或成员),则是依靠元素(或成员)之间的相互关系,所以集合的标志在于其内在的特征性,尽管不同的集合内部相似性各不相同(设备、工具、人、技术),但其标志在于结构性形态特征,即不同的系统以不同的元素和元素之间不同的关系相区别。元素不同,系统自然不同;即使元素相同,彼此之间关系不同,系统也是不同的。

作为系统的元素可以是任何对象,无论是物质的还是非物质的,只要这些对象彼此以特定的关系联结在一起成为思考的整体。因而对元素的性质没有任何限制,其间的关系也可以是各种各样的,所以可能有无穷无尽的系统。通常任何可认证的对象,但凡需要考察其内部关系,都可以作为系统,保持适当的关系。

集合和系统都具有各自的特征性,因而可以进行分类(集合的特征性在于其元素的相似性,因此进行分类相对简单)。单就系统而言,系统的特征性来自其元素之间的关系、内部结构和表征形态,而关系本身又依赖于元素的特性,所以分类相对复杂。

把学生劳动教育工作作为一个系统讨论,是因为人或人群生存在自然与社会两大环境当中,人作为自然系统的重要因素和改造自然的主体参与各项社会活动,而成为社会结构和秩序的重要因素;而且社会活动也是在组成社会的各个元素之间的特定关系中产生的,实践证明这些关系最终是依靠基本的物理相互作用维持,同时也遵从生命现象和心理现象的规律,属于完全客观的自然过程。因此,社会现象、社会结构和秩序也不是偶然的,演变和发展也必须遵从不依任何人的意志为转移的客观规律。我们可以认识到社会构成并非早期社会学者所认为的社会是人或人群构成的集合,而是大自然大系统的延伸,完全符合系统规律的客观的系统。教师运用上下贯通理念理解“劳动教育”的系统结构时,需要从如下三方面考虑。

首先,理解学生劳动教育工作的系统属性。按照“系统”定义分析学生劳动教育工作是比较典型的系统。学生劳动教育工作是一个非常综合的概念,不仅因为劳动教育工作是由很多元素相互联系和作用构成的整体,而且有许多不同的系统都被纳入其中,这些系统又含着各种各样的子系统。就物质而言,“人”必须符合生物学定义,人不仅是社会构成的重要因素,也是社会重要的主体。人的生活、生产和其他社会活动,都需要一定的知识和技能,他们也必须作为思想系统包含在其中,并和社会的其他部分存在着互动关系。所以社会作为一个整体是一个非常复杂的、大的系统,也是人类认识到的最复杂的运动形式。在这个系统中,各种元素的物理本性存在着巨大差别,生命的、非生命的、物质的、非物质的、有意识的、无意识的,彼此相关、错综复杂。由于成员“众多”难以计数,因此统计规律性及相关技术在社会生活中起着重要作用。学生劳动教育工作是以传播人类“思想”,通过教育手段提高被教育者的思想水平,因此,必须用系统性思维去统领上述工作。

其次,理解学生“劳动教育”系统的基本性质。学生“劳动教育”系统具有综合性质,在具体问题中只能根据实际状况抽出某些侧面,分别建构各种不同类型的子系统,层次结构是学生“劳动教育”系统的显著特色。由于学生“劳动教育”系统中的子系统不仅有横向的结构,还有问题的逐渐演进形成特定的层次结构。这种层次结构不仅要遵循层次过渡的普遍规律,同时具有社会运动的特点。

学生“劳动教育”系统的各个部分处在不断调整和进化的过程中,尤其是人的思想能力结构,绝不是一成不变的。因此可以说,学生“劳动教育”系统增加了一个时间维度,存在时间中的复杂性。

最后,明确学生“劳动教育”系统的一般范围。关于学生“劳动教育”系统范围的界定,有些是十分明确的,如学生“劳动教育”课教学和实践活动等,无须特别说明;有些则是容易被忽视的,如非基础教育阶段教师在教学中介绍专业发展中的优秀人才的奉献精神、学生参与专业实习时感受的祖国建设成果等。

所以,学生“劳动教育”系统中思想系统部分表现为劳动与劳动领域相关的知识或理论成果信息储存者,这也是在建设学生“劳动教育”系统时要以课程建设为基础的原因。

二、全面提高劳动教育课教师的思政工作素质

要把“立德树人”落到实处,就需要全面提高劳动教育课教师参与思想政治的工作素质。要实现上述目标,一方面,教师要领悟劳动教育课融入思想政治教育工作内容的意义;另一方面,教师要深刻理解劳动教育课融入思想政治教育工作内容对教师综合素质的要求。

(一)劳动教育课融入思想政治教育工作内容的意义

思想政治理论课程是培养社会主义事业新一代接班人的重要一环,在思想政治教育中担负着主渠道功能,思想政治理论课程教学质量的高低,作用效果的强弱事关重大;同时,专业课在对学生思想政治的意识和观念塑造,也起到重要的作用,有着重要的育人功能。

要实现习近平总书记重要讲话提出的工作目标,就要增强非思政课专业教师授课中的思想政治教育意识,推动专业课教师自觉地参与到思想政治教育工作的伟大实践中。而开展课程思政实践的重要载体就是国家规定的思想政治理论课程以外的诸多课程。

习近平总书记在全国高校思想政治工作会议上明确指出:“做好高校思想政治工作,要因事而化、因时而进、因势而新。要遵循思想政治工作规律,遵循教书育人规律,遵循学生成长规律,不断提高工作能力和水平。要用好课堂教学这个主渠道,思想政治理论课要坚持在改进中加强,提升思想政治教育亲和力和针对性,满足学生成长发展需求和期待,其他各门课都要守好一段渠、种好责任田,使各类课程与思想政治理论课同向同行,形成协同效应。”

课程思政作为新时代思想政治教育工作的形式,对于培养高素质的人才十分重要,因此,理解课程思政的本质和社会方位意义重大。专业教学参与思想政治教育活动是思想政治教育工作的一部分,历史上,很多高校教师都自发地进行过探索。在习近平总书记讲话的指导下,课程思政工作由教师的个人行为转变为学校有组织的行动,变得更加系统、更加全面。课程思政推进效果日趋明显,同时在基础教育阶段围绕课程思政开展的工作也越来越多。

但是值得注意的是,一些高校在课程思政建设和实施方面的情况并不理想,甚至有些专业课教师自己也感觉到相当尴尬。《高等学校课程思政建设指导纲要》中关于课程思政的两条指导原则为:“第一,全面推进课程思政建设是落实立德树人根本任务的战略举措;第二,课程思政建设是全面提高人才培养质量的重要任务。”有些高校教师认为其比较宏观,没有给出比较具体的指南。

在新时代为谁培养人的问题更加重要,立德树人、德育为先已经成为越来越现实、越来越具体的问题。因此,提升所有教师“教书育人和传道授业解惑”的自觉性和责任意识更加迫切。这就要求非政治课教师在教学中不要为了思政而思政,而是将育人理念融入教学内容。劳动教育课作为理论与实践有机结合,实践比重较大的课程,开展“课程思政”优势更加明显。教师想要在劳动教育课中做好立德树人工作,首先需要理解教授课程思政的原因。

首先,劳动教育课教师要理解思想政治课以外的课程是课程思政建设的基本载体。这是因为,在学校的绝大多数的教师是非思想政治课教师,绝大多数的课程也非思想政治课,学生绝大多数的学习时间是在学习非思想政治课。据高校的统计显示,绝大多数的大学生认为,对自己成长影响最深的课程是专业课和专业课教师。这四个“绝大多数”是开展课程思政建设的原因和理论依据,尤其前三个“绝大多数”更表明了其他课程是课程思政建设基本载体的关键因素。因此,非思想政治课教师必然是课程思政工作的“主力军”,非思想政治课教学必然是课程思政工作的“主战场”,非思想政治课课堂必然是课程思政工作的“主渠道”。劳动课教师要深刻认识到,在贯彻立德树人根本任务的过程中,仅仅靠思想政治课是远远不够的,对育人环境有重大影响的所有课程教师全员参与立德权人工作才是解决问题的关键。

其次,劳动教育课教师要结合劳动课本身理解“课程思政”的内涵。在具体工作中应当注意如下三个问题。

第一,不要简单地将课程思政中的“思政”等同于思想政治课程中的“思政”,避免将课程思政中的“思政”概念“窄化”。思想政治课程中的“思政”是一种显性的思想政治教育工作,要以具体的理论为基础,在高等学校中,这类课程被统称为“思想政治理论课程”,其中的“理论”二字是关键词之一。课程思政中的“思政”虽然也需要理论做指导,但是本身目的不是为学生讲解某一具体的“理论”,也就是说,那些对于学生成长有积极作用、有正确导向的内容都可以纳入课程思政之中,因此,这是一种隐性的思想政治教育工作。要实现育人的目标,就要把通用的思想政治教育元素和带有具体学校特点的独有元素有机结合起来,在教学实践中践行教书育人理念,切不可简单地在课程中加入一些思想政治教育工作理论和观点,这样很容易形成“课程+思政”的简单组合,达不到育人的目标。

第二,要全面理解课程思政建设相关文件中提到的“挖掘专业课中的思政育人元素”理念,挖掘劳动教育课的课程育人元素。也就是说教师要围绕劳动教育课展开挖掘,而不是跳出劳动教育课去其他领域找寻、挖掘劳动教育课所需要的教育要素。这样做,可以有效避免在劳动教育课中推进立德树人工作时,直接关注具体的思想政治课程中的教育要素的行为。劳动教育课教师应把主要精力放在研究劳动教育课的课程体系,把劳动教育课中所蕴含的教育意义与思想政治课方向一致的事理与道理纳入教案,这样才能有效避免课程思政“外嵌式育人”,从而实现“内生式育人”。

第三,要努力把课程思政内容融合劳动教育课课程。也就是避免把思想政治课程中的“概念”和“观点”直接生硬地搬过来,变成简单、教条的说辞。要将其转化为源于劳动教育课教学内容中能够对学生有教育意义或人生启示的道理。这就要求劳动教育课教师不仅拥有专业的知识和技能,还能在授课的同时,实现传道与解惑。

再次,劳动教育课教师要结合劳动课本身解决开展“课程思政”过程中的典型问题。在具体工作中应当做好以下三个方面的工作。

第一,要关注课程思政建设的总体设计与要求,深刻理解课程思政建设是一项系统性的工作,而不是某一门课的事情。避免出现把“课程思政建设”工作作为工作任务简单分解的问题。

第二,结合劳动教育课开展课程思政不要拘泥于课堂教学的时间限制,更应该努力实现覆盖课外活动,不要被“课程思政建设就是在课堂教学开展育人活动”这一观点所影响,仅仅在课上添加一些“思政元素”,这样就会把全体教师参与“立德树人”简单地限制在课堂的有限时间里,容易导致部分教师将课程思政简单理解为课堂教学的展示。劳动教育课是广义的,甚至可以说是贯穿学生学习生涯全过程的;劳动教育课的主讲教师,不要纠结于是否在每一堂课、每一个教学内容上都开展了“课程思政”,而是要看自己是否实现了整体把握;不仅如此,劳动教育课教师还要清醒地认识到,并不是只有课堂才是“课程思政”的阵地,走出教室并不意味着劳动教育课程的结束,在课下带领学生参与一些社会实践,都可以成为实践“课程思政”的好机会。

第三,结合劳动教育课开展课程思政,应避免单纯灌输、刻意“贴标签”,以及课程内容与思政教育“两张皮”的现象。课程思政的本质是将立德树人等育人理念渗透、融入、嵌入劳动教育课程，如果做不到这一点，就有可能出现“贴标签”“两张皮”的现象，这就要求劳动教育课教师深刻理解“课程思政”的本意与目的，认真思考教学理念，在提高技巧上下功夫。结合劳动教育课开展课程思政不是简单地加入一些教学内容、知识点，而是对劳动教育课进行系统性的升级。这样，才能形成合力，体现劳动教育课教师的责任担当，引导学生树立正确的世界观、人生观、价值观，实现价值塑造、知识传授和能力培养三者有机结合，以此培养合格人才。因此，劳动教育课教师要做到“立德树人”，时刻从培养学生出发，做到工作有方向，整体教学方案设计有工作思路，不断提高教学水平与工作能力。

最后，结合劳动教育课开展课程思政，需要努力避免当前的一些认识误区。党和国家持续推出加强思想政治理论课建设的政策和要求，大力推动大、中、小思政育人一体化、家庭社会学校育人一体化，以及课程思政与思政课程同向同行一体化等重要目标，这些问题也因此受到学校和教育领域的高度重视。课程思政建设已经是位列党和国家提出“十大育人”体系之首的“课程育人”的重要组成部分，同时也成为评价学校落实立德树人根本任务的重要指标。但是，还是有一些认识上的误区存在于学校之中，值得劳动教育课教师重视。在具体工作中应当注意如下两个方面的问题。

一方面，不要将劳动教育课课程思政建设工作项目化。课程思政建设工作可以是具体的、可操作、可衡量的，但是这不能替代育人工作。中央文件明确指出：课程思政建设的目的与加强思想政治课建设的目的是相同的，都是立德树人、针对学生进行价值引导与人格塑造；课程思政建设最终还要落实到立德树人上。因此，提出参考指标只是工作载体、手段和途径，要切忌把手段变成目的。

另一方面，不要将劳动教育课课程思政重点落在具体的手段上。一些学校在时间和具体的量化指标上提出课程思政工作的具体工作要求，这很容易导致急躁情绪的出现。“急于出效果、急于定方案、急着找办法”的做法，势必过多关注影响具体操作和具体实施的问题，而课程思政建设的工作顶层设计往往被忽略。

结合劳动教育课开展课程思政看上去是具体工作，实际上是实现立德树人的长远工作。要真正做到出成效、成功育人，就要减少表面化、形式化的工作，厘清工作思路，从学生的成长出发，扎扎实实地结合劳动教育，将课开展课程思政实现立德树人落到实处。

（二）劳动教育课融入思想政治教育工作内容对教师素质的要求

劳动课教师参与学生思想政治教育，是学生通过劳动课学习和实践活动增长才干的大好机会。学校相关管理部门应当努力引导专业教师参与到学生思想政治教育工作中来。

当代学生是我们祖国和民族的未来。高校思想政治理论课教学的重要任务就是要从巩固党的执政地位与培养社会主义建设者和接班人的高度，加强对学生的政治理论教育；要使学生自觉地承担起学习、研究和实践马克思理论的历史责任，努力成为中国先进生产力的开拓者、先进文化的弘扬者和最广大人民利益的维护者。积极推进马克思理论、毛泽东思想、邓小平理论、“三个代表”、科学发展观、习近平新时代中国特色社会主义思想进课堂、进教材、进学生头脑工作，是当前和今后高校思想政治理论课教育教学工作的重要任务。三进工作，最关键、最重要、难度最大的问题就是如何使先进思想进入学生头脑。

笔者认为，在高校思想政治理论课的基础上，进一步强化劳动课以课程中的言传与身教为主要手段是实现“进头脑”工作目标的有效手段。要达到这一目标就要在具体工作中做好如下几方面的工作：

1. 坚定的政治信仰和与时俱进的思维是劳动课教师参与学生思想政治教育工作的基本要求

随着经济全球化步伐的加快和社会主义市场经济体制的不断完善，人们的思想方式和行为方式、道德标准和价值观念都在发生着一系列的变化。而当代高校大学生的组成已经从20世纪90年代末期出生的群体，转变为21世纪初期出生的群体，中等教育学生年龄更小，这些受教育者出生、成长于改革开放发展时期，精力充沛、思维活跃；对新鲜事物充满好奇，并且敢于发表自己的看法。劳动课教师参与学生思想政治教育工作的性质决定了教师与学生可以通过劳动课开展思想政治教育工作，缩小人与人的心理距离，创造平等交流思想的机会；这样一方面可以使学生与教师，特别是青年教师成为朋友，减少彼此之间探讨问题的拘束感；另一方面，也在一定程度上削弱了教师的绝对权威性。基于上述两点，学生们可能将一些在思想政治理论课课堂上并没有提出的问题，特别是与实际的社会现象相关的问题提出来与教师讨论。因此，劳动课教师需要具备对马克思主义有坚定的信仰，同时拥有深厚的理论基础和科学的方法。只有这样才能保证劳动课教师具有坚定的政治立场，同时才能保证劳动课教师对学生进行教育的指导思想具有正确性且不动摇。

马克思主义具有三大本质特征：一是批判性和革命性，二是实践性，三是科学性。分析马克思主义发展的历程，就会发现科学实践是马克思主义理论的基石。马克思主义是深深扎根于实践，服务于实践，又在实践中不断发展的活生生的理论。马克思主义科学性的主要体现在实践的基础上揭示了自然界、人类社会和思维发展的一般规律。马克思主义所具有的本质特征，使它具有“三不”“四注重”的特点，即不拘泥于书本，不拘泥于经验，不拘泥于已有的认识；注重对实践经验的理论抽象，注重对事物发展规律的理论揭示，注重对未知世界的理论探索，注重回答新情况、解决新问题、开拓新境界。这是马克思主义最宝贵的品格，也是马克思主义生机和活力的最主要源泉，更是学习和运用马克思主义的指南。在改革、建设和发展的道路上，新情况、新问题层出不穷，亟须通过创新尤其是理论创新去解决。

教师要在劳动课理论和实践教学工作中达到良好的效果，就必须在牢固树立坚定的政治信仰的基础上，坚持与时俱进的原则，不断学习和研究理论创新的新成果；保证自身思维始终贴近时代的脉搏。这样，才会及时地用新观点、新方法解释新现象，解决学生提出的新问题。

在具体的教学工作中，教师的言传身教很重要。“其身正，不令而行，其身不正，虽令不行”说的是为官者，但也适应于教师，要求学生接受的一定是教师自身必须认同的，这不仅是课堂上口头的讲授，也应该是实践活动中的身体力行。试想，一个执着于个人得失的人，如何有资格去谈论君子之道？连自己都不相信的东西又如何感动学生？教学相长，不仅指学问，当然包括道德修养。劳动课教师在学生思想政治教育活动中究竟处于什么样的地位，起着什么样的作用？笔者认为，劳动课教师在这一过程中必须起主导作用，言传身教是劳动课教师，特别是青年教师的重要工作。

2. 言传是劳动课教师对学生进行思想政治教育的重要手段

我们不能要求政治理论课程和劳动课教学能解决所有的人生观、信仰、道德等问题。但是，也同样不能放弃一切可以对学生的人生观和信仰产生影响的机会。马克思列宁主义、毛泽东思想、邓小平理论、"三个代表"等重要论述、科学发展观、习近平新时代中国特色社会主义思想的生命力,关键在于其理论体系和观点的正确性,同时也在于其具有供学生继承、发扬,并作为思想指南的价值。

中华民族五千年文明,不仅留给我们文化的遗产,更留给我们许多道德规范。因此,在劳动课教学过程中,劳动课教师应该结合现实社会和学生中的热点问题,结合社会主义建设的基本理论和中华民族传统美德来倡导学生确立或修正其道德意识,在具体的工作中,要处理好传统与现代的关系,引导学生正确区分和对待传统文化中的精华与糟粕。全盘否定固然不对,照单全收也失之偏颇;因此,要用社会主义道德和法制建设的规范对传统的道德规范进行过滤,为学生指明方向。在倡导和弘扬传统文化时一定要根据现实加以分析、补充和更新。因为我们的目的是建设有中国特色的社会主义的道德与文明。传统美德就在我们身边,从新加坡的成功、海尔的经营理念等事例,都可以让人们时刻感受到传统文化的无穷魅力和顽强的生命力,以及传统文化对现代生活的深厚影响。

当今社会的不良现象虽然是不符合社会主义道德的少数现象,但是,这些现象的存在不可避免地对学生产生了影响。在日常学习和生活中,因为学生与教师之间存在一些心理距离,往往不会将一些相对尖锐的问题提出来与教师讨论;劳动课教师应该对学生在劳动课教学中,尤其是实践教学环节中可能提出的问题有充分的思想、心理、知识准备。首先,劳动课教师要坚定自己的信仰,作为非思想政治理论课的其他专业教师,对自身的要求往往是做到熟悉并且熟练掌握专业知识,成为本专业的专家,并且成为学生做人、做学问的榜样。而对思想政治理论课教师的基础要求就是坚信自己所讲授的理论,理论水平提高,就能提高学生思想政治教育的效果;劳动课教师,特别是青年教师,一定要向思想政治理论课教师学习,首先把好自己的思想政治关。其次,青年教师由于年龄上的原因,容易较快地成为学生的朋友;同时,由于年龄上的原因,青年教师与学生的心理距离比较容易拉近。为了保证学生思想政治教育的效果,教师,特别是青年教师应该积极调整自己的心态,一方面,应该努力做学生的朋友,在具体的活动过程中给学生行动上的鼓励和帮助;另一方面,应该坚定用教育者身份要求自己,在具体的活动过程中给学生的思想上以启发、引导。最后,面对改革开放以来出现的新事物,大家的看法可能会有所差异,教师,特别是青年教师应该积极学习党和国家的政策,努力用新观点解释新问题;不仅如此,青年教师还应该积极向老教师请教,以更加系统的理论去教育学生。

3. 身教是劳动课教师对学生进行思想政治教育的有效补充

在劳动课教学实践活动中,劳动课教师要与学生共同生活近半个月的时间。教师的一言一行、一举一动都会对学生产生影响,教师应该注意自身的行为,从一点一滴的小事对学生进行身教才会使教育达到更好的效果。

首先,教师应该用自身行为作为表率,从而直接感动学生。因为,教师文明的言谈举止对学生思想品质的形成起着修正作用。教师的一言一行都是其内在素养的外在体现,都会给学生以潜移默化的影响作用;在劳动课教学实践活动中,学生也正是通过这一点来了解劳动课教师的思想。"桃李不言,下自成蹊",教师应注重自身修养,注意言行,随时为学生树立榜样。言教辅以身教,身教重于言教,学生在这种影响下,其不良行为和习惯会受到约束并得到修正。

当代学生多数为独生子女,自尊心都比较强;在劳动课教学实践活动中,如果劳动课教师过于直接地指出学生某个方面的不足,甚至责怪学生这也不对、那也不是。虽然这种工作方式比较直接,但不一定能取得良好的效果。一般情况下,学生不但不愿意接受这样的管理方式,反而会对这样的管理方式有明显的反感,甚至产生一种逆反心理。事实上,学生更倾向于与老师建立一种亲密而平等的朋友关系。通过分析学生的思想状态可以发现,在劳动课教学实践活动中,身教比言教更为重要。

其次,从大处着眼,从小事做起。学生的思想政治教育必须立足全局,高屋建瓴。教师必须认识到青年是继往开来的一代,是跨世纪的建设者,是祖国的未来。新一代的青少年必须成为关心社会、关心集体、关心他人、爱护公物、遵守公共秩序、文明有礼的一代。青少年能否做到这些将关系到祖国的兴衰成败。“一屋不扫,何以扫天下。”如果一个人连起码的社会公德都不具备,又怎能有崇高的理想、高尚的情操呢?为此,公德教育又必须从小事做起。劳动课教师可以从学生在劳动课教学实践活动中遇到的小事入手,例如,遵守纪律、遵守公共秩序、爱护公物、讲究卫生、帮助身边有困难的人等。用自己的所作所为,促使学生自我管理,促进学生的行为养成。只要劳动课教师能在劳动课教学实践活动中从细微处要求,从小事做起,就一定能达到“促其思、晓其理、激其情、导其行”的教育目标。例如,在劳动课教学实践活动中,劳动课教师应该遵守公共秩序、爱护公物、保护环境,起到模范作用;在公共汽车上,劳动课教师为老年人让一次座位,其教育效果远胜于多次进行“尊老爱幼”的口头教育。

最后,教师还应将言教与身教的充分结合,加快学生的成长。从对学生的效果来看,在劳动课教学实践活动中,劳动课教师的身教重于言教,这是一个不争的事实;但是,只注重身教没有言教,教育效果就会大打折扣。因此,教师应该把握好言教与身教的时机,恰当地将两者结合起来。例如,在劳动课教学实践活动中,劳动课教师应该身教在先,言教在后;当遇到个别学生出现一些小的错误时,教师首先应该对自己的行为进行更正,然后找学生单独谈话解决问题。这样,既保护了学生的自尊心,又对学生进行了教育,自然可以提高教育的效果。

劳动课教学实践既是高校学生思想政治工作的重要组成部分,又是高校学生政治理论课教学的有益补充。劳动课教师充分利用言教与身教的方法对学生进行教育,是劳动课教学实践活动成功的保证,也是一个值得研究的课题。在具体工作中,使言教与身教有机结合,必将推动高校学生思想政治教育工作的开展。

4. 充分发挥指导教师的理论与专业技术优势,提升学校思想政治教育工作效果

劳动课教学实践活动中,指导教师不仅在处理一些社会问题中要立身垂范、言传身教,用表率作用优化对学生的教育效果;在面对需要解决的一些技术性问题时,更应充分发挥指导教师理论深厚、技术娴熟的优势,示范指导与启发鼓励相结合,增加学生独立解决问题的机会,提高其能力。这既能延伸理论教学,突显实践教学的优势,也可通过即时解决问题,来增强学生的自信心和创造、创新动力,帮助学生树立热爱专业、学好专业知识、为祖国奉献聪明才智的理想。

第三节　劳动教育与创新教育有机融合

马克思在《关于费尔巴哈的提纲》中说:“全部社会生活在本质上是实践的。”又说,“环境的改变和人的活动或自我改变的一致,只能被看作是并合理地理解为革命的实践”。人类社会中的劳动技术、劳动方法、劳动工具的进步都是通过创新实践完成的。教师在劳动教育中融入创新理念,结合理解技术系统做好劳动教育,才有可能实现劳动教育与创新教育的有机融合。

一、在劳动教育中融入创新理念

在劳动教育中融入创新理念,一方面要正确理解创造创新与劳动教育的关系,另一方面,结合劳动教育搭建创造创新教育的基本框架。

(一)正确理解创造创新与劳动的关系

劳动技术、劳动方法、劳动工具的进步成果,源于人类创新性精神的生产实践。在近代之前,精神生产实践一直处于滞后的地位,创新性因素一般都是在生产实践和交往实践中自发产生的,精神生产实践,尤其是科学,基本上是对生产实践和交往实践经验的总结。精神生产实践与物质生产、交往相分离,科学没有取得独立的地位,而是与自然哲学、政治哲学共存的方式存在。在这段漫长的人与人相互依赖的社会中,生产力的发展是缓慢的,人和人的交往方式没有太大的变化,知识的更新也很缓慢,常规实践是主流,创新实践的频率非常低。近代及其以后,科学取得了独立的地位,自然科学纷纷从哲学中分离出来,各种社会科学也随之独立并发展。甚至哲学本身也随渐落入凡尘。例如,马克思就提出:“哲学家们只是用不同的方式解释世界,问题在于改变世界。”这时候科学不再是“密涅瓦黄昏起飞的猫头鹰”,而是时代的先锋。科学不再仅仅是生产和交往实践的经验总结,而是具有了自己独立的、理论化的知识体系。科学开始反哺生产和交往,成为生产中重要的或者最为重要的因素,它首先应用于工艺和产品,然后应用于劳动过程和劳动组织。这时候的创新不断涌现,机器不仅很大程度地代替人的体力劳动,而且开始代替人的脑力劳动。生产力迅猛发展,人开始了世界性的交往,人们的精神生活逐渐丰富起来,人的自由得到了发展。此时,创新实践超越常规实践成为人类实践的主流。

精神生产实践,是人类最高层次的实践,居于创新实践核心地位。精神生产活动属于高级的精神活动,从历史角度来看,它是人类社会发展到物质劳动和精神劳动分离,即真正意义上的分工出现后的产物。

由于人类历史长期处于生产力发展水平较低的状态,精神生产实践经历漫长的发展过程之后,才取得了独立地位。马克思曾说:“自然界没有制造出任何的机器,没有制造出机车、铁路、电报、走锭精纺机等。它们是人类劳动的产物,是变成了人类意志驾驭自然的器官或人类在自然界活动的器官的自然物质。它们是人类的手创造出来的人类头脑的器官;是物化的知识力量。固定资本的发展表明,一般社会知识,已经在多么大的程度上变成了直接的生产力,从而社会生活过程的条件本身在多么大的程度上受到一般智力的控制并按照这种智力得到改造。它表明,社会生产力已经在多么大的程度上,不仅以知识的形式,而且是作为社会实践的直接器官,作为实际生活过程的直接器官被生产出来。”他还预言说:“资本的趋势是赋予生产以科学的性质,而直接劳动则被降低到只是生产过程的一个要素。”“现实财富的创造较少地取决于劳动时间和已耗费的劳动……相反地却取决于一般的科学水平和技术进步,或者说取决于科学在生产上的应用。”

所以,精神生产不断成熟,自然科学、社会科学和哲学的独立化或科学化实际上经历了几千年的历史。

回顾历史不难发现,人类生产力经历了三个发展阶段:手工生产力、机器生产力和智能生产力(信息生产力或精神生产力)。在手工生产力阶段,人类的生产能力低下,主要依靠的是人自身的体力和手部的灵巧。经济发展主要取决于对劳动力资源的占有和配置。古代许多战争的目的就是掠夺劳动人口,例如,西方贩卖奴隶的活动一直持续到 19 世纪末。进入机器生产力阶段后,由于蒸汽机和电力的发明和发现,机器在很大程度上取代了人的体力劳动,生产力急速膨胀,此时经济发展的决定力量在于对自然资源的占有和配置。

机器进一步取代人的劳动,不仅更大程度地取代了人的体力劳动,而且部分地取代了人的脑力劳动。此时生产力的特点是自动化和智能化,因此我们可以暂且把这个时代的生产力称作智能生产力。在智能生产力阶段,知识资源取代自然资源,成为第一位的经济因素。因此,上述改变使当代生产力的构成除了实体性的因素——劳动力、劳动资料和劳动对象,更渗透了科学技术、教育、信息和管理等因素,它们通过实体性因素在生产中发挥作用,而且在生产中的地位越来越突出。也就是说,与以往的经济形态相比,知识资源取代劳动力和自然资源,成为经济中最重要的因素。知识、科学是人类精神生产的产物,它本身就具有探索性、突破性的特点。人们不断追求未知领域,从而取得创造性的认识成果,并把它们应用到物质生产和交往领域中。所以创新实践是知识经济的应有之意,知识经济离不开创新实践。

从劳动力资源,到自然资源,再到知识资源,人类生产力的发展越来越依靠创新实践。当代人的生产力不再是劳动密集型的生产力,也不是对自然资源的无限占有,它需要更多的科学技术成果,更多更优秀的知识型人才,更流畅的生产信息,更加合理的管理,这一切都依赖创新实践的力量。

手工劳动力阶段,社会的发展主要依靠劳动力资源;机器生产力阶段,主要依靠自然资源;智能生产力阶段,则主要依靠知识资源。当代人通常把这种以知识的生产、应用和创新为基础的经济称作知识经济。

随着知识经济和全球化,创新逐渐成为当代实践最大、最基本的特点,创新实践地位的突显本身也标志着人的发展阶段。而创新实践与劳动的关系主要表现为如下几个方面。

首先,创新实践可以丰富劳动产品,从而为人的发展提供强大的物质基础,解决人类发展中由于物资短缺而带来的困境。

其次,创新实践提高了劳动生产率,缩短了必要劳动时间,为生产者赢得了更多的自由时间。

再次,创新实践改变了人类的生产方式,一方面是小批量、多品种和高效率的生产方式,代替了原来大批量、单一产品,但同样也很高效率的生产方式;另一方面是原来集中化的生产被分散化生产取代,职工可以通过网络在家里或者小办公室里分散工作,这样就使人的生产、生活更加个性化,有了更多的自由空间。

最后,创新实践需要更多的知识性因素,因此劳动力结构也发生了变化,白领员工的比例具有绝对优势,这样就把工人从在资本主义生产中的"肢体"地位中解救出来,工人也成为生产的头脑。

在人类经历了劳动力经济、资源经济,进入知识经济时代之后,人类实践的创造性更加突出,创新实践必将成为当代及未来人类的实践方式。现如今,人类的知识创新很快转变为科学技术的创新,这必然带来生产力的极大提高和物质的极大丰富;人类交往实践的普遍化,在制度创新实践的规范下,健康有序地进行;人在实践中,逐渐消除脑力劳动和体力劳动的区别,劳动不再是谋生的手段,人们可以自由地发挥自己的天性和兴趣,自由而全面地发展。

教师在开展劳动教育过程中,需要重视精神生产是社会化大生产的一部分。精神生产和物质生产的各领域一样,也是随着社会发展而诞生的社会化大生产中的一部分。一种劳动是生产性劳动还是非生产性劳动,不以这种劳动是物质生产劳动还是精神生产劳动为标准。在资本主义制度下,只要是从属于资本主义的生产关系,即"资本交换"的关系,并为资本家创造了剩余价值,无论是物质生产还是精神生产,都是社会大生产的一部分;而在"收入交换"关系下的精神生产和物质生产都是非生产性的劳动。

在正确认识了阶级社会创新与劳动的关系之后,还需要充分理解以下理念。

首先,人类最早的创新实践虽然具有偶然性的特点,但是都源于解决人的基本生存相关问题的劳动实践。韩非子《五蠹》中说:"上古之世,人民少而禽兽众,人民不胜禽兽虫蛇。有圣人作,构木为巢以避群害,而民悦之,使王天下,号曰有巢氏。民食果蓏蚌蛤,腥臊恶臭而伤害腹胃,民多疾病。有圣人作,钻燧取火以化腥臊,而民说之,使王天下,号之曰燧人氏。"房子和火,都是为了解决人的基本生存问题而出现的人类发明和发现。

其次,创新在人力发展历程中的作用明显显现在劳动这一重要节点上。当人类进入文明时代,出现了物质劳动和精神劳动这种真正的分工的时候,人们的创新实践才真正地进入了一个新的阶段,意识开始摆脱世界去构造理论,人的实践活动中有了知识性因素的参与。知识创新实践只是对人的生产实践和交往实践经验的总结,技术创新实践和制度创新实践只是人们对经验知识的直接应用,而且脑力劳动和体力劳动相互分离,人们很少自觉地把知识成果和生产联系起来,在生产中更多的是生产和技术的直接相互作用,在交往中也更多的是交往和制度的互动。

再次,任何创新实践都有人的体力和脑力劳动的参与。在生产实践领域,古代工具只是人类体力的有限延伸,它对人类劳动的代替是有限的,无论是石材工具,还是金属工具,新工具的制作和使用,主要依靠的都是人们的手工劳动,人的体力在劳动中是主导性因素,工具是辅助性因素;在精神生产领域情形也是相同的,它虽然是一种脑力劳动,但是人类的知识创新实践只是对人类体力劳动经验的总结,由于没有有力的技术手段,脑力劳动在大量重复性的浩繁工作中也带有了体力劳动的色彩;交往实践也是围绕着人的体力劳动的人与人的交往,人被束缚在体力劳动所决定的相互依赖的关系中,制度创新实践仅仅是对这种依附关系的维护。创新实践则包含了更多的知识性、智力性因素。机器代替工具成为人类生产力的标志。机器和机器体系包含越来越多的知识性的因素,它不仅延伸了人的身体,而且延伸了人的大脑,在创新实践中,人们从体力劳动和重复性的烦琐脑力劳动中解放出来,专心于创造性的脑力劳动,因此极大地提高了创新实践的效率,技术的高科技化、知识的系统化和理论化、制度的体系化和完善化,都是创新实践的成果。

最后,就与劳动密切相关的创新实践周期而言,创新实践表现为渐进性和革命性。古代创新实践的周期比较长,或者说频率比较低,很长时间才会有一项发明或发现,重大的发明和发现周期则更长,比如从弓箭发明到陶器的发明,经历了整个漫长的蒙昧时代的高级阶段。在整个古代社会,虽然也有石器到铜器,再到铁器的生产力的飞跃,也有火这样重大的发现,烧陶、冶铁、造船这样重大的发明,甚至在中国还出现了造纸术、印刷术、指南针和火药这四大发明,它们一定程度地提高了生产力,扩大了人类实践的活动范围和人类经验知识的积累,但是没有带来科学技术的革命。而从近代到现代,仅仅三百多年里,就发生了三次科技革命,从蒸汽机到发电机,再到以计算机为核心的现代高技术群,平均一百年左右生产力就发生一次根本性的变革。在当代,科学技术的革命还在继续。

(二)劳动教育中融合创造创新内容的对策

创造是人类语言中最有魅力的词汇,是人类最美好的行为,是推动人类文明历史向前的最重要、最高尚的行为。

人类社会的文明史,就是一部创造发明史。席卷全球的技术、经济竞争,与其说是人才的竞争,不如说是人才创造力的竞争。我国在这场竞争中的最大优势,在于拥有世界上数量最大的人力资源,如果全民族创造力得以开发,中华民族必将永远立于不败之地。在许多人的印象中,创造是那些在人类历史上留下浓墨重彩的伟大人物的事情。事实上,对于普通人来说,创造不仅是可能而且是十分重要的。掌握创造创新知识,是现代社会对每一个人的要求,更是对在校大学生必不可少的教学内容。

教师在劳动教育中融合创造创新内容,需要解决两方面问题。

一方面,要针对传统观念中关于创造认识进行分析,形成正确的教育观念。在传统的观点中有一种观点认为:创造是一种天赋,无法教授。这种观点的最大作用就是可以使人认为创造力开发是没有意义的。然而,国内外的种种成功案证明了这种观点的局限性。

但是,这种观点的支持者仍然会从一些在人类历史上做出卓越贡献的创造型天才,尤其是那些在自己擅长领域中作用突出的成功者的例子中找到佐证。莫扎特、爱因斯坦或米开朗琪罗都成为他们的好例子,但这进而说明对人类历史产生重大影响的天才们是没法制造的。

数学能力、艺术表达能力乃至运动天赋都有各种有用的级别,即使在缺少天才的时候也是如此。

就像一组人参加百米比赛,发令枪响后,比赛开始,必然有的人跑得快,有的人跑得慢。他们在比赛中的表现依赖于天生的奔跑能力及平时的努力训练。现在,假设有人发明了“自行车”,并让所有赛跑者进行训练,比赛改为“自行车”比赛。那么,每个人都会比以前运动得更快。但是,有的人仍然跑得快,有的人仍然跑得慢。

如果我们不为提高人类的创造力做任何努力,显然个体的创造能力只能依靠天赋。但如果我们为被训练者提供更有效和系统的训练方法,我们就可以提高创新能力的总体水平。有的人的能力仍然比其他人好,但每个人都可以学会创造技能,提高自己创造性解决问题的能力。“天赋”和“训练”之间根本不存在矛盾,每位教练员或教师都会强调这一点。

事实上,学习创造学理论与方法和学习其他知识之间没有什么区别。一方面,教学可以将人们培养成有创造能力的人,另一方面,受教育者已有的天赋可以通过训练来提高。

因此,可以认为"创造无法学会"的观点现在已经站不住脚了。创造力具有"可教性"和"不可教性"。天赋是无法训练的,但训练可以激发潜能。

也许创造教育工作者不可能训练出天才,但是有很多有用的创造并不是天才的功劳,要提高全民的能力,创造教育工作必不可少。

在马克思主义哲学中,实践是人的生存方式。实践活动是创新性与常规性的统一,从实践的内容与形式、目的与手段、过程与结果等方面看,与原有实践具有同质性和重复性的是常规性实践,而具有异质性和突破性的就是创造性实践。

人类的创造、创新活动是人类活动中的典型形式,既然如此,创造、创新活动属于实践范畴,而实践活动是认识的基础,也就是可以学习的。这就为前述的案例找到了理论依据,也帮助学生理解马克思主义哲学原理的价值。

两种不同性质的实践恰好代表着过去和将来,他们以现在为契合点,一个执着于未来,一个坚守于历史,构成人类生存的张力。

在传统的观点中另一种观点认为,创造来自与传统观点格格不入的思想。

有许多创造是在打破旧有观点、观念基础上实现的,有的人就会产生上述观点,觉得有创造性贡献的人必然拥有与传统观点有差异的观点,但是,没有前人的积累,有创造价值的观点又从哪里来呢?难道是从天上掉下来的吗?

没有旧有的事物作基础,任何新事物都无法产生,创造本身就是一个辩证否定的过程。批判地继承绝不等于全面打倒,与传统观点差异更不等同于与传统观点格格不入。

创造创新活动主要表现为实践活动本身的创造性和进取性,正如马克思在《德意志意识形态》中所说:"已经得到满足的第一个需要本身、满足需要的活动和已经获得的为满足需要而用的工具又引起新的需要。"人类不断以前人的实践成果为基础进行创造创新活动,这是人类科学技术发展的规律,也是人类进步的必由之路。

在传统的观点中还有一种观点认为,有创造力的人往往在右脑/左脑的使用习惯和开发上有一种明显的倾向性。于是,就产生了左脑或右脑主动性的观点。

这种观点进而认为,惯用右手的人的左脑是大脑中"受过教育的"部分,识别和处理语言、信号,按我们已知的事物应该存在的方式来看待事物。右脑是未受教育的"无知"的部分。因此,在与绘画、音乐之类有关的事中,右脑单纯无知地看待事物。你可以画出事物本来的、真实的面目,而不是按你臆想的来画。右脑可以允许你有更完整的视图,而不是一点一点地构造事物。于是,在提到创造性思维时,这种观点认为,创造只发生在右脑,为了具有创造性,我们所需要做的就是停止左脑思考,开始使用右脑。

事实上,左右脑思考都有其价值,但当我们涉及关于改变概念和认知的创造时,我们别无选择,只能使用左脑,因为这是概念和认知形成和存放的地方。通过PET(Positive Emission Tomography,正电子发射断层成像)扫描,有可能看出在任何给定的时刻,大脑的哪一部分在工作。在胶片上捕获到的放射线的闪光表明了大脑的活动。可以很清楚地看到,当一个人在进行创造性的思考时,左右脑会同时处于兴奋状态,这正是人们所期望的。

马克思主义哲学认为,世界是普遍联系的,如果割裂事物之间的联系对于世界的认识就是不全面的,综合考察所有认识对象才能全面认识事物本质。左右脑开发就体现出这种思想。

另一方面,教师要结合劳动教育目标,形成创造、创新知识的教育体系,要完成这一目标需要关注的内容很多,如果详细介绍教师需要掌握的创造创新能力需要大量篇幅。本书将对上述内容进行简单、概括性介绍。

首先,教师要理解创造、创新的概念和创造的层次。创新的英文为“innovation”,起源于拉丁语“innovare”,译义为“更新、变革、制造新事物”。1912 年,经济学家熊彼特在其《经济发展理论》一书中首次提出创新概念,其定义是“生产要素的重新组合”,其宗旨是在经济领域中新技术、新发明在生产中的首次应用或科学研究成果的第一次商业化,其具体形式包括:引进一种新产品、开辟一个新市场、取得某种原材料的新来源、采用一种新的生产方法、新工艺、引进新的企业管理形式。近一个世纪以来,由于“创新”活动的扩展和巨大作用,人们又把创新引申到其他相关领域,提出了制度创新、管理创新、知识创新等概念。

“创造”活动的根本特性在于其新颖性,不新就不是首创,也就失去了创造的意义。“创造”的目的在于满足社会的需求,否则也就失去了创造的社会价值。尽管“创新”概念首次出现在经济领域,但其宗旨确是创造成果的延续和应用;是经济生产中的直接“创造”。因此,在创造的实践过程,创造与创新具有等同的意义和本质特征。

从上述概念中不难看出创意、发现、发明、创新与创造存在着层次性,是包容与被包容的关系。“创意”是感性思维中突发的灵感和顿悟,必须经过严格的检验或实施才能产生新颖的成果,通常表现为创造活动的起点或前奏。“发现”是以客观存在为前提的,经过探索研究产生创造性成果,是受客观条件或自然规律局限的创造活动。“发明”创造是以已发现的客观规律与事物为基础,以社会生产、生活所需的事物为目标,并以“全新”作为检验创造成果的标准,因而相对于革新,局部创造仍然有其局限性。至于“创新”乃是将科学技术“创造”或科学发现所获得的规律性的知识应用于生产实践以创造出直接满足现实需要的新事物,从创造领域说,创新有技术创新和管理创新。从创造新颖性上,创新既可以是世界性的创造,也可以是地域性或部门性的创造;既可以是整体创造,也可以是局部创造;其突出的特点是创造成果的产业化、社会化过程。

美国创造心理学家泰勒提出的“创造五层次”的观点,同时也是依照产品性质和形态的一种分类方法,对创造实践活动具有全面的指导意义,其具体分类如下。

第一层次,表露式的(expressiveness)创造。其含义是指创造即兴而发,但却具有某种创意的行为表现,如即兴表演,有感而发等。

第二层次,技术性的(technical)创造。其含义是指运用一定的科学理论、原理和思维技巧,针对解决某些实际问题而进行的创造。技术创造的实质过程是创造主体通过知识、技能、工具的作用,改变客体的性质与形态的实践过程,如物质功能单元的重新组合、原有物质形态的改变,建立新结构从而获得新的物质成果的创造,如多功能洗衣机、新造型汽车、后置发动机汽车等都属此类创造。

第三层次,发明式的(inventive)创造。其含义是指在已有事物的基础上,产生出与以往有过的事物全然不同的新事物的创造。所谓原有事物的基础,可能是提供理论基础、原理基础、材料基础,而非同一性质的事物,如作为第一个发明出现的收音机、电视机、计算机等。发明性创造与技术性创造的区别在于,发明式创造生产出的产品的性质或功能是全新的,而技术性创造仅仅是对已有产品的结构性或功能范围等方面进行技术性改进或创造的结果。

第四层次,革新式的(innovative)创造。其含义是指不仅在旧事物基础上产生出新事物,而且是在否定旧事物或旧观念的前提下,造出新事物或提出新观念的创造,如以数控机床代替普通机床。革新式创造与发明式创造区别是创造主体在熟谙旧事物、旧观念的基础上,对"未知"进行深入探索,产生出与原有知识体系完全不同的新事物、新观念,如用无性繁殖(克隆),打破了有性生殖的旧观念来繁殖动物。需要说明的是,这里所讲的革新或创造的内涵与过去国内"技术革新"式的创造是有本质区别的。

第五层次,突现式的(emergentive)创造。其含义是指创造与原有事物无直接联系,突然产生出新观念的"从无到有"的创造,这也是泰勒使用了 emergentive(深奥的)一词的原因。一些重大科学发现等就属于此类创造。实现式创造与革新式创造的根本区别在于,它并不完全是变革式改造旧事物、旧观念的结果,而是以一种全新的观念和全新的认识,揭示或发现前人根本无知的新事物或新规律,如 DNA 双螺旋结构的发现即属此类。

其次,教师需要了解系统观思维。20 世纪初发生的物理学革命,以及 20 世纪中叶风靡全球的系统科学潮流,从整体上导致了机械论的衰落和系统观的兴起。这是当代最重要的变化之一。

现代科学思维方式是以系统观为主导的。那些以分析特定类型的系统为己任的新兴学科和分支得到飞速发展,在许多科学领域都涌现出这类研究方向,并成为当代科学发展的前沿,浏览一下各个科学领域,就会得到极为深刻的印象:系统科学已成为主导科学,系统观也已成为主导的思维方式。统观微观和宇观各领域的研究,就会发现:生物学早就试图把自己研究的客体看作系统;生命系统,被定义为自组织系统。作为自然科学的基础学科——物理学,也把自己置身于系统运动之内;随着物理研究从孤立系统到开放系统,从平衡态到非平衡态,从线性系统到非线性系统的发展,出现了耗散结构理论和协同学等物理学前沿学科,这些新兴学科不仅突破了传统物理学领域,而且本身就是一种研究一般复杂系统的系统理论。在数学中,突变理论的核心思想是有关系统的结构稳定性问题,突变理论对质变方式的研究是系统控制论的延伸。在心理学中,系统思维方式也较早得到广泛采用,受格式塔心理学所讲的"完形"的心理系统的转换和理论的启发,美国著名科学哲学家库恩提出了科学发展中规范嬗变的模式。美国科学家奎因提出的"整体性科学观",也与此有关。著名瑞士心理学家皮亚杰的"发生认识论",阐述的也是有关智力在不断建构过程中系统发展的观点。他借助儿童心理学研究的成果类比说明在认识发生问题上,认识的外源因素与认识的内源因素的双向作用。格局或结构是人类认识事物的基础,通过同化和调节这两种适应外界刺激的形式,得以建构新的格局。建构理论以这种"被建立的"和谐,取代了传统的宇宙与思维之间"先定的"和谐。

微观和宇观领域的研究也表明,生命运动和社会运动的研究所涉及的不是单一物质运动形式,而是许多物质运动形式的关系和相互作用,涉及所谓"大系统""大科学"的问题。现代科学揭示了自然过程的整体性、地球的整体性、社会的整体性;也揭示了随着生产力的发展和社会的进步,出现世界政治、经济、文化发展的整体性,科学技术及其发展的整体性。显然,面对上述复杂的大系统,经验思维和分析思维是无能为力的,采用系统观代替机械论观点思考问题才是解决问题的最佳途径。

综上所述,系统科学不仅作为主导理论已渗入到当代各门科学研究领域,而且也表明系统观是既适用于研究客观世界,又适用于研究人类认识的重要工具,已经成为现代科学思维方式的主导因素。教师在开展劳动教育过程中,需要了解系统观思维,并用系统观思维指导劳动教育。

再次,教师需要掌握创造性思维方式与方法。人是如何思考的?人的精神生产是怎样进行的?科学研究表明,人是按照一定的方式思考的,人类大脑的活动、人的精神生产总是通过一定方式进行的。这就是思维方式的问题。思维方式就是人的大脑思考问题的方式,大脑对信息进行加工活动的方式。从人类认识的角度,思维方式是人类精神生产的方式。

思维方式是脑的机能与语言、符号、文字、信息、观念、判断等思维要素及其关系的统一。这种关系形成一定的思维结构、思维方式,是思维功能和思维结构相互作用的统一。

思维是客观物质存在的主体反映,思维过程本身是在一定客观条件中生长起来的,它本身也是一个自然过程。没有客观事物(客体)的存在也就没有思维过程。因此我们可以认为,人的思维方式是以客观条件为依托的,是随着历史的进程形成和发展的。

人的思维的形成和发展,首先是由大脑发育决定的,思维活动促进科学、技术、社会生产力与社会的发展。同时,大脑的发育及其机能也不断完善;由低级到高级,由基本部分支配运动和直觉机能,到大脑皮层的不断发育,形成抽象思维的功能。也就是说,人的思维方式发展的自然过程,同大脑发育的过程相关。

人类思维发展,同社会生产力发展特别是科学技术进步相关。客观条件的发展为思维提供了关注的对象,也扩展了思维所面对的空间。在人类思维活动中,人们总是按一定的观念思考,构成主导性的思维方式。思维的根本功能在于解决问题。没有积极的思维,就没有科学的发展和社会的进步,也可以说没有思维就没有人类和人类社会。要实现创造、创新,就要以掌握创造性思维方式与方法为前提。在工程技术领域,还要掌握实现发明创造所需的创造原理和技法,建立有针对性的技术系统。

对于教师,尤其是基础教育领域的教师来说,专业背景是以自然科学或社会科学某一科学学科为基础的,工程技术所需要的基础理论课程在教育类专业中较为稀缺;因此,介绍发明创造所需的创造原理和技法及技术系统也存在很大难度。本书对于这部分内容不进行介绍。而对于教师需要掌握的创造性思维方法、问题意识则是本章和接下来重点要介绍的内容,掌握这些知识对开展教育创新实践活动有很好的辅助作用。

能思维、会思维,更重要的是如何形成更好的思维以提高思维的效果和效率十分重要;思维方式方法,是几千年来人们在实践中淀积的智能规律与方法,也是教师必须掌握的。

生产力发展和科学技术进步与思维方式发展具有一致性。按照科学技术与生产力发展的历史轨迹,占主导地位的思维方式有四种主要形式:直觉思维、形象思维、逻辑思维(也称分析性思维),以及非线性思维和整体性思维代表的系统性思维。

思维形式的发展,同样有其自身的规律。直观思维——形象思维——逻辑思维——系统思维也经历了由感观到形象,由形象到理性直至系统性,由外而内的、由局部到整体系统的递进式发展过程。虽然主导思维的位置发生了变化,但系统思维在思维过程充分融入了逻辑思维等的思维方式,使思维更为完善。因此,教师在掌握系统性思维的基础上还需要掌握其他创造性思维丰富劳动教育体系,具体地说,教师需要掌握直觉思维、形象思维、逻辑思维、多向思维等创造性思维。

最后,劳动教育教师需要问题意识及发现问题的能力。问题是个司空见惯的词汇,人们在日常生活、社会活动或工作中总会遇到这样或那样的问题。因此,也就必须不断地回答问题或解决问题。英国哲学家培根有句名言:如果你从肯定开始,必将以问题告终;如果从问题开始,则将以肯定结束。而贯穿这句名言因果关系的中间环节是一个复杂的思维过程。物理学家波普尔也有过英明的论断:科学始于问题。“问题”是触发思维的起点,而解决问题又是思维的成果。问题是智慧的迷宫,探索问题才能获得新知识,丰富智慧,发展潜能,走向成功。也可以说问题是思维的动力、目标,也是思维的产物,因为思维发现问题,界定问题。由于问题与思维有着难分难解的关系,劳动教育教师研究思维和掌握创造性解决矛盾的方式方法,并帮助学生提升劳动及综合素质,首先都要从问题开始。

在具体的工作中,劳动教育教师需要掌握问题的分类及主要特征、发现问题的途径与方法,并在此基础上做好劳动教育创新实践活动选题工作,并通过开展信息收集,运用适合劳动教育的创新技法,全面提高劳动教育成效。

二、理解生产实践系统演化实现创新与劳动教育结合

全面系统地看问题是马克思主义哲学的重要原理,生产实践是创新创业的基础,用正确的哲学思想看待生产实践系统的演化,是实现创新知识讲授与劳动教育结合的有效途径。

产品或物体都是生产实践系统的产物。系统由多个子系统组成,子系统由零件、部件,以及元素构成,并通过子系统原理结构的相互作用来实现一定的功能。以大系统观论,系统处于超系统之中,超系统是系统所在的环境,环境中其他相关系统可以看作超系统的构成部分。

生产实践系统的进化是指实现系统功能的技术从低级向高级变化的过程,不管客观规律是否已经被创新者所认识,进化都必须遵循客观规律进行。认识和掌握系统进化的客观规律将有利于生产实践系统的进步,以提高生产实践系统水平和产品的开发能力,提升产品的竞争力。

生产实践系统的进化依赖于自身的成长、变异和环境的选择。环境变化改善了系统功能建构的基础条件和需求应用范围,对系统的进化和影响更为显著。任何系统的进化机制都可以归结为正、负反馈的某种往复循环过程,正反馈是系统变异产出的条件,而负反馈是系统变异稳定的条件,只有通过“正反馈——自生成”和“负反馈——自稳定”反复循环,系统的变异才能经选择而稳定存续下来。这一点也证明了系统是循序渐变进化的理论。生产实践系统进化的逻辑结构虽然主要依赖于其内部各子系统之间的相互作用,但也受更大系统环境内外相互作用的影响。相关事物之间不平衡是常态,平衡是趋向。工艺进化也就在子系统间或大系统环境的相关关系和条件作用下,在平衡与不平衡间循环变动,螺旋上升以形成生产实践系统的进化。在劳动教育中融合创造创新内容可以从以下三个方面入手。

(一)理解生产实践系统进化过程

生产实践系统的进化规律是由创新者所掌握的工艺特点及生产实践系统本质特性所决定的,并贯穿其发展进程的始终,有总结过去和指引未来的双重作用。生产实践系统的进化受客观环境的制约和人的主观能动性的影响,形成循序变化和突变两种机制,但是其演化机理是客观的,也是不以人的意志为转移的。因此,深入了解生产实践系统进化的理

论与规则,是从事创造与创新活动不可或缺也不可回避的问题。

通过生物进化与生产工艺进化法则的类比,可以认识到生物进化是通过遗传变异和自然选择进行的。基因变异是进化本体的内部因素,而自然环境则是影响进化的外部因素。生物进化当然也包括人类的进化。生产工艺是人类征服和改造自然最基本、也是最重要的手段之一。生产工艺进化也同样存在内部和外部两方面的影响因素,并可以划分为主观和客观两方面,客观的外部环境包括自然环境和已参与主观因素的社会环境,客观的内部因素则是事物的自然特性和科学规律。主观因素则是社会的基本需求与人的主观意识和直接参与。这种人的参与,既表现为生产工艺的进化形式也表现为生物的改良和异变。

下面将对生产实践系统中的进化法则进行分析。

1. 以功能为基础的生产实践系统演化

生产实践系统的存在以需求功能为目的。功能的实现过程必须符合自然规律,即得到科学原理的支持。系统的功能原理是客观存在的,并不以人们是否已经认识到这种原理的内涵为存在条件。违反科学原理的系统功能是不可能实现的,如永动机。因此,可以认为系统功能原理即是系统演化的基础。

钻木取火与轮子的应用是人类科学史具有重要意义的两项活动,是展现了科学原理——功能原理应用的典型事例,作为“麽母”的技能演化进程。

发现“天火”造就的熟食和用火是人类文明史上重要的里程碑,当自然火保存火种的方式已无法满足生存的需求时,掌握取火技术便成了当务之急。在生产劳动实践中,人类得以掌握“钻木”与“撞击”两项取火技能。

钻木(以木钻石或钻木)的原理是摩擦生热(物理原理)和可燃物质达到燃点后自燃(化学原理)两项科学原理的融合。木材通过摩擦力转化的热能,首先碳化降低燃点,并在热量达到燃点后燃烧,达到了取火的功能。

火柴的发明改变了几千年的取火方式,其进化表现为摩擦表面与可燃物质的改变——用不同颗粒度的砂纸取代了木材(或石块),而对应的摩擦兼易燃物用黏结又易燃的磷、硫黄、石蜡的细木材杆(一般为白桦)所取代,而取火技术的基本功能原理却没有改变,这足以彰显取火技能演化的“麽母”特征。

安全火柴则是以磷(红磷)砂纸取代了石质砂纸,实现易燃物的结构转移,避免了一般火柴在粗糙表面均可取火的安全隐患。

以冲击力为能量转化媒介使物质自燃的取火功能原理与取火方式的技术,也是使用比较久远的一种生产实践系统;其原始的技术过程是用石块击打燧石(俗称火石)或含有燧石成分的石头来实现取火功能的。燧石中含有稀土元素铈、镧等属于易燃金属,在冲击力作用下产生碎屑;因其比表面很大,与空气接触即可燃烧并释放出大量热量,即火花及颗粒达到高温炽热状态,迸出的火花点燃易燃物达到取火功能。

冲击取火技术是沿用比较久远的一种取火技术,直至火柴出现前,也在不断地演化,最早的演化方式是用铁刀取代了石头,增加打击力强度和耐磨性,并以碳化棉(火绒)作为易燃物降低燃点,使取火更为容易。

打火机作为一项实用的取火产品,其原理是采用有齿摩擦轮使燧石颗粒更加细化、易燃,而燧石也被人造燧石所取代,增加了稀土金属的含量,更易于火花的产生和集聚;易燃物则使用燃点更低的汽油、燃气,实现了取火的现代化。这里,必须要指出打火机取火的基本功能原理并没有改变,其只是通过分功能的演化与科学化,提高了取火的技术含量与质量,提高了功能效率。

所以,原理不变,工具和技能进步是生产实践的重要途径。

轮子及与轮子技术相关产生的车的应用是人类历史上又一项重要进步,也是科学原理应用推动工艺进步的典型案例。

轮子的应用是从古保持至今的一项技能,已有6000余年历史。通过实践中的认识和经验总结,使轮子的应用进一步扩大,主要有三个方向,即行走机械、动力机械与加工机械。

古人移动重物是通过在支撑面上用人力直接拖曳完成的,滑动的摩擦力过大,费时、费力、功效也太低。在重物下垫上圆木(滚杠),由滑动摩擦转变为滚动摩擦,不仅省力,其“功效”也大为提高。最早的滚动技术是利用一根根整体的圆木(滚杠),虽然能起到减少阻力的作用,但也出现圆木直径小,大圆木使用不方便等问题。将大型圆木锯成饼形,便成为轮子的雏形。把两个轮子中心掏空,中间穿上细一点的圆木轴代替滚杠,从而进一步达到省力、便捷的目的。在轴上装上平板则成为“车”。这也就成为轮子作为实用技术的起源。考古学家发现表明,约公元前4000年,有轮子的运输工具(车)在美索不达米亚平原被发明,在短时间内便得到迅速传播。人力车、畜力车用于战争、运输长达近6 000年直至生产出汽车、火车,而轮子的功能基本是一致的,这不能不说是技术历史的奇迹。

轮子滚动是通过外力(推或拉)与支撑面(地面等)的滚动阻力形成的作用转矩来实现的,这一过程以基本力学原理为技术基础。如果引用“縻母”概念,轮子的性状——形状才是“縻母”,是技术进化的“根本”;至于轮子的尺寸、结构则是系统结构的问题,仍然在不断进化之中。

轮子的结构进化引起性能的变化,而与车厢的结构变动的相关性并不十分重要。

例证表明,应用同种功能原理的生产实践系统,由于外界自然条件、工艺条件、新知识、工具的产生等需求环境和需求欲望的变化,生产实践系统也在不断地演化。具体有以下几种方式。

第一,系统(子系统)结构的改进、完善促进生产实践系统的演化。车轮自身的结构演化更为明了和直接。最原始的轮子为整体切断的圆木制成,不仅笨重而且形状不规则,其使用功能和性能都受到影响。为了使用需求,轮子的结构首先由整体轮改进为拼装轮,使圆度得到改进,对原材料的选择也得到了较大的适应性。轮子(车轮)进一步进化为组合结构:由轮毂、轮缘、轮辐(含辐条辐板)组装而成,增强轮毂强度的同时也起到减重作用。随着新材料新技术的产生,轮毂内嵌装了金属套并在轮轴嵌入金属条(间断、均匀分布),演化为初级滑动轮承,继而为滚动轴承所替代。而轮辋结构中首先在轮辋表面加装了金属辋,增加了轮辋强度和耐磨性。随着橡胶材料的使用,金属辋为胶车胎和充气胶车胎取代,完善了车轮结构,也增加了轮子附着性(轮表面有花纹)、耐磨性和减振性。

上述例证显示了单一功能基本结构随需求、材料、工艺等环境条件变化而产生相应的进化。

在复杂的生产实践系统中,由更复杂的结构变化而带来的功能性提高与进化,也是一种较为普遍的生产方式进化形式。

第二,生产实践系统材料的替代促进了生产实践系统的演化。随着生产与科学技术的发展,新材料层出不穷。作为系统输入的物理材料的替代,使系统功能的性质、效能不断地改善与提高，是生产实践系统演化的又一种形式。

打火机在系统原理不变的情况下以天然气取代碳化棉乃至汽油使取火技术由低级步入高级，以橡胶充气轮胎替代钢铁轮胎不仅提高了“功能原理”的附着力、驱动性，也改善了车的减震性，并为提高车速创造了良好的条件。上述变化自然也带动了生产实践技能的进步。

第三，先进的工艺性是促进系统演化的又一项重要原因。一个切实可行的科技原理和接近完美的结构设计要实现系统的良好功能，必须以先进的生产工艺为依托，由能工巧匠实施才能实现和不断地向高层次演化。

比如前面例子中打火机的小型化、便捷化就需要储气机体和出气口的密封，操纵打火、喷气协调问题都须有精密加工的工艺保证，这些都要有创新者去实现。有时汽车行驶中，风阻占动力消耗的50%~70%(随速度变化而变化)，减少风阻需要流线型等良好的造型，这并非只由车身设计所决定。好的造型，必须有良好的冲压工艺为依托和保证，只有掌握先进的工艺技术，才能保证车辆生产实践系统不断的优化、推陈出新。

第四，子系统进步引起的生产实践系统演化。生产实践系统功能原理与主体功能结构不变的情况下，对个别子系统的功能原理与结构的改变是生产方式进步的又一条可行的途径。比如，在汽车传动系统子系统中，采用液力变矩器与行星变速系统取代机械离合器与分级有机齿轮变速，能够减少变速时的冲击并简化操纵的复杂程度，这无疑是汽车系统制造有效的演化进程。

2. 技术转移中的生产实践系统演化过程

一个生产实践系统的进步与完善都是有目的、有针对性的，一般限于一定的领域甚至一个相对较小的应用范围。所谓技术转移是根据系统日趋完善的功能及其结构，直接或稍稍改动、调整应用其他领域发挥功能作用并继续发展的一种生产实践系统演化方式。技术转移是在人的主观参与引导下进行的，是建立在对客观环境的观察证实与实践经验基础上的。生产实践系统转移演化有以下三种主要方式：

(1)产品功能演化

产品进化与生物进化最大的不同点在于产品进化有人的主观参与和引导，而人的主观参与引导并非异想天开，而是建立在对客观环境的观察认识所积累的知识与经验基础上的。以轮子为例，产品功能演化主要表现为以下两种形式。

①作为动力转换的轮子功能的演化

从表3-1可以看到，加任何一种外力都可以使轮子转动。流水是一种自然动力，水轮也就成为轮子的另一种生产实践系统结构，而其功能却是实现动力的传递。

水轮是在轮辐边缘固定叶片的一种结构，流水冲击叶片使轮子转动，并由轮轴输出转矩以带动其他机械系统做功。

水轮也是一项古老的工具，水轮的异变体现在叶轮及叶片结构改变、外动力介质性能改变等方面，并由叶轮不同结构与不同动力介质的组合产生纵横向进一步演化。

表3-1 外力与轮子转动关系

叶片形式	动力			
	水动力	蒸汽动力	燃油气	空气动力
径向叶片、螺旋叶片	水轮机、水力叶轮机	蒸汽涡轮机	涡轮喷气发动机、内燃油涡轮机	风车

②作为加工技术“轮子结构功能”的演化

轮子的旋转运动特性作为加工系统，首先应用在陶瓷器具（毛坯）成形这一古老的工艺上。陶土毛坯在轮上同轮子一起旋转产出径向（轮子径向）离心力，操作者用手对泥坯施加适当的作用力，同时向上沿着预定陶制器具形状（母线轨迹）移动制成毛坯，经烧制而成陶器。这种应用于陶、瓷制品的旋转制坯技能一直被沿用到现在。按照器具基本成形原理制坯转轮逐步演化出木工旋床，金属加工机床。

（2）工具结构演化

成熟的结构，无论是元素还是组件都有其相当广泛的应用范围，如轴、曲轴、偏心轴、凸轮轴、曲柄连杆机构、偏心连杆机构等都在转移技术领域的同时发挥有效的功能效用。这便是技术结构演化的现实反映。

轮子的单体应用于动力的传动工具，也在不断地进化，由最早应用于中间传动的绳轮、圆柱形齿轮，发展为皮带轮、链轮、齿轮等，也体现了技术进化的多样性。

（3）生产实践系统功能扩展演化

一些生产工具系统是为某些生产实践目标研制开发的，并经实践所验证成为经典的生产工具，如各类机床、粉碎机等。随着人类生产生活需求范围的扩展，将典型的生产实践工具稍加改进即可演化为适应其他领域的生产实践系统。如根据机床“球”加工技术与套技术制成的苹果削皮制瓣机；根据粉碎搅拌技术研制的家庭用豆浆机、搅拌机等均使原有生产实践系统实现了扩展演化。

（二）掌握生产实践系统进化的基本原则

生产实践系统进化过程中，创新者有时可以通过生产技能和工具进化实现生产技能的提高。这个过程中应当关注如下几条基本原则。

1. 生产技能进化中的自我增长原则

生产技能本身是为满足社会需求和用以改造自然（含人工自然）的重要手段。对于具体技能也有明确的需求，两者各自需求的目的是有区别的。社会需求通常是原则性的、定性的，掌握生产技能目的则是具体的、明确的，甚至是有定量指标的。生产实践的目的与生产技能之间存在矛盾是客观的必然。

技能的发育有内在的根据和机制，因此创新者是原动者，创新者技能的自我增长决定内在矛盾机制。内在矛盾主要表现为生产目的与手段的矛盾、继承与创造的矛盾、结构与功能的矛盾、专门化与综合的矛盾、规范与实践的矛盾等，这些内部矛盾也就构成了创新者技能发展和进步的原动力。生产技能的发展进化、生产目的与生产手段的相互作用和相互转化促使了创新者生产技能本身的自我增长。

应用这一法则促进生产提升应注意以下问题：一方面，生产目的不能脱离生产手段，两者必须相互依存、相互制约；另一方面，生产目的的合理性、可行性与生产手段的完善性、有效性互为依存。

2. 进化的连续性原则

生产实践的本质是根据需求完成某种功能。当需求功能不变的情况下，随着环境和需求品质要求的不断提高，生产实践系统的进化则保持连续的变化过程，即在满足基本功能的情况下不断提高品质，而产生连续性的进化过程。

如锤子是用来粉碎（脆性物）和锻打（韧性物）的，以使被作用物体产生整体变形（尺寸或性状改变），这一过程中是用冲击力来实现系统功能的。古人最早使用石锤，而后为了增加打击力，改造为加柄石锤；当有了金属材料后，石锤进化为金属（铜、铁）锤，为了适应不同的打击需求，又对锤部头的结构进行了性状变化。锤的进一步发展是由机械动力、流体动力代替了人力操作，演进为由偏心轴、曲轴带动的机械锤与由高压空气或蒸汽为动力的空气锤和蒸汽锤。

3. 创新者所使用的工具进化的多样性原则

如果说进化的连续性是因为科技的进步、功能的需求提出更高的要求，使生产实践所使用的工具向复杂、高效发展，那么，进化的多样性则反映了根据需求的广泛性，向适应性与专业化发展和进化，反映了同类系统近似功能类型应用多种技能的发展趋势。

工具的多样性可分为纵向和横向两种进化趋势。现以运输生产实践系统这样一个庞大的体系来说明。

运输生产实践系统其基本功能是运送人和物，早期运输只有水上和陆地两种运输方式。运输工具可以包括人、畜力、车辆、船舶，原动力除人力、畜力外尚有风力、水力。随着科学技术的发展又出现了火车与飞机，原动力机也逐渐被蒸汽机、内燃机、电动机、燃气轮机所取代，先进的磁悬浮列车采用的则是电磁原理。这也是车辆原理一次质的突变。

环境对系统的共同作用包括支持力、支持面阻力和空气阻力，为系统在保证适应环境的同时达到行进的目的，这就要求系统具有相应的特性与功能。

三、高校创新、创业教育与劳动教育有机融合的路径探索

2018 年，在全国教育大会上，将劳动教育的地位置于与“德智体美”并重发展的位置，在新的历史时期，劳动教育的重要性和必要性得到了进一步强化。2019 年，教育部印发了年度建设工作的通知，提出了关于如何做好深化创新、创业教育改革示范高校的总要求，第一次将全面推进创新、创业教育和劳动教育等紧密结合，为深化新时代创新创业教育改革指明了方向。2020 年颁布的《意见》指出：进入新时代，在高校人才培养过程中，必须把劳动教育和创业教育有机地结合起来。创新、创业教育是高层次的劳动教育，两者之间存在着互补关系。劳动教育能为学生的创新、创业提供精神营养，培养其勤奋、敬业的优良品格，引导学生树立正确的创业价值观。从新的历史方位出发，深刻发掘新时代劳动教育的新价值，探寻劳创融合的新途径，对于培养高素质劳动者具有重要的现实意义。

（一）新时代高校创新、创业教育与劳动教育有机融合的必要性

1. 劳创融合是落实立德树人根本任务的必然要求

高校创新、创业课程具有实践能力培养和价值观念教育的双重内涵，它与立德树人这一基本目的有着内在的联系。创新、创业教育（简称双创教育）和劳动教育是新世纪高等教育的一个重要内容，它们共同服务于学生的全面发展。职业教育和双创教育都是以问题为中心，前者注重人在特定的社会环境中所面临的实际问题，而后者注重学生的创造力培育，通过创新、创业来促进大学生就业、化解社会矛盾、促进社会发展。只有将两者有机地结合起来，才能真正实现高质量的创新、创业型人才，才能真正实现“以人为本”的根本使命。

2. 劳创融合为高校双创教育改革指明方向

双创教育是一种以创业精神为主要教育目的的教育方式。但是,多项调查发现,学生在奋斗精神、挑战精神、敬业精神教育等方面,都存在着显著的欠缺。《关于做好深化双创教育改革示范高校2019年度建设工作》指出,在进一步的工作中,应深入推进双创教育与劳动教育的紧密结合,强调劳动精神的重要性,在高校学生进行创新、创业活动中丰富劳动精神的引领,激励学生在劳动中进行创新、在创新、创业活动中培育新时代劳动精神。"劳创融合"教育理念进一步丰富和完善了我国的高等教育体系,为新时代高校双创教育指明了改革导向。

3. 劳创融合是培养创造性劳动者的迫切要求

我国大力推进新时代人才强国的建设,人才在新的历史条件下是成就伟大事业的重要资源,应大力倡导建立高质量的创新型劳动者队伍。面对国家和社会对高质量人力资源的强烈需求,劳创融合教育对于培养创造性劳动者具有重要的作用。创新、创业活动的开展需要劳动教育作为价值导向,只有把劳动精神融入大学生的思想中,才能使大学生在思想上形成创新意识。而在实施劳动教育的过程中,还需要借助"双创"的载体。在高校学生进行创新、创业活动中对其进行劳动教育,培养学生树立正确的劳动观念,掌握创新性劳动能力,既能使劳动教育具有趣味性和创新性,又能充分调动学生进行创造性劳动的积极性,有利于培养高质量创造性劳动者。

(二)新时代高校双创教育与劳动教育有机融合的现状

通过对七所驻青高校的在校生进行问卷调查分析得出:学生迫切希望获得高校双创教育课程、劳动教育课程的理论支撑,指导学生进行创新、创业活动。但各高校在双创教育和劳动教育方面提供的渠道并不多,60.71%的学生表示对于劳动教育的认识不充分,意识较薄弱,学校容易将劳动教育用思想政治教育代替,缺乏劳动价值的引导。53.68%的学生认为目前高校的劳动教育与双创教育相融合缺少完整的理论体系、缺少政策支撑和融合机制,学生对于提高自身专业思维和分析能力也较为迫切;50.25%的学生表示课程内容较为单一,尤其是对于创新、创业的教学内容偏向理论化,缺乏针对不同学生的个体差异性,现场实践教学不足;42.13%的学生表示对国家出台的有关大学生创新、创业政策没能深入理解、合理利用,强烈希望提高自己对政策的理解与分析能力。通过以上调查可以看出,大多数高校在将劳动教育融入双创教育中主要存在以下四个方面的问题。

1. 高校劳创融合的思想意识薄弱

目前,各高校教育体系中存在着对劳动教育不够重视的现象,对大学生的劳动教育和双创教育融合的观念还不够强烈。由于缺乏完善的制度和理论支撑,造成了当前大学生教育中"重智育、轻劳育"的偏颇现象。在高校开展劳创教育的实践中,由于缺少完善的劳创融合实践系统,导致我国大学生对劳动的思想认识不足,导致其易混淆普通劳作与劳动教育。同时,劳创融合存在脱节现象,劳创融合思想很难得到具体实施、缺少整体的设计,无论是在理论架构上,还是在实践中都存在着一定的缺陷。造成这种现象的主要原因是,高校对劳创融合的意义与必要性认识不足、重视不够。

2. 高校劳创融合的实施过程虚化

当前,劳动教育融入双创教育的实践活动中,其表现形式还不够丰富,主要有以下几种:一是通过教师指导,以仿真的方式在学校里进行教学,但实际效果并不好;二是通过校外实习基地等社会资源,开展企业创新、创业和劳动教育等活动,但这种方式受到校企合作的影响;三是组织各类竞赛,但竞赛的规模、师资力量等都很难保证,竞赛往往会流于形式,不能达到预期的效果。目前,我国的高等院校大都是将劳动教育与双创教育分开进行教学的,在教学方法上存在着一定的偏差,未能将两者有机地结合起来;而且普遍存在着对"课堂教学"的偏重,目标定位不明确,导致大学生在实践活动中无法确立正确的价值取向,对自身的劳动价值缺乏正确的认识。这种劳创融合实践活动过程的虚化,使得其实际作用无法体现出来。

3. 高校进行劳创融合的形式固化

一方面,由于学校针对劳创融合的课程内容设置过于单一,未能结合实际情况因地制宜,缺少个性化、差异化的教育,以及教学内容趋向于理论化,缺少实地实习活动。创新、创业课程与劳动课程相脱节,创新、创业教学没有真正融入劳动教育的全过程;而劳创融合的方式方法则相对固定。目前,我国高校对大学生进行的劳动教育主要是以劳动为主题的专题讲座、以创造为主题的竞赛等方式进行,但这种劳动教育很难取得应有的效果。当前,我国劳创融合的社会协调机制较为僵化,与社会的融合程度较低。在实践教学方面,由于没有充分发挥社会资源进行有效的劳动教育,导致了理论和实践的脱节,导致学生对劳动的认识停留在纸面上,加之高校与家庭的融合度也不高,没有充分发挥家校、社会平台之间协同育人的优势。要创新教学手段,强化校企合作,促进学校和企业的协同发展。

4. 高校劳创融合的劳动价值影响弱化

在实施劳创融合的过程中,高校容易以思想教育取代劳动教育,而忽视了对大学生的劳动价值进行正确引导。在实践中,未能将双创教育与劳动教育进行深度整合,造成了大学生就业目标取向的偏离。然而,在劳创有机融合的过程中,劳动教育的具体内容不够明确,容易忽视劳动价值的重要作用、劳动教育的内容笼统,缺乏对大学生的三观、爱国主义和集体主义精神的培养,没有对高校学生进行正确的社会主义核心价值观的引导。缺少对大学生进行以劳动为载体创造社会和个体价值的教育,缺乏对大学生进行创新、创业精神和提升创业素质等的培育,造成学生的劳动价值观念弱化。高校要在实践中应引导学生知行结合,使学生在劳动和创新、创业中体会到精神上的成就感,增强学生为社会服务和国家建设的动力。

(三)新时代高校创新、创业教育与劳动教育有机融合价值

1. 有助于丰富劳动教育时代内涵

将劳动教育融入双创教育,在高校层面上,既能丰富劳动教育的实践水平,又能提高大学生发现问题、解决问题的创造性思维。它的社会意义是培育具有开拓进取精神、奉献精神和创造性劳动能力的当代优秀人才。从社会的角度来说,劳创融合教育有助于引导大学生克服对体力劳动和脑力劳动的偏见,引导学生重新审视劳动,重新认识劳动的脑力化与创造性变化,有助于培养我国人民崇尚劳动、热爱劳动等方面的劳动品格,从而更好地培养人民从事创新性劳动的意识和能力。双创教育是劳动教育的重要抓手,从专业知识的整合、增强学生的诚实劳动意识、培养公共服务意识等多个方面,丰富了劳动教育的时代内涵,促使劳动教育在新时代取得更好地发展。

2. 有助于培养新型高素质人才

提高国家的发展水平,推动社会和经济的发展,就必须加强对人的全面素质教育,培育具有劳动能力和创造能力的人才。在新时期的发展中,高校劳创融合教育不仅要从理论知识和技能方面进行,而且要注重对学生的创造性劳动、创新思维的培养,这既是新时期的社会发展要求,也是国家发展和世界发展的需求。实施大学生劳创融合教育,既能促进大学生的自觉劳动,又能为我国社会主义事业的发展打下良好的基础。劳创融合是一种新型的人才培养模式,既能让学生了解就业情况,又能抓住社会、企业的痛点,从而达到培养高素质人才,促进校企合作的双重目的,为建设创新型国家打下坚实的人才基础。

3. 有助于弘扬新时代劳动精神

在新时代背景下,习近平总书记重点强调了劳动的地位。人民是历史的创造者,劳动才能开创未来。只有重视劳动、发展劳动教育,才能实现社会主义现代化建设的发展目标。高校要大力开展劳创融合教育,培养大学生的爱国热情、拼搏精神,激励其为"中国梦"做出不懈的努力。劳创融合教学既是培养高校大学生的专业知识与技能,又是重塑学生价值观念、培养其团队协作精神的重要途径。两者融合有助于弘扬新时代劳动精神,从根本上增强我国的内在力量。

(四)新时代高校创新、创业教育与劳动教育有机融合的路径

1. 重视队伍建设,凝聚劳创融合教育力量

高校要重视选聘和培养具有专业理论与实践并重、熟悉劳创融合教育知识和规律的师资队伍,同时强化师资建设,重视对教师团队的培训,提高思想认识、强化理论武装,确保高校教师队伍从思想层面充分认识劳创融合的重要性。鼓励教师加强产学研的结合,加强校企合作,为教师提供政策支持。鼓励各行各业的新时代劳动精英、优秀校友、专家学者走进校园进行示范教学。同时,要纠正部分高校教师重科研、轻社会服务的错误认知,激发高校教师自觉进行劳创融合教育的热情。

2. 挖掘时代内涵,丰富劳创融合内容体系

新时代赋予了劳动精神新的内涵,在新时代背景下应通过多种渠道丰富劳创融合的内容体系,重视劳动精神的培育。首先,引导学生在创新、创业过程中融入以勤俭为基础的新时代劳动精神,树立尊重劳动、崇尚劳动、科学劳动的价值观。其次,在双创教育中融入以奋斗为核心的新时代劳动精神,发扬艰苦奋斗精神,弘扬劳动光荣的社会风尚,激发大学生勇于承担时代责任的意识。再次,融入以创新为灵魂的新时代劳动精神,提升大学生的就业竞争力,培育具有创造性思维和能力的人才。最后,融入以奉献为主题的新时代劳动精神,引导大学生树立远大理想,树立以劳动报效国家的精神风貌,引导大学生将个人理想融入祖国社会主义建设的伟大事业中,在服务社会的过程中坚定全心全意为人民服务的决心。

3. 强化平台搭建,提升劳创融合育人实效

培养大学生劳动情怀最直接的途径是完善劳创融合的课程设置。当前,我国高校劳动教育课程体系主要是针对特定的劳动技能,而忽视了培养学生的劳动能力。在新时期,要大力推进新型劳创融合平台建设,对低年级大学生来说,要把创新劳动意识培养作为主要目标,通过劳动品质和情感的培养,帮助学生端正劳动态度、习得劳动技能,树立正确的劳

动价值观。针对高年级大学生，应加强课外活动实践，加强学科竞赛和职业比赛实践。并鼓励大学生积极参加社会劳动，使他们能够根据职业发展趋势，提高对创业风险的认识和统筹规划的能力。此外，要充分发挥校园文化的宣传作用，增强其教育效果。通过多种形式的教学方式，发挥校报、讲座、社团、实践和其他形式的文体活动，弘扬劳动精神、传递劳动情怀，积极营造校园劳教融合的文化景观，加强育人实效。

4. 融合专业知识，实现劳创融合、知行合一

劳动教育强调基本的动手能力，重视个人主观能动性的发挥，在实践中扎根于祖国大地，寻找社会现实问题的解决方法，学生在实践过程中培养的洞察问题的能力、创新能力、团队协作能力，以及责任意识必将成为一生中宝贵的财富。双创教育将学科知识和劳动知识结合起来，促进学生参与和体验，并结合新知识、新技术、新方法的运用，提高创造性解决问题的能力。大学生是“大众创业、万众创新”的重要主体，大学生在创新、创业方面的实践经验越多，越能树立正确的就业选择观念，越能理解“实干兴国”的深刻内涵，真正实现知行合一。以创新、创业为目标，以劳动精神为引领，将学科知识与劳动教育有机融合，激发学生参与创造性劳动的积极性，从而培养担当意识、责任意识、创造思维、创新精神，不断提升解决实际问题的能力。

5. 优化培养方案，激发劳创融合创新活力

在新时期的发展中，劳动与创新是高校毕业生融入社会，为社会经济建设贡献力量的重要途径。在人才培养的全过程中，应把劳创融合教育与校园文化相结合。高校与相关职能部门要协调联动，整合资源，出台相应的政策，做到定期沟通，发挥高校与家庭、社会及政府多方协同育人的资源优势，培养学生的创新和创业能力、社会责任意识，引导学生自觉把人生理想和国家富强、民族复兴的伟业结合起来。在开展双创实践活动时，要主动向基层引流优秀的人才，比如，在乡村振兴、贫困地区教育等方面，要充分挖掘、鼓励、培养有志投身于基层治理、西部计划工作的大学生。大学生要在实际工作中对国家发展的战略进行深入的理解，使其在服务人民、为社会服务的同时，实现自己的理想抱负，进而促进地区的发展，提高社会经济效益。

总之，新时代对双创教育和劳动教育融合提出新要求，要通过发展健全价值导向性、改进劳动教育方式、坚持实践创新性评价体系，从专业知识的整合、诚实劳动意识的增强、公共服务意识的培养等方面，拓展劳创融合的实践途径，让学生通过创新、创业的实践，认识到美好的生活是由劳动创造出来的。

第四章　劳模精神和创新精神以及创新实践研究

劳动模范是工人阶级的优秀代表，是时代的引领者，他们在中国革命、建设、改革的各个历史时期都发挥了先锋模范作用。当代青年要积极学习劳动模范爱岗敬业、争创一流、艰苦奋斗、顽强拼搏、淡泊名利、甘于奉献的劳模精神，让劳模精神成为我们追求的一种风尚，成为指引我们工作、学习、生活的风向标，传承、弘扬劳模精神，奋勇前进，不断创新，做一名新时代的劳动者。

第一节　解读劳模精神

一、劳模的内涵

劳模是劳动群众的杰出代表，是最美的劳动者。

（一）劳模的含义

劳模，即劳动模范的简称。劳动模范是工人阶级的优秀代表，是民族的精英、国家的栋梁、时代的先锋、人民的楷模。

（二）劳模评选的条件

全国劳动模范和先进工作者必须热爱祖国，坚决拥护中国共产党的领导和社会主义制度，高举中国特色社会主义伟大旗帜，带头学习贯彻新时代中国特色社会主义思想，认真执行党的路线方针政策，模范遵守党纪国法，增强“四个意识”、坚定“四个自信”、做到“两个维护”，在本职岗位上奋发进取、拼搏奉献，以永不懈怠的精神状态和一往无前的奋斗姿态，积极为实现中华民族伟大复兴的中国梦贡献力量，在群众中享有较高威信。一般应获得过省部级表彰奖励，并具备下列条件之一。

（1）在坚持新发展理念，建设现代化经济体系，加快建设创新型国家，完善社会主义市场经济体制，推动高质量发展，转变发展方式，优化经济结构，转换增长动力，防范化解重大风险方面做出突出贡献的；

（2）在深化供给侧结构性改革，积极去产能、去库存、去杠杆、降成本、补短板，加快建设制造强国，发展先进制造业，建设知识型、技能型、创新型劳动者大军方面做出突出贡献的；

（3）在大力实施乡村振兴战略和区域协调发展战略，推动农业农村优先发展、城乡融合发展，加快推进农业农村现代化，支持革命老区、民族地区、边疆地区、贫困地区加快发展，优化区域发展格局，推动区域优势互补方面做出突出贡献的；

(4)在推动全面深化改革,坚持和完善中国特色社会主义制度,推进国家治理体系和治理能力现代化,深化全面依法治国实践,破除思想痼疾和体制机制弊端方面做出突出贡献的;

(5)在坚定文化自信,推动社会主义文化繁荣兴盛,激发全民族文化创新创造活力,推动文化事业和文化产业发展,推进建设社会主义文化强国方面做出突出贡献的;

(6)在全面建成小康社会,改善民生水平,坚决打赢脱贫攻坚战,办好人民满意的教育,促进更充分更高质量就业,加强社会保障体系建设,实施健康中国战略,加强和创新社会治理,有效维护国家安全,保卫人民生命财产安全方面做出突出贡献的;

(7)在加快生态文明体制改革,建设美丽中国,推进绿色发展,着力解决突出的环境问题,加大生态系统保护力度,坚决打赢污染防治攻坚战方面做出突出贡献的;

(8)在坚持和加强党的全面领导,坚持党要管党、全面从严治党,推进党的政治建设、思想建设、组织建设、作风建设、纪律建设,深入推进反腐败斗争,不断提高党的执政能力方面做出突出贡献的;

(9)在坚持"一国两制",推进祖国统一,推进国防和军队现代化,坚持和平发展道路,坚持对外开放,推动构建人类命运共同体方面做出突出贡献的;

(10)在其他方面做出突出贡献的。

二、劳模精神

"爱岗敬业、争创一流、艰苦奋斗、勇于创新、淡泊名利、甘于奉献"的劳模精神,生动诠释了社会主义核心价值观,是我们的宝贵精神财富和强大的精神力量。

(一)劳模精神的内涵

劳动模范是时代的先锋、民族的楷模,他们身上承载和彰显的劳模精神一直发挥着引领作用,丰富和拓展了中国精神的内涵,充分展现出我国新时代工人阶级和劳动群众的高度自信,已成为社会主义核心价值体系的重要组成部分。

劳模精神主要体现在以下几个方面。

1. 爱岗敬业、孜孜不倦

爱岗敬业是爱岗和敬业的总称,爱岗指热爱自己的工作岗位,热爱本职工作,这是职业道德的基础,它与敬业互为前提、相辅相成。即使面对的是乏味的、枯燥的工作,也能以一颗赤诚之心孜孜不倦地投入其中。

2. 争创一流、勇当源头

争创一流,就是要做得比其他人强,敢于争当标兵,敢于做他人的榜样;勇当源头,就是要进行大胆的尝试,有勇气,有决心,排除万难,勇于开创。劳模们就是凭借这样一种精神,在自己的工作岗位上刻苦钻研,让平凡的工作成为自己崇高的事业的。

3. 艰苦奋斗、顽强拼搏

艰苦奋斗、顽强拼搏、自强不息,自古以来就是中华民族的传统美德。勤劳勇敢的中国人民正是凭借这种精神,让饱经沧桑的中华民族屹立于世界的东方。在建设中国特色社会主义现代化的进程中,艰苦奋斗、顽强拼搏的精神在劳模身上显得更加明显、更加突出。

4. 淡泊名利、甘于奉献

“人世间的美好梦想，只有通过诚实劳动才能实现。”了解历届劳模代表的事迹后，我们就能发现他们身上具有的淡泊名利、甘于奉献的特质，不论眼前的事物多么纷繁，他们总是能穿越迷雾，坚定地向自己心中设定的目标前进、奋斗。心无杂念，淡泊名利，宁静致远，劳模们用他们的实际行动诠释着一名普通劳动者应该有的人生态度。

5. 砥砺奋进、开拓创新

劳模精神永不过时。无论时代怎样变迁，劳动模范始终都是时代的领跑者，是时代最为蓬勃向上的力量。新时代涌现出越来越多的智慧型劳模和创新型劳模，他们开拓创新、刻苦钻研、勇于担当，不断谱写时代发展的新篇章。

（二）中国劳模精神的历史嬗变

回首中国革命和建设走过的风风雨雨，中国劳模精神简明而深刻地展示了近现代中华民族不同时期人文精神的演进与发展，鲜明而自然地彰显了中华民族能够与时俱进、开拓创新的时代精神，凝重而浪漫地述说着中华民族的时代思想与情愫，准确而完美地展示了中华民族顽强拼搏、自强不息的崇高品格。

1. “能手加英雄”：中国劳模精神的萌芽期（20 世纪 30~40 年代）

中国劳模群体的出现并不是偶然的，它正是在中国共产党建立了红色革命政权以后，在中华苏维埃共和国临时中央政府诞生于瑞金后，在边区财政经济困难的情况下，在毛泽东同志的亲自领导下，为了团结群众、发动群众而形成的，是中央苏区经济建设需要的历史产物。陕甘宁和晋绥边区、晋察冀和晋西北革命根据地开展了大生产运动和各项建设，寻找典型和树立典型劳动模范，掀起了党的历史上第一次真正意义上的大规模劳模运动，并对劳模精神的产生起到了关键作用。革命战争年代的劳模群体做出了重大贡献，呈现出“为革命生产劳动、为革命拼命献身、为革命苦干巧干”的“革命型”特征，劳模精神开始萌芽。革命战争年代的劳模精神为劳动人民提供了强大的精神动力，极大地推动了根据地的物质生产，加快了党领导下的新民主主义革命胜利和中华人民共和国成立的进程。

劳模精神萌发孕育于革命战争年代。革命战争年代的劳模秉承着井冈山精神，胸怀延安精神和南泥湾精神，战胜了一个又一个困难，为新民主主义革命的胜利做出了巨大贡献。

2. “苦干加实干”：中国劳模精神的雏形期（20 世纪 50~70 年代）

中国共产党沿袭革命战争时期开展大生产运动和劳动竞赛的做法，动员广大工人和农民积极投入新中国社会主义经济建设中，并大力开展劳模评选表彰。从 1950 年到 1979 年共召开了 9 次全国劳模表彰大会，共表彰劳动模范、先进工作者和先进生产者 13 600 余人。劳模群体在艰苦的环境中练就了坚毅品质和勤劳品格，继承了踏实朴素、艰苦奋斗的优良传统，为了新中国的发展建设，他们愿做老黄牛、勇当拓荒牛、甘为孺子牛，因此勤勤恳恳、无私奉献、坚忍不拔、顽强拼搏、开拓奋进的“老黄牛精神”成为中华人民共和国成立到改革开放前中国劳模精神的时代内核，激励和鼓舞着中国人民独立自主、艰苦奋斗、自力更生，在社会主义初级阶段建设的各个方面都发挥了极大的作用，构筑了一座不朽的精神丰碑。

3. “科技加创新”：中国劳模精神的发展期（20 世纪 80 年代至今）

从 1980 年至今，党和国家共召开 6 次劳模表彰大会，在会议名称和召开时间上开始统一，都称为“全国劳动模范及全国先进工作者表彰大会”，每五年举行一次，并且都是在“五一”国际劳动节前召开。改革开放后，劳模(包括劳动模范和先进工作者)评选表彰范围不断扩大，从20世纪90年代中叶开始向在社会主义经济建设和教育科学卫生体育等领域做出贡献的人倾斜，这个标准被沿用至今。当代中国劳模身上体现出“爱岗敬业、争创一流、艰苦奋斗、勇于创新、淡泊名利、甘于奉献”的劳模精神，生动体现了当今的时代精神特色，为中国经济社会发展、中国特色社会主义现代化建设、实现中华民族伟大复兴的中国梦汇聚了强大的动能。

三、劳模精神的弘扬

全社会都应该尊敬劳动模范、弘扬劳模精神，让诚实劳动、勤勉工作蔚然成风。

弘扬劳模精神是中国共产党在新时代的伟大历史征程中吹响的又一次号角。党的十八大以来，以习近平同志为核心的党中央高度重视弘扬劳模精神，明确阐述劳模精神的时代内涵，明确给予劳模精神新的时代定位，明确劳模精神的发展方向和历史使命，明确、肯定弘扬劳模精神的积极作用和意义。通过广泛开展劳模选树表彰活动，肯定劳模的历史贡献，健全完善劳模管理制度，提高劳模的政治待遇、经济待遇和社会待遇，号召全社会向劳模致敬，为劳模发挥作用搭建了宽广舞台。新时代、新征程、新起点，我们必须通过不断探索、创新方法和途径来弘扬劳模精神，迎接新时代中国发展新的挑战和机遇。

(一)弘扬劳模精神的方法

为弘扬劳模精神，全社会都要贯彻“尊重劳动、尊重知识、尊重人才、尊重创造”的重大方针。其目的在于最广泛、最充分地调动一切积极因素，凝聚一切积极力量，为中国特色社会主义现代化建设获得取之不尽的力量源泉。

1. 必须提倡尊重劳动

劳动是一切人类生活的第一个基本条件，而且达到这样的程度，以至于我们在某种意义上不得不说：劳动创造了人本身。劳动是人类最基本和最重要的社会实践，是人类生存和发展的基础和根本前提，是推动历史前进的动力。因此包括体力劳动和脑力劳动、简单劳动和复杂劳动、抽象劳动和具体劳动在内的一切劳动都应当受到尊重。我们要注意纠正两种错误观点：一是认为只有体力劳动才是劳动，不把脑力劳动作为劳动来看待；二是认为“劳心者治人，劳力者治于人”，轻视、歧视、鄙视体力劳动。尊重劳动就要尊重劳动者创造的价值，无论是物质价值还是精神价值；维护劳动者的尊严需要保障劳动者的基本权益；实质就是尊重劳动者，不仅包括工人农民、知识分子，还包括改革开放以来出现的新的社会阶层。

2. 必须提倡尊重知识

知识，是人类创造的，是人类长期以来在社会实践中总结出来的经验和智慧，并被人类使用来武装人、充实人和发展人。“知识就是力量。”知识是人最为宝贵的财富，既可以转化为物质力量，创造物质财富，也可以作为精神力量，激发人的斗志，给人以启迪和无限希望。知识是人类创造和使用的，尊重知识就是尊重人类自己；知识是人类实践的成果，尊重知识就是尊重历史文明；我们称拥有大量丰富知识的群体为知识分子，尊重知识就是尊重知识分子；知识，尤其是科学知识，推动和发展着人与人类社会，尊重知识就是尊重科学技术。尊重知识的核心体现在对教育的重视上，在发展科学技术上下功夫，提升科学技术水平。

尊重知识以尊重劳动实践为前提,是尊重劳动的必然要求。

3. 必须提倡尊重人才

当今世界各国综合国力的竞争,归根结底就是人才的竞争。人才是实现民族振兴、赢得国际竞争主动的战略资源。“两个一百年”奋斗目标和中华民族伟大复兴中国梦的实现都离不开人才。新时代,我们需要树立正确的人才观念,以提高人才培养质量为己任,弘扬当代中国劳模精神,营造培育人才的时代风尚,使技能宝贵、创新光荣、创造伟大、人才可贵成为全社会的共识。依靠人才、重视人才、用好人才、关爱人才,充分发挥各类人才的作用,搭建人才施展抱负的宽阔舞台,完善人才流动和管理机制,落实好待遇保障,让人才不断创造新业绩。

4. 必须提倡尊重创造

在经济全球化和现代化的背景下,实现“两个一百年”的建设目标,建设富强民主文明和谐的中国特色社会主义现代化国家和实现美丽的中国梦,从根本上要依靠劳动,依靠中国广大劳动人民群众的创造。创造是推动人类社会文明进步的持久力量和基本方式,一切创造,无论是个人创造还是集体创造,无论是物质创造还是精神创造,都值得尊重和鼓励。从某种意义上讲,创造是人有意识地对世界进行探索性劳动的行为和过程,一般都带有创新性特点,所以尊重创造也就是尊重创新。劳动贵在创造,没有创造,劳动就只是在进行简单的重复;科技贵在创新,没有创新,科技水平就会不停地倒退。

(二)弘扬劳模精神的意义

劳模精神是工人阶级先进性的集中体现。在中国革命、建设、改革的各个历史时期,我国工人阶级具有走在前列、勇挑重担的光荣传统,我国工人运动同党的中心任务紧密联系在一起。劳动模范作为工人阶级的优秀代表,是时代的引领者,在工作生活中发挥了先锋和排头兵作用,他们以辛勤劳动、诚实劳动和创造性劳动,持续推动着社会进步、国家发展和民族复兴。劳模精神作为劳动模范的思想内核、行动指南和精神灯塔,成为推动时代前进的强大精神动力,充分体现了工人阶级先进性的主体地位,彰显了工人阶级的伟大品格,推动了工人阶级的成长进步。

第一,劳模精神是工人阶级主人翁意识的集中凸显。主人翁意识是劳模精神的内在本质。正是因为自觉的、强烈的主人翁意识,劳模才以车间为家、以厂为家、以企为家、以国为家;才具有积极主动的岗位意识、职业意识、进取精神和创新精神;才能够在本职工作中充分发挥积极性、主动性和创造性;才能够艰苦奋斗、淡泊名利、甘于奉献,自觉把人生理想、家庭幸福融入国家富强、民族复兴的伟业之中,最终建构起个人与集体、个人梦与中国梦、小家与国家民族融合统一的发展共同体和命运共同体。

第二,劳模精神是社会主义核心价值观的生动诠释。劳模精神的重要元素和构成因子,如岗位意识、职业精神、进取精神、拼搏精神、创新精神、家国情怀和奉献精神等,是对社会主义核心价值观的生动诠释和现实呈现。可以说,劳模精神是社会主义核心价值观的具象化、人格化和现实化。一方面,劳模是遵循社会主义核心价值观的典范样本,是社会主义核心价值观的模范实践者、生动传播者和最有说服力的检验者;另一方面,劳模之所以能够成为全社会学习的典范,一个重要原因就在于其主动、自觉地遵循并践行了社会主义核心价值观。

第三,劳模精神是时代精神的生动体现。劳模精神是引领时代新风的精神高地,生动体现了时代精神的精神实质、主要特征和重要内容。一方面,劳模精神具有鲜明的时代特征,是时代精神的生动体现。作为一种文化精神,劳模精神不是一成不变的,而是实践的、创新的、鲜活的、生动的存在,随着国家意识形态、经济社会形势的变化和时代的变迁而不断演变发展;另一方面,劳模精神推动了时代精神的发展,丰富了时代精神的内涵。劳模精神不断为时代精神注入新能量,凸显并丰富着时代精神的内涵。

第四,劳模精神的核心要素是工匠精神。从本质上讲,工匠精神是一种基于技能导向的职业精神,它源于劳动者对劳动对象品质的极致追求,它具有精益求精、专注执着、严谨慎独、创新创造、爱岗敬业,以及情感浸透、自我融入的基本内涵,既表现了极致之美的品质追求,又体现了敬业之美的精神原色,更展现了创造之美的价值升华。工匠精神是劳模精神的重要构成要素,也是劳模精神当代品格的核心体现。工匠精神充分凸显了新时代劳模精神爱岗敬业、精益求精、追求卓越的精神品质和价值导向,可以说,工匠精神是对劳模精神的重要深化和丰富发展。

第五,劳模精神是培育时代新人的重要手段。一方面,劳模精神作为社会主义核心价值观的生动体现,更容易为人们所接受,更方便为人们所模仿,对培育时代新人起到重要示范作用。另一方面,通过强化教育引导、舆论宣传、文化熏陶、实践养成、制度保障,培养和造就具有劳模精神的时代新人,能够激发广大劳动者干事创业的积极性、主动性和创造性。因此,要紧密围绕培养时代新人这个重大命题,在全社会特别是各级学校教育中培育、弘扬和践行劳模精神,引导全社会特别是青少年树立正确的劳动价值观,全面提升劳动者的整体素质和精神品格。

第六,劳模精神是实现伟大复兴中国梦的重要力量。一方面,劳模精神是实现伟大复兴中国梦的宝贵精神财富。在全社会弘扬和践行劳模精神,营造尊重劳动、尊重知识、尊重人才、尊重创造的社会氛围,涵养以辛勤劳动为荣、以好逸恶劳为耻的社会风气,培育积极健康、开放包容的社会心态,才能够让“劳动光荣、创造伟大”成为时代强音,让“辛勤劳动、诚实劳动、创造性劳动”成为普遍认同的价值遵循;另一方面,劳模精神是实现伟大复兴中国梦的强大精神力量。要实现伟大复兴的中国梦,实现从制造大国向制造强国的华丽转变,建设知识型、技能型、创新型劳动者大军,必须大力弘扬和践行劳模精神。如此,才能真正为中国经济社会发展汇聚强大正能量,才能真正为实现中华民族伟大复兴的中国梦增砖添瓦。

四、做新时代的劳动模范

党的十九大报告中指出,要建设知识型、技能型、创新型劳动者大军,弘扬劳模精神和工匠精神,营造劳动光荣的社会风尚和精益求精的敬业风气。就其精神载体来看,劳模精神与工匠精神、中华文化具有一脉相承的价值底蕴和价值导向。将劳模精神内化为意志品质,用干劲儿、闯劲儿、钻劲儿激发更多的新时代青年勇做“实干兴邦”的“代言人”,彰显了新时代劳模精神的崭新价值意蕴。

(一)新时代劳动模范精神的价值意蕴

1. 从内容上看,新时代劳模精神是马克思主义劳动观的生动展现

"劳动创造了人类社会,劳动推动了人类社会的发展,劳动是价值和财富的源泉。"社会主义制度下的劳动不再是异化的,而是体现平等、回应人的本性,这为新时代劳模精神的产生提供了丰沃的土壤,而劳模精神也在中国特色社会主义进入新时代的征程中不断发挥凝聚力、生命力、创造力。新时代劳模精神,需要立足新时代、把握新矛盾、学习新思想、掌握新方略、迈上新征程。

2. 从地位上看,新时代劳模精神是中华优秀传统文化的时代结晶

回顾中华文明史,中华文化源远流长,有中华优秀传统文化、革命文化、社会主义先进文化,贯穿其中的劳动人民的生产实践及其凝练出的劳模精神,又在新的时代条件下再生再造、凝聚升华。从钻木取火到大禹治水,从《管子・地数篇》到《天工开物》,无不凝结着劳动者踏实朴实、甘于奉献的精气神,这种精气神传承了中华文化的因子,为劳模精神和中华文化在推动中华民族向前发展的进程中注入了强大的精神动力。

3. 从目标取向上看,新时代劳模精神根植于中国共产党领导中国人民进行的长期奋斗

中华人民共和国成立以来,我国经历了1976年的唐山大地震、1998年的长江特大洪水、2002年的SARS、2008年的汶川地震、2020年爆发的新型冠状病毒性肺炎疫情。然而,多难兴邦,在一场场具有许多新的历史特点的伟大斗争中,中国共产党始终是中国人民和中华民族的中流砥柱,有了这个主心骨,无论是科研攻坚者还是坚守一线者,无论是外卖人员还是医务人员,都在埋头苦干、躬身实践、共克时艰中造就了中国奇迹,实现了劳动创造幸福的价值引领。

(二)构建新时代劳动教育的新范式,提升劳模精神育人的实际效果

新时代劳动教育以马克思主义劳动观与新时代中国特色社会主义思想中关于劳动重要论述的时代价值为指引,突出"原味",添点"鲜味",寻求劳模精神教育与新技术、新工具、新手段的有机融合,探索"立体劳动、智慧劳动、阳光劳动"的劳动育人模式。通过专业式引导、嵌入式教学、开放式共读、互动式交流的"四式"教学法,使劳动教育能够互联互动,实现在线劳动教育资源共享、教育共同体共筑、教育教学活动共联的共建目标,努力让新时代劳动教育入脑入心,让劳模精神内化、升华。

1. 专业式引导

"广大劳动者无论从事什么样的职业,都要勤于学习、善于实践,踏实劳动、勤勉劳动,在工作上兢兢业业、精益求精。"劳模精神的培育需要专业式引领,要在贯穿、结合、深入上下功夫,逐步厚实劳模精神的教育内涵;仔细梳理各门课、各环节所承载的劳模精神元素和蕴含的劳动模范先进典型;从历史、文学课中致敬普通一线劳动者,见贤思齐,学习艰苦奋斗的优良传统,点亮共产党人的政治本色;从工科、理科的专业课程中,习得专业化技能,融入精益求精的工匠精神,提高自主创新实践能力,增强专业认同感;从思政课中感知马克思主义劳动观的思想光芒,理解新时代劳动教育的价值意蕴,树立正确的劳动观,渗透职业认同感,打造劳动教育的"金课"。

2. 嵌入式教学

新时代劳动教育需要体系化构建,加强教育的顶层设计,切实发挥课程的教育力。这是一次集项目式学习(project based learning,PBL)、线上线下联动教学法的体验式劳动教育,通过“做中学”的理念,虚拟的线上阶梯教室也能营造出真实的学习体验。以劳动教育活动为引领,让每一个学生在精益求精、吃苦耐劳、锐意进取中淬炼精神,让强化社会责任和奉献精神的自我提升之路有陪伴、有目标、有思路、有信心、有底气。

此外,以学生喜闻乐见的方式渗透劳动教育的理念,成立“学习宣传劳动教育学生宣讲团”,让同学们走进班级、社区、家庭、敬老院、中小学等,让宣讲“有朝气、接地气”,实现内部滚动式自我学习。同时,以“田野课堂,自然为书”为主题的研学活动,成为不少高校暑期“三下乡”的精品探索,从实践基地到历史名城,从田间地头到科学探索,在亲身体验中让劳动模范的精神滋养育人初心。

3. 开放式共读

读书,这一个老生常谈的问题,经常是教师倡导得多、学生响应得少。即便参与,也是在固有模式下,单枪匹马,缺乏可持续的原动力。团队共读,应秉承“核心+开放”的原则,开展劳动教育“有字之书”的共读学习圈活动,还要在实践中读劳动之“无字之书”,让学生感知到踏踏实实的劳动带给我们心灵的滋养,进而形成紧密的互助共同体。

采用“社群运营”的手段进行管理;可以用直播“带货”的方式对共读成果进行推介,通过赋权激发学生的内部动能,形成主客体间正向循环,结构化、有目标,提升自我效能感,让一对多、多层次、可持续的劳动引领成为可能,契合马克思主义政党与时俱进的理论品格。

4. 互动式交流

新时代劳模精神的主要培育对象是“00后”,这一代人伴随着互联网的发展成长,是典型的“网络原住民”,因此可能存在“不珍惜劳动成果、不想劳动、不会劳动”的现象。要想点对点、键对键、面对面地了解当代大学生劳动教育的诉求,进而开展契合度高的教育活动,需要进行互动式交流,而交流的前提是聚合力量,以关照人的内在劳动需要为切入点,实现“三变”,即活动参与群体由“加法”变“乘法”,发展模式由“发散”变“聚合”,运行方式由“封闭”变“共享”,通过多样化、新颖化的呈现,用新时代劳模精神强化大学生的理想理念和价值观的存留度,从而完善新时代劳动教育的引领机制、长效机制。

(三)做新时代最美劳动者

1. 让新时代劳动模范“活起来”

广大劳动群众要勤于学习,学文化、学科学、学技能、学各方面知识,不断提高综合素质,练就过硬本领。劳动模范是民族的脊梁,他们身上凸显出的“淡泊名利、艰苦奋斗、勇于探索”的意志品质,是立体、饱满的新时代劳动教育的精神宝库。新时代劳动模范的形象需要通过可视度高、互动性强的方法、工具、手段,与新时代青年产生“连接”,不断激活大学生向劳动模范学习的同向、同行原动力。

2. 让新时代劳动模范“实起来”

“天眼”探空,“蛟龙”入海,“墨子号”发射,让我们由衷地相信幸福是奋斗出来的,劳动是奋斗的源泉。讲好新时代劳模故事,做新时代最美劳动者,就是要将“担当实干”扛在肩头,讲好“爱一行、干一行”的坚守与踏实,讲好“服务人民、报效祖国”的快乐与成长,讲好

“爱岗敬业、争创一流”的态度与尊严,用踏实劳动来磨炼意志、淬炼精神,引导新时代大学生埋头苦干、真抓实干、做实干家,不断释放劳动潜能、焕发劳动热情。

3. 让新时代劳动模范“酷起来”

下力气聆听学生的声音,把“带着学生劳动”变为“师生一起劳动”,开展以“美好劳动节文化创意 show”为主题的系列活动,利用抖音小视频、b 站分享、荔枝 FM,制造一些外部具象化的文化场景,给学生提供与劳动模范可接触的渠道,在增进亲近感、信赖感的同时,一方面让学生将自身劳动创造幸福的潜力迸发出来,从而带动周围的同学,增强对劳动理念的认同、对劳动课程的认同;另一方面寻求劳动教育与思想政治的有机融合路径,探索“全天候、立体化、强赋能、可辐射”的劳动育人模式,打造一个高净值、个性化、强链接的交互场域,形成良好互动机制。

在全面加强新时代劳动教育的关键时刻,需要用更加饱满的热情、更加理性的认知、更加高效的方法,把握学生成长的内在规律,遵循劳动育人的教育原则,不断提炼新时代劳动育人的新样本,勇当新时代的劳动模范,让青春在劳动中闪光。

第二节　解读劳动创新精神

一、劳动创新精神的现实意义

2011 年,人民日报发表了“五一”社论《勤奋劳动、诚实劳动、创新劳动》,讲道:“在我国内外环境、增长机制发生重大变化的条件下,以创新劳动加快转变经济发展方式、建设创新型国家。这是时代赋予中国工人阶级的崇高使命,具有光荣传统的中国工人阶级一定能够与时俱进、锐意进取,更好地发挥改革主力、发展动力、稳定基石的作用。”由此,创新劳动引起社会各界的广泛讨论。西南财经大学刘诗白教授就科技创新劳动价值的问题进行了深入剖析,他认为科技创新劳动是拥有科学知识高积累和高创造性能力的科技人才来进行的生产劳动,是高度社会化的劳动。社会学家赵培兴在论述创新劳动的价值时,将其提升到了知识性创新劳动理论的高度,同时引申出知识经济形态的充分发展必将导致社会主义代替资本主义或资本主义发展为社会主义这一理论。这也从侧面说明了劳动观念的核心要素正在改变,新时代的劳动观念已经从传统的“出大力,流大汗”“苦干加实干”向“知识型、技术型、创新型”并能为国家创造“社会效益、经济效益”方向转变,这与当前国家向工业现代化、向世界开放的转变路径是一致的。总的来说,这种以知识、技术、思维革新为前提的创造性劳动极大程度地推动了国家的发展。因此,党的十九大报告中提出要弘扬劳模精神和工匠精神,同时,还倡议弘扬企业家精神。不仅每年召开庆祝“五一”国际劳动节暨全国五一劳动奖表彰大会,全国各地工会组织还组织劳动竞赛,而且企业普遍建立技能人才(劳模)创新工作室,这一切都是对创新劳动价值的尊重,也是对创新劳动的弘扬。

其中,与劳动创新精神关系最为密切的就是工匠精神和企业家精神。工匠精神是一种职业精神和一份专注,以细心、耐心、创新来追求成品的卓越。“失之毫厘,差之千里”和“精益求精”都是工匠精神的重要体现,如倪志福闻名遐迩的“三尖七刃麻花钻”,“张百发青年突击队”的一专多能“多面手”快速施工经验等。值得注意的是,工匠精神不是简单地模仿生产,而是凝聚着匠人独特的心思。也就是说,工匠精神要求工匠在传统工艺的基础上发展、创造新工艺和新技术,是一种传承,也是一种创新。工匠精神很好地融合了中华民族传统文化,在当今浮躁的社会更加凸显其坚定气质与坚守。“创新理论”鼻祖约瑟夫·熊彼特在其著作《经济发展理论》中认为作为资本主义“灵魂”的企业家的职能是实现创新,而企业家精神包括建立私人王国、对胜利的热情、创造的喜悦、坚强的意志等内容。市场活力来自人,特别是来自企业家及企业家精神。在企业家精神的作用下,市场逐渐实现多元化。可见,企业家精神是劳动创新精神最直接的体现。

目前,国际竞争尤其是高新技术领域的竞争日益激烈,高素质劳动者将成为推动经济社会发展的重要动力,国家之间的竞争最终表现为人才竞争。劳动者的知识和才能积累得越多,创造能力就越大。面对日趋激烈的国际竞争,一个国家能否抢占先机、赢得主动,越来越取决于国民素质特别是广大劳动者的素质。目前,我国进入经济发展新常态,对国民的整体素质及劳动者的技能水平等方面有了更高的要求。青年群体是我国劳动力人口的重要组成部分,开展劳动创新精神的教育将有利于青年劳动情感的升华和劳动技能的提高,避免出现结构性失业等现象,在一定程度上将有助于社会和谐稳定。

二、激发主体劳动创新精神的方法

劳动教育与社会实践是青少年必不可少的课程,事关青少年的德智体美劳发展,还关乎党的教育方针、社会主义的伟大前程。实践出真知,劳动教育和社会实践是促进青少年将课本上的知识、技能转化为主体劳动精神并养成劳动习惯的重要方式。激发学生主体的劳动精神仍需要结合劳动教育和社会实践。根据素质教育的层次,培养路径可以分为以下几点。

(一)建立多层次组织阵地,引领学生投身劳动教育活动

高校应形成“宿舍劳动小分队——班级劳动团队——学院劳动组织”的多层次组织阵地;完善各级组织结构并建立长效保障机制,包括劳动教育组织机制、劳动教育激励机制,让劳动者个体在劳动教育组织中发挥作用,形成“个人——宿舍”“个人——班级”“个人——学院”的优良“涟漪效应”,发挥组织优势,实现劳动教育资源共享。宿舍小分队开展“一屋不扫何以扫天下”清洁活动;班级团队利用班会、主题团日活动开展劳动教育;学院层面成立院级青年劳动组织,根据学院特色,结合专业特长,开展劳动教育活动。

(二)优化多元化师资队伍,增强劳动教育的实效性

高校应组建“家庭启蒙师——校内班导师——校外讲师”三个层级、专兼结合、内外互补的师资队伍;加强与学生家长的沟通联系,促进家校协同开展劳动教育,充分利用校内班导师(班主任、辅导员、社团指导教师等)、社会讲师(志愿服务组织、公益组织讲师等)、劳动教育领域研究专家等师资力量,开展劳动教育理论授课和蔻劳动教育分享交流会。

(三)健全多样性课程体系,提高学生的劳动能力

高校应健全“理论课程——技能培训——项目实践”个性化、多样性、多层次的课程体系。例如,开设劳动教育理论课程与讲座,开展劳动技能培训,实施劳动项目实践,培养学生的劳动精神,营造尊重劳动的文化氛围,引导学生在劳动精神的熏陶下积极参与劳动。

(四)搭建多层级实践平台,拓展劳动教育资源

高校应搭建"学院劳动平台——学校劳动平台——社会劳动平台"多级平台。学院的劳动平台主要依托学院实验室、宿舍区、沙龙区、宣传栏等设施进行建设;学校的劳动平台则依托图书馆、食堂、操场、教学楼等公共场所;社会劳动平台可以依托校区附近的街道、广场、养老院、特殊学校等场所建设。通过不同层级的实践平台,丰富学生的劳动体验。

(五)培育多类型品牌活动,打造劳动教育精品项目

一方面是开展项目孵化,依托大学生劳动者群体优势,由劳动教育导师指导劳动骨干团队,对大学生周边生活、周边社区及特殊群体的劳动项目进行针对性调研,探索劳动教育新形式,开拓劳动教育品牌项目;另一方面是优化已孵化的项目,如广东工业大学经济与贸易学院"一米阳光"服务项目、管理学院特殊儿童学校服务项目、计算机学院"情暖万春"医疗云平台等项目不断调整,以应对在劳动教育过程中出现的问题,促进服务项目蓬勃发展。

(六)开展多阶段劳动锻炼,锤炼学生的意志

高校应打造"家庭劳动——校内劳动——社会劳动"多阶段劳动锻炼链条。例如,开展家庭劳动"五个一"活动,即陪家人买一次菜、为家人做一次饭、为厨房做一次清洁、为家人整理一次卧室、为家人拖一次地;实施"三清"校内劳动,即教室清朗、饭堂清洁、厕所清新等校园美化活动;开展街道清理、电器义修、大型活动服务等校外劳动,锻炼大学生的劳动能力,锤炼大学生的意志。

第三节　青年劳动观与创新实践研究

党的十八大以来,青年和劳动的内在逻辑在多个场合中都被提及,逐渐形成了立意深刻、内涵丰富的新时代青年劳动观,成为新时代中国特色社会主义思想的重要组成部分。新时代青年劳动观包括劳动创新观、劳动平等观、劳动学习观、劳动奉献观四个方面的内容。

一、新时代青年劳动观的形成背景

恩格斯曾说过:"每一个时代的理论思维,包括我们这个时代的理论思维,都是一种历史的产物,它在不同的时代具有完全不同的形式,同时具有不同的内容。"从唯物主义认识论角度出发,可以理解为任何观念的形成都能反映出其特定的时代背景,都是一定社会历史活动的结果。与历史上其他伟大思想理论体系相似,新时代青年劳动观也反映了这一新思想产生的社会历史特征,同时新时代青年劳动观作为行动指南和方向引领的基础,彰显其不凡的历史贡献。

(一)国际形势

新时代国际形势的变化是新时代青年劳动观的重要现实基础。首先,在经济全球化背景下,劳动要素流动日益国际化。从日益成熟的国际合作分工来看,无论是作为"物化劳

动”的劳动要素，还是“活劳动”的劳动要素，都已打破地域限制，在全球范围内流动。一方面，跨国公司的出现标志着劳动生产正式走向国际化；另一方面，海淘、代购等带有互联网属性的贸易物流业务发展迅速，也进一步增强了劳动产品的国际流动性。其次，科技成为提高劳动生产率的重要力量。科技的进步改变了人们的劳动方式，人们因为科技的进步免除了繁重的体力劳动，同时提升了生产率。随着全自动、无人化生产等“新”劳动形式的出现，部分学者追随科技价值论的观点，开始从新的角度讨论、阐述马克思主义劳动价值论。这些现象的出现，为论述劳动问题提供了新的视角。最后，新时代青年日益追求高质量的劳动形式，深化了新时代劳动观的发展。

（二）国内形势

国内形势的变化是新时代青年劳动观最重要的现实依据。

第一，中国社会主义建设现在进入高速发展时期，劳动者难免在适应过程中出现一些新问题，如结构性失业、享乐主义萌生等。

第二，经济发展进入新常态，代表着我国经济已由高速增长阶段转向高质量增长阶段，正处在转变发展方式、优化经济结构、转换增长动力的攻关期。面对新时代的要求，亟须进一步深化劳动要素转型升级。

第三，党的十九大报告中指出：我国社会的主要矛盾已经转化为人民日益增长的美好生活需要和不平衡、不充分的发展之间的矛盾。社会矛盾的改变必然导致新的劳动观念出现。

第四，实现中华民族的伟大复兴从根本上需要依靠劳动、依靠劳动者，更需要全民劳动。

二、新时代青年劳动观的基本内容

（一）新时代青年劳动创新观

创新是经济发展的动力，国家创新驱动发展战略正是体现创新发展理念的绝佳例子。在实施战略中，人才的发展是最关键的一环，要重视从劳动主体层面加强劳动创新，不断提高劳动者的素质，培养学习型、知识型、创新型的新时代职工。青年是社会上最富活力和创造性的群体，理应走在创新、创造前列，争做新时代创新型劳动者。青年既要把握创新特点，遵循创新规律，既奇思妙想、“无中生有”，努力追求原始创新，又应兼收并蓄、博采众长，善于进行继承创新和引进消化吸收再创新；要有逢山开路、遇河架桥的意志，为了创新和创造而百折不挠、勇往直前；要有探索真知、求真务实的态度，在立足本职的创新、创造中不断积累经验、取得成果。

“蜜蜂建筑蜂房的本领使人间的许多建筑师感到惭愧。但是，最蹩脚的建筑师从一开始就比最灵巧的蜜蜂高明的地方是，他在用蜂蜡建筑蜂房以前，已经在自己的头脑中把它建成了。”马克思在《资本论》中借用蜜蜂筑巢的例子来说明劳动者在经过创造性劳动后能改造世界，并提出了“自由创造”的劳动观。而这种劳动观在新时代正体现为培养具有创新精神、创新思维和创新能力的劳动者，以主人翁的姿态积极投身社会主义现代化建设，立足本职，争先创优，不断增强学习能力、劳动能力、创造能力，积极参与岗位练兵、技术比武等活动,争当"金牌工人""首席职工""创新能手",努力成为"知识型、技术型、创新型职工",为社会主义建设添砖加瓦。

(二)新时代青年劳动平等观

劳动是人类生存和发展的基础,在建设富强、民主、文明、和谐、美丽的社会主义现代化强国的过程中,从根本上还需依靠劳动者。革命家李大钊认为,人生求乐的方法没有比尊重劳动更好的方法。乐境通过劳动能创造,苦境通过劳动也能解脱。总结古今中外、前人贤者的真知灼见:尊重劳动应该成为社会价值主流。

全社会都要以辛勤劳动为荣、以好逸恶劳为耻,任何时候任何人都不能看不起普通劳动者,都不能贪图不劳而获的生活。人类是劳动创造的,社会也是劳动创造的。劳动没有高低贵贱之分,任何一份职业都很光荣。新时代青年劳动平等观倡议广大青年应该尊重劳动、尊重劳动者,论述了职业平等观的重要性,无论从事什么职业,都要用自己努力的汗水浇灌出甜美的果实。

(三)新时代青年劳动学习观

劳动和知识是相辅相成的。知识可以从刻苦劳动中得来,任何成就都是刻苦劳动的结果。党的十九大报告中也指出:"建设知识型、技能型、创新型劳动者大军,弘扬劳模精神和工匠精神,营造劳动光荣的社会风尚和精益求精的敬业风气。"广大青年要自觉加强学习,不断增强本领。人生的黄金时期在青年时期,一个人青年时期学识基础厚实不厚实,会影响甚至决定其一生。广大青年要如饥似渴、孜孜不倦地学习,既要多读有字之书,也要多读无字之书,注重学习人生经验和社会知识。所有知识要转化为能力,都必须躬身实践。青年要坚持知行合一,注重在实践中学真知、悟真谛,磨炼意志,增长本领。广大青年学子不要纸上谈兵,要在实践中检验真理、领悟知识,并落实到实际行动上。

(四)新时代青年劳动奉献观

社会主义制度的建立给我们开辟了一条到达理想境界的道路,而理想境界的实现还要靠劳动者的辛勤劳动。广大青年是未来的接班人,更需要自觉践行爱岗敬业、甘于奉献的劳模精神。在建设现代化强国的征程中,广大青年的劳动技能和素质要与时代的发展共同进步。广大青年要自觉奉献青春,为全面建成小康社会多做贡献。青年时光非常可贵,要用来干事创业、辛勤耕耘,为将来留下珍贵的回忆;广大农村青年要在发展现代农业、建设社会主义新农村中展现现代农民的新形象;广大企业青年要在积极参与生产劳动、产品研发、管理创新中创造更多财富;广大科研单位青年要在深入钻研学问、主动攻克难题中多出创新成果;广大机关事业单位青年要在提高为社会、为农民服务的水平中建功立业。

三、劳动观念在新时代的创新实践

新时代青年劳动观具有伟大的时代价值,在实际工作中践行新时代青年劳动观可以发挥指导实践、引领未来的作用。西安电子科技大学宋宝萍教授认为高校在践行新时代青年劳动观时需要结合大学生创新创业教育,做到以下几点:

(1)新时代劳动观融入创新素质培养,塑造大学生创新创业心理品质;

(2)新时代劳动观融入课程培养体系,引导大学生树立正确的择业观和创业观;

(3)新时代劳动观融入创新、创业环境,营造良好的创业氛围;

(4)新时代劳动观融入创新、创业实践,推动大学生在创业实践中得到检验。

大学生是建设中国特色社会主义、实现中华民族伟大复兴中最具活力的一支队伍,是创新驱动发展的主力军和突击队。高校应系统化构建双创教育课程,以双创教育融入专业课程体系、融入实践能力培养、融入服务地方发展的“三融合”模式为引领,以“互联网+”“创青春”“挑战杯”等创新、创业大赛为抓手,对优秀项目进行“催熟”,促进落地孵化;将大学生创新、创业与地方经济发展需求相结合,拓展创新、创业资源,搭建创新、创业平台,推动企业深度参与学校双创教育全过程,实现与地方服务发展相融合;以专业群、产业学院为基础,以地方产业关联的项目为载体,将大学生创新设计过程与地方发展需求相结合。

第五章　大学生劳动教育的路径研究

中华民族是勤于劳动、善于创造的民族。正是因为劳动创造，我们拥有了辉煌的历史；也正是因为劳动创造，我们拥有了今天的成就。习近平总书记在2018年全国教育大会上强调：“要在学生中弘扬劳动精神，教育引导学生崇尚劳动、尊重劳动，懂得劳动最光荣、劳动最崇高、劳动最伟大、劳动最美丽的道理，长大后能够辛勤劳动、诚实劳动、创造性劳动。”实现中华民族伟大复兴的中国梦，必须弘扬劳动精神。当代大学生担当着民族复兴的时代使命，要努力做劳动精神的培育者和弘扬者，用实际行动展现出新时代的青春风貌。如今，踏上新征程的我们，仍然需要大力弘扬劳动精神，继续奋斗，勇往直前，为实现第二个百年奋斗目标而不懈努力。

第一节　高校劳动教育机制的构建路径

一、高校劳动教育机制存在的问题

高校劳动教育机制存在的问题可从体制机制、教育内容、教学形式三方面进行阐述。

(一)体制机制单薄

首先，重智轻德，使得劳动教育的育人价值虚化。劳动教育一度被认为是德育的组成部分，一些学校对劳动教育的定位不明确，进而设立的体制机制不合理，人才培养目标不明确，在教学活动中侧重于生产劳动教育，而忽视对学生生活劳动、服务性劳动的教育和引导，使得劳动实践活动在教育、教学活动中的最大效用价值没有被充分挖掘出来。其次，新时期国家对于劳动教育很重视，全国各个学校的关注度很高，但是真正参与的积极性不够。由于一些学校对劳动教育的认识不足、理解不深，在体制机制建设过程中，容易形成“口号式”的教育模式，考核评价机制也有待完善。

(二)教育内容单调

学生的综合素养和综合能力养成是“学校——家庭——社会”共同作用的结果。

第一，学校与家庭没有形成一个联合培养的沟通氛围。随着社会的发展，学生的成长环境越来越优越，可能存在家长溺爱孩子的情况，部分家庭存在“万般皆下品，唯有读书高”“学而优则仕”的功利性追求，将与考试无关的教育内容全部边缘化，学生的生活劳动技能逐步弱化，甚至退化。

第二，高校对劳动教育的理解和把握不到位，将劳动教育的内容等同于技术技能培育。部分学校在学习劳动教育精神后，过分地强调对学生技术技能的培养，而弱化了对学生劳动价值观养成的引导，导致大学生在社会实践和生活中缺乏正确的劳动价值观做指引，在劳动素养和劳动技能方面出现“双赤字”。

（三）教学形式单一

高校的劳动教育多以实践教学活动的方式开展，将理论课与实践课分开进行，由不同的教师负责。理论课教师负责技术、技能理论知识的教授，引导学生劳动价值观的养成。由于学生对理论课堂不重视，难以实现理想目标。另外，学校顾虑学生参与社会实践的安全，将实践课程课本化、游戏化、表面化，以课代劳、以教代劳、以说代劳、以画代劳，持续单方面地向学生输入教师的劳动价值观，但是学生的成长经历和社会阅历有限，难免会对某些观念不认同。高校在整个实践教育活动过程中，缺乏育人载体、明确的劳动育人规范，以及对劳动教育探索的延伸，致使育人效果不佳。

二、构建高校劳动教育机制的现实意义

（一）有助于促进大学生自由全面发展

马克思主义认为，社会发展的核心是人的发展，人的自由全面发展是衡量社会发展的标准。新时代高校劳动教育不应仅仅是“苦其心志，劳其筋骨”的体格训练，而是要与德育、智育、体育、美育形成合力，培育知行合一的社会主义劳动者的系统工程。习近平总书记对劳动的价值指向做出过精辟论述：“必须牢固树立劳动最光荣、劳动最崇高、劳动最伟大、劳动最美丽的理念，让全体人民进一步焕发劳动热情、释放创造潜能，通过劳动创造更加美好的生活。”当代大学生思维活跃，富有个性，处在需要引导与规范其劳动意识和劳动观念、形成相对恒定的劳动价值观的关键时期，如果高校劳动教育缺位，则不利于大学生培养良好的劳动意识、劳动习惯和劳动素养。通过对大学生进行系统科学的劳动教育，不仅可以帮助大学生增进劳动体知、深植劳动情怀、锤炼劳动品质、养成劳动习惯、形成正确的劳动价值观，还能为其成长成才、在社会实践和工作岗位中增强劳动本领、实现人生价值储备能量。

（二）有助于弘扬“工匠精神”和“劳模精神”

精雕细琢、精益求精的工匠精神和忘我劳动、无私奉献的劳模精神，折射出新时代的人文精神和一个民族的品格风貌，是新时代大学生人生价值和道德取向的标杆。在大学生劳动教育中涵养和推广“工匠精神”和“劳模精神”，不仅可以通过鲜活案例和先进榜样的感召，使劳动教育更加形式多样、题材生动，增强大学生对劳动教育的认同感，同时也是“工匠精神”和“劳模精神”走进大学校园，在大学生群体中入脑入心的有效途径。例如，可以聘请劳动模范和匠人开设讲座，引发大学生对工匠们追求卓越的创造精神、精益求精的钻研精神和劳模们无私忘我情怀的感佩与效仿；也可通过开设“工匠精神”和“劳模精神”特色课程，在充分把握大学生年龄特点、专业特色和接受程度的基础上，灵活运用集中讲授、分组讨论、心得分享等授课方法，点燃大学生对“工匠精神”的向往之心和对“劳模精神”的追求热情；还可以运用各种现代传播手段，如微视频、公开课，以及灵活多样的互动交流、活动和比赛，构建课内学习与课外延伸的学习共同体。以“工匠精神”和“劳模精神”为载体开展大学生劳动教育，可以在高校这个微环境内形成尊重劳模工匠、敬爱劳模工匠、学习劳模工匠的良好风尚，从而将工匠精神和劳模精神渗透到大学生学习生活的内部，融入大学生的衣

食住行和日常生活等方方面面。

(三)有助于培养中华民族伟大复兴的重要参与者

实现中华民族伟大复兴是新时代中国共产党人的历史使命,也是中华民族近代以来最伟大的梦想。新时代大学生是筑梦一代,也是实现中华民族伟大复兴的圆梦一代。从年龄阶段来说,青年大学生处于学习能力和探索欲望都较高的阶段,在这一阶段接受全面良好的劳动教育,更有利于形成正确稳固的价值观,有利于青年大学生的未来发展。从能量贡献来说,中国共产党第十九届五中全会审议通过的《中共中央关于制定国民经济和社会发展第十四个五年规划和二〇三五年远景目标的建议》指出,我国处于新发展阶段。在全面建成小康社会、实现第一个百年奋斗目标后,青年大学生将是未来发展新征程和向第二个百年奋斗目标进军的伟大历程中的中坚力量。十九届五中全会提出的远景目标,对2035年基本实现社会主义现代化进行了描绘。青年大学生在投身社会主义现代化建设的征程中,也将经历把人生价值融入社会发展的历程。劳动教育积淀而成的自觉劳动意识、正确的劳动观、劳动意向、劳动方法等,都将在大学生实现职业理想、投身社会主义现代化建设、实现中华民族伟大复兴的过程中释放积极能量。

三、高校劳动教育机制的构建路径

2020年3月,教育部部长陈宝生从强化认识抓重点、点面结合抓覆盖、面向全体抓贯通、注重统筹抓协调四个方面对大中小学劳动教育提出了新要求。高校作为技术型人才培育的摇篮,必须在此基础上加以重视和开展劳动教育。

(一)明晰培养目标

高校是以就业为导向,面向社会产业的第一线,培养具有丰富理论知识和较强实践能力的高级技术应用型人才的场所。因此,高校必须在明确社会主义办学定位的基础上,明晰育人目标;建立科学的考核评价体系,强调综合素质评价在大学生考核评价中的比例;加强与普通高校和研究机构的协同合作,发挥各自优势,形成整体育人效应链,共同推动劳动教育实现纵深发展;引导高校学生自觉提升专业技能,培养劳动情感,涵养劳动品德,树立正确的劳动观,更加明晰自身的使命与责任,在今后的学习、生活和工作中能够通过辛勤劳动、踏实劳动、创造性的劳动实现人生价值,成为新时代的奋斗者。

(二)重构课程体系

劳动教育既包括劳动知识,也包括以实践活动为载体的“行为劳动”,还包括通过知识学习、实践经验总结形成的劳动价值观。要让劳动教育落地生根,就必须将劳动教育纳入学校的课程体系之中。

第一,发挥专业课程教学和思想政治理论课程教学的作用。了解社会发展的现状与需求,对实践劳动有新的认识和理解。同时利用专业课程的实操训练,提升学生的专业技能,进而也提高学生实践劳动的能力和水平。

第二,充分利用第二课堂。鼓励学生在相对自由的环境下和多学科交融的活动中进行探索创新,提高学生的动手能力。

第三,拓展社会实践活动。学生的发展是"家庭——学校——社会"共同作用的结果。因此,高校要搭建起三者沟通的桥梁,引导家庭加强学生的生活劳动教育,社会通过提供实习工厂、实训车间、校外实践基地等实践场所,让学生在劳动中切实感受自身的价值,提升社会责任感。

(三)构建多元师资力量

加强学生劳动教育不仅仅是学校方面的责任,家庭和社会也在其中扮演着重要角色,教师要发挥疏通、纽带的作用,打通学校、家庭、社会的经络,构建"学校——家庭——社会"立体育人网络,形成全民爱劳动、敬劳动、惜劳动的社会风气,实现全方位、多角度、多维度育人,提高全民劳动素质,提升全民综合素养。

第一,打造一支双师型的师资队伍。教师既是学生的学问之师,也是品行之师。高校教师除了传道授业解惑以外,还要具备对学生进行实践技能培养指导的能力。

第二,打造一支复合型的劳动教育师资队伍,鼓励教师将劳动教育与德育、智育、美育、体育等课程进行有机结合。

第三,凝聚一支社会型的劳动教育师资队伍,有针对性地培养社会人才。

(四)搭建劳动教育资源数据库

劳动教育的内容丰富,活动开展形式多样。在大数据时代,应将各种教育资源进行归类整合,更有利于让各类资源"活起来",顺应时代潮流,激发学生兴趣,提升劳动教育的吸引力。高校可以从以下几方面实施:第一,依托高校图书资料室,重视与劳动教育相关的图书资料、教科书和设备的购置与管理,重视相关文献数据的体系与质量保证。第二,加强劳动教育资源的数字化管理。一方面,利用图书馆的现有资源库,将劳动教育资源的相关理论资源囊括其中,能够及时满足研究人员的查阅和了解需求。另一方面,建立局域内劳动教育数据资料库,将构架出台的关于劳动教育的政策文件、关于劳动教育专题教育的网络在线课程、社会各界组织的劳动教育实践活动、社会劳模光荣事迹等纳入其中,以供研究者学习研究。

(五)结合大学生职业生涯规划渗透劳动教育

大学是学生人生由学校迈向社会的转折期。在这一时期做好人生规划,尤其是职业生涯规划,对大学生的人生走向具有决定性的意义,同时也对大学生在职业生涯中获得充分自由发展具有持久影响。在规划职业生涯时,要想将职业理想与自己的特长爱好相结合并非易事,需要对自己有全方位的透彻认识和客观中肯的评价,更需要对社会职业有深入的认识和理解。在新时代中国特色社会主义建设过程中,国家和社会对劳动者的劳动能力、劳动心理有相应的要求。目前,大学生职业生涯规划受到广泛重视,高校专门开设了就业指导课程,对大学生进行专门的职业生涯规划辅导和训练。高校劳动教育可以将职业生涯规划作为优质平台,将两者有机结合,既增强职业生涯规划的实践性,又能为大学生劳动教育找到良好的输出端口。大学生劳动教育不仅要培养大学生的职业能力,更要培养他们的职业情感,包括劳动价值观、劳动态度、劳动伦理、劳动品格等,这些抽象的心理层面的教化能够使大学生建立起更加完善的职业认知和职业判断,有助于大学生做出更加理性成熟的职业生涯规划。高校作为为社会发展培养高素质劳动人才的主阵地,结合就业指导工作对大学生进行劳动教育,也是推行素质教育的必然要求。

(六)丰富和完善大学生劳动教育授课及考评机制

1. 在高校广泛开设劳动教育类课程

高校可以开设“劳动科学”“马克思主义劳动观”等课程,从劳动起源、劳动本质、劳动社会保障、劳动安全、劳动法律等方面系统讲授与劳动有关的学理知识,既不失大学教育的高度和深度,又能将劳动理念以严谨的学理语言、深邃的学术思考呈现给大学生。

2. 在思想政治理论课中渗透劳动教育

教师在“毛泽东思想和中国特色社会主义理论体系概论”课程教授中分析讲解“毛泽东劳动观及其当代价值”,讲述生产劳动对中国革命和经济建设的重要作用、人民通过劳动实现当家做主的政治权利、无产阶级劳动光荣的精神风貌等生动故事;也可通过对“习近平劳动观”的讲解,引导大学生树立勤劳勇敢、崇尚劳动的观念。

3. 将大学生劳动教育推向一个新的高度

随着新时代“五育方针”在高校的全面贯彻,大学生劳动教育应该被推向一个新的高度。高校应强化劳动课程考评,增加劳动实践在大学生评价体系中的比重,将劳动教育成果与评优、评奖体系对接,构建系统合理的德智体美劳综合评价标准,才能让大学生劳动教育从理论到实践全方位落到实处。

(七)增加见习、实习、实训环节,增强劳动教育的实效性

见习、实习、实训是大学生接受知识、习得本领的重要的第二课堂,也是其接受劳动教育的现实场所。大学生将在校学习期间所习得的专业理论知识,在见习、实习、实训环节转化为具体的操作技能,是一个由知到行的升华过程,也是进一步加深对劳动教育重要性认识的过程。经过实践的洗礼,将从生产实践中提炼的理论再运用到生产实践中,这一循环上升的认识逻辑,能够加强大学生对理论知识的理解,更能深化大学生对劳动价值的认知。大学生在见习、实习、实训中会接触并受教于除教育行业之外的其他行业的劳动者,通过见习、实习、实训过程中传帮带的劳动示范和亲身指导,将理论转化为实践,有益于在大学生心目中树立劳动教育的现实榜样。见习、实习、实训过程中贯彻渗透的劳动教育是大学生未来成就事业的宝贵财富,积淀的劳动理念和劳动能力是大学生投身社会、绽放光芒的重要能量。因此,高校的劳动教育设计与用人单位劳动要求的匹配程度,直接关系到高校培养的大学生是否具备符合社会要求的劳动意识、劳动习惯、劳动技能,也直接影响着大学生劳动教育的实效性。

第二节　高校劳动教育模式的构建路径

一、实践育人视域下高校劳动教育模式构建

基于高校学生劳动教育的现状及存在的问题,笔者将在实践育人视域下,从课程、实训、活动、生活四个维度,将劳动教育内容融入高校实践育人全过程,构建高校劳动教育模式。

(一)构建三类课程体系

课堂是培养学生劳动意识、劳动习惯和劳动技能的重要阵地。劳动教育不能仅仅停留在劳动教育课堂中,也应该贯穿于思政课程和专业课程中。高校劳动教育在课程开发和设置上,应该将专业课程教学、思政教育与劳动教育相互渗透和融合,并开发更为适用的教学模式和考核方法,从劳动意识、劳动行为和劳动习惯等多个方面着重培养学生劳动最光荣的责任感和使命感。一方面可以将劳动教育基础素质课程与思想政治教育课程充分融合,在思政课程中加入劳动光荣的元素,提升劳动教育与素养培育的质量;另一方面可以将劳动教育课程与专业课程结合起来,让学生在专业课程中、在未来职业规划中,更加深刻地领悟劳动的真谛,更明白自己的方向和目标,更加尊重劳动、崇尚劳动。

(二)劳动教育与校内外实习实训同频共振

劳动教育不应该局限在学校内,而要不断向校外延伸,形成校内、校外相互融合的劳动教育模式。实习、实训是课堂教学得以巩固和提升的平台,是学生将理论应用于实践的必要途径,是培养学生吃苦耐劳、知行合一、乐于奉献等优秀品德及责任担当意识的重要基地。高校应结合自身专业特色,不断完善实习、实训项目,为学生提供更多的劳动实践机会,加强校内外实习、实训基地对学生劳动素养的培育作用。一方面,深化校企合作,提升人才培养质量,使学生在实习、实训中树立热爱劳动、劳动光荣的意识;另一方面,学生能够在实际工作岗位的锻炼中立足本职,提高劳动意识和劳动能力,增强个人责任感和使命感,深刻体悟劳动的价值与意义。

(三)搭建多元的实践活动平台

活动教育是实践育人视域下的劳动教育的重要组成部分。一方面,高校应该充分利用多元活动平台,以学生实际为出发点,浸润学生的劳动意识和劳动情怀;另一方面,高校也应依托企业行业背景和市场用人需求,结合本校的专业特色,通过整合各类校内外优质活动资源,强化劳动管理,丰富劳动内容,引导学生在多平台活动中增强自身的劳动意识、强化劳动责任感,进而提高自己的技能。同时,高校可与企业合作,以主题讲座和比赛等形式,唤醒学生薄弱的劳动意识和劳动情感。另外,高校可引导学生参与校内外各类公益性劳动,如志愿服务,使学生在公益劳动中提高思想认识和劳动素质,进而服务社会、报效国家。此外,举办学生社团活动亦是学校推进劳动教育的重要举措,学校应高度重视学生社团的建设和管理,支持和鼓励各社团积极参与校园大型展示活动,将社团活动同劳动教育相融合,进而丰富劳动教育的内涵和外延。

(四)生活场景融入劳动教育

在学生的生活中渗透劳动教育,能够使劳动真正回归学生的生活世界,提升劳动教育的成效。高校可注重文化建设,在校园和班级文化中渗透劳动教育。高校可通过对校园文化、班级文化、相关专业课程的统筹文化建设,形成融合校园文化、班级文化、专业课文化的劳动专业课。同时,让学生以主人公角色,真正参与到校园软环境和校园文化的设计中来,让学生能够和校园、班级建立深厚的情感联系。此外,高校可多组织相关的文明评比活动,例如,“幸福寝室”“红星宿舍”等,通过文明宿舍的评比,更好地培养学生的劳动精神和行为习惯。

二、构建“一心四化”的劳动教育模式

高校担负着培养热爱劳动、善于劳动、精于劳动的技术、技能型人才的重任。笔者通过调查研究,结合高校劳动教育培养实际,认为可以构建“一心四化”的劳动教育模式,即以学生的全面发展为核心,打造劳动课程系统化、劳动实践平台一体化、劳动教育形式多样化、劳动教育过程全程化的劳动教育新模式,将劳动教育渗透到学生培养过程中,促进学生的全面发展。

(一)以人的全面发展为核心,提高学生的劳动素养

高校要以人的全面发展为核心,协调五育关系,强化劳动素养的培育,实现劳动育人的新价值。劳动可以促进人的全面发展,也是实现人的全面发展的主要途径。劳动教育要引导学生树立正确的劳动观,理性认知劳动,同时也要教会学生具备从事劳动的能力,让学生会劳动、善劳动,切实提高学生的劳动素养。在劳动认知的培养中,高校应注重对劳动工作的客观认知,开展体验教育,使学生在体验中认识劳动、感悟劳动,从而实现尊重劳动和热爱劳动。在劳动技能的培养中,高校可以从家务劳动、社会公益活动、集体劳动等简单的劳动体验入手,也可以从技术原理、专业领域实践入手,全方位提高学生的劳动技能和劳动素养。通过劳动教育,彻底打通劳心和劳动体育之间的渠道,将立德、增智、强体、育美有机结合,实现人的全面发展。

(二)打造系统化的劳动教育课程,强化劳动观的培养

课程是劳动教育实施的重要途径。要探索符合高校实际的劳动教育课程体系,就要开设“劳动经济学”“劳动美学”等劳动课程,丰富学生的劳动知识,提高其劳动理论素养,增强其劳动价值认同;要将劳动教育与专业课程相融合,将专业劳动知识与技能、劳动纪律、劳动法等内容融合到专业教育当中,提升学生对劳动的认知;要让学生理解劳动不分等级、没有贵贱,只要是付出辛勤劳动,就值得尊重、值得弘扬。通过开放式劳动课程,如网络课程、教育报告、讲座、论坛,引导学生认知劳动、感悟劳动,丰富劳动的价值教育。强化劳动教育宣传。通过多渠道的劳动知识教育,引导大学生自觉劳动、辛勤劳动、诚实劳动、科学劳动和创造性劳动,树立正确的劳动观。

(三)搭建劳动教育的实践平台,丰富劳动教育的途径

多渠道、全方位打造劳动教育实践平台,包括以下方面:一是产教融合的实习、实训平台。构建校内融合、校企联合、校社结合的实践资源,通过创建、联建或共享劳动实践基地,为学生提供劳动锻炼的机会。二是依托社会,打造公益劳动平台。通过社会实践、志愿服务、公益活动等方式,为学生提供劳动锻炼的机会。三是依托第二课堂,打造校园文化劳动平台。组织学生参与校内普通劳动、实践劳动等校园文化活动,增强学生的劳动责任感和健全学生的劳动实践体验。总之,高校应通过多种劳动实践教育平台,增加学生的劳动体验,使其加深对劳动价值的理解,提升劳动能力,促进良好的劳动习惯的养成。

（四）丰富劳动教育的形式和手段，增强劳动教育的时效性

劳动教育不仅要内容多样，更要有丰富的形式和手段。高校要注重劳动教育四结合，即劳动教育与生活结合、劳动教育与专业结合、劳动教育与第二课堂相结合、劳动教育与时代发展结合，切实提高劳动教育的时效性。

首先，劳动教育与生活相结合。通过劳动，学生将日常的洗衣做饭、制作手工、运用工具等生活技能掌握熟练，并在掌握生活技能的同时，享受劳动带来的成果和体验，培养热爱劳动的品质。

其次，劳动教育要与专业教育相结合。高校应结合学生的专业实际，开展行之有效的劳动实践，如专业实验、实习实践，让学生学习专业的同时，感受专业劳动带来的成功与喜悦，体验劳动的艰辛，体会劳动的快乐。

最后，利用第二课堂，丰富劳动教育体验。组织学生参加社会劳动实践、社工服务、创新实践等活动，使其体验劳动历程，丰富劳动体验；运用新技术手段，开展科技性、创新性劳动，引导学生自觉自为地把劳动和成长结合起来。

（五）建立一贯制的劳动培养体系，促进劳动教育的全程化

高校应构建全程化的劳动教育培养与实践体系，让劳动教育植根于课程与实践当中，锻造学生的劳动品格。

1. 一年级重劳动体验

高校应通过劳动课程，引导学生热爱劳动，感受劳动带来的欣喜和收获，激发学生的劳动热情。

2. 二年级重劳动实践

高校可结合专业学习，利用实验室、实训室等地方，开展专业劳动，培养学生吃苦耐劳的劳动精神。

3. 三年级重劳动技能的培养

高校可通过顶岗实习、企业实训、产教基地实践等形式，让学生在劳动岗位熟练技能、掌握技术，锤炼劳动品格，培养匠人精神。

4. 四年级重劳动习惯养成

四年的劳动实践，能够促进学生养成良好的劳动习惯和提高劳动能力。高校可通过建立全程化、一贯制的劳动教育体系，更好地将专业教育、实践教育、劳动教育有机结合，促进学生的劳动精神、劳动能力的培养，为人的全面发展提供有效的载体。

总之，人的全面发展离不开劳动教育的深化，更离不开德、智、体、美、劳的协调发展。高校要引导学生培养劳动兴趣，践行知行统一的劳动理念，还要引导学生强化劳动实践，德技并修，掌握精湛的职业技能。只有将劳动教育植根于教育体系当中，才能为祖国培养出更多的高素质技能型人才和众多的能工巧匠，才能实现人的全面发展。

第三节　高校劳动教育评价指标体系的构建路径

习近平总书记在2018年全国教育大会上指出:“要努力构建德智体美劳全面培养的教育体系,形成更高水平的人才培养体系。”劳动教育的地位进一步得到提升,获得了和德育、智育、体育、美育同等的地位,成为人才培养体系中的重要组成部分。高校一方面是落实劳动教育的重要场所,另一方面也是培养基础教育师资队伍的重要基地,其劳动教育工作落实情况关系到整个国家的人才培养质量。中国特色社会主义进入新时代,高校开展劳动教育的过程中面临着很多新任务、新挑战,既取得了一定成绩,也存在一些问题,主要表现在目标不明晰、内容不具体、方式不灵活、机制不顺畅等方面,其原因就在于缺乏一套科学的评价指标体系。

一、高校劳动教育评价指标体系构建的依据和原则

中华人民共和国成立以来,我国的劳动教育呈现出历史变化大的特点。新中国成立70年的教育方针政策中,劳动教育的演变大致经历了初塑时期、政治化时期、现代化初建时期、转型发展时期、整合发展时期、新时代发展时期,每个时期都有其鲜明的时代特征。与之相对应的劳动教育内涵也发生了较大变化,新时代劳动教育的内涵更加丰富,实施路径更加科学,体系更加完整。构建新时代高校劳动教育评价指标体系,不能缺乏理论与政策方面的依据,并应在此基础上明确构建的基本原则。

(一)高校劳动教育评价指标体系构建的理论依据

中国特色社会主义进入新时代,劳动教育的理论研究取得了重要的进展。具体来说,在有新时代劳动教育的形式、劳动教育的内涵、劳动素养的构成要素等方面的研究都有了一系列成果。

1. 新时代劳动教育的形式发生了变化

劳动教育的形式变得更加多样、复杂和隐性。劳动由马克思所处工业化时代的“制造性劳动”渐渐向非生产性、服务性劳动和非物质性劳动转化。

2. 新时代劳动教育的内涵发生了变化

一方面,劳动教育作为一种教育内容,培养学生的劳动知识和技能,并服务社会生产和发展,具有一定的智育性质,这种外向性目标指向的是生产劳动本身;另一方面,劳动教育是以劳动形式为手段开展的,这种内向性目标指向人精神层面的提升和完善。北京师范大学教授班建武认为“劳动教育不单是简单的体力锻炼,更是一种正确劳动价值观的积极引导”。因此,新时代劳动教育的主要任务应当包括劳动知识技能的教育、劳动实践活动实施、劳动价值观的培育三个方面。

3. 新时代劳动素养的构成要素发生了变化

新时代,由于人们对劳动本身有了新的理解,进而引发劳动教育的目标、功能等都发生了变化,劳动素养的构成要素也必然发生了变化。劳动素养包括劳动价值观、劳动态度、劳动知识技能,以及劳动实践与习惯等方面。

（二）高校劳动教育评价指标体系构建的政策依据

2018 年全国教育大会明确了新时代劳动教育必须坚持中国特色社会主义道路的原则，并要求把培养德智体美劳全面发展的社会主义建设者和接班人作为首要目标，在日常教学管理中弘扬劳动精神，利用多种渠道、方法引导学生热爱劳动、尊重劳动，树立正确的劳动观。2015 年 12 月，新修改的《中华人民共和国教育法》明确提出"教育必须为社会主义现代化建设服务、为人民服务，必须与生产劳动和社会实践相结合"。2017 年颁布的《关于深化教育体制机制改革的意见》也强调要引导学生践行知行合一，规定了劳动教育应更加注重理论与实践结合、体力与脑力结合。在高校，全面落实劳动教育对于贯彻党的教育方针要求、提升学生综合素质、培育学生的社会主义核心价值观都具有重要的现实意义。北京师范大学教师檀传宝指出劳动教育的本质是"培育学生正确的劳动价值观，培育受教育者对于劳动的内在热情与外在创造力等素养"。中共中央、国务院颁布的《意见》明确了劳动教育的总体目标："通过劳动教育，使学生能够理解和形成马克思主义劳动观，牢固树立劳动最光荣、劳动最崇高、劳动最伟大、劳动最美丽的观念；体会劳动创造美好生活，体认劳动不分贵贱，热爱劳动，尊重普通劳动者，培养勤俭、奋斗、创新、奉献的劳动精神；具备满足生存发展需要的基本劳动能力，形成良好劳动习惯。"

（三）高校劳动教育评价指标体系构建的基本原则

1. 目标性原则

新时代高校劳动教育评价应以预定的培养目标为基准，服务于人才成长的内在需要和外在社会发展需求，同时在实施过程中要通过细化、量化方式进一步分类设置具体详细的目标。评价指标的目标越明确，对于引导学校开展劳动教育的指引性就越强，同时，在评价上的操作性也会更强。

2. 全面性原则

高校劳动教育是一项综合系统性工作，对其评价应力求做到全面。学生劳动素养提升状况、教师劳动教育教学条件与能力状况、学校其他劳动教育状况都应整体纳入评价内容。

3. 多元化原则

在评价主体上，要主张让更多的人成为评价主体以实现评价全面客观的目标；在评价方法上，应采用定性与定量相结合的评价方法；在评价性质上，坚持科学评价与人文评价的统一，注重将事实判断和价值判断相结合。

4. 科学性原则

劳动教育的评价是一个复杂立体的过程，其中许多评价内容的内隐性强，评价难度大，这就对评价指标体系的科学性提出了要求，应真正把握劳动教育的科学内涵，运用科学的思维和方法指导评价指标体系的构建。同时，高校劳动教育评价指标体系的构建需要遵循教育、教学一般规律和学生成长的内在规律，需按照科学规划、实施、评价、修订、动态调整的思路扎实推进。

二、高校劳动教育评价体系的指标分析

根据新时代劳动教育的理论研究成果和政策依据，有关新时代高校劳动教育评价指标体系有学生劳动素养、教师劳动教育教学条件与能力、学校其他劳动教育状况3个一级指标，并设12个二级指标和30个观测点。

（一）学生劳动素养

学生劳动素养提升是劳动教育的根本目标，在评价指标体系中占核心位置。对于高校而言，师范生劳动素养关系到整个国家的劳动教育的延续性和持续性，因此，对学生劳动素养的评价包括劳动价值观、劳动情感品质、劳动知识和技能、劳动实践和习惯4个二级指标。

1. 劳动价值观

劳动价值观是劳动素养中的核心要素，并直接决定了劳动素养的其他方面。改革开放以来，受西方多元文化和消费主义思想的影响，一些淡化劳动，只看重物质享受，崇尚腐朽生活方式的现象时有发生。部分人瞧不起劳动，不愿意劳动，功利主义和投机取巧思想蔓延，究其根本原因是"劳动成就人的本质"这一正确劳动价值观出现了扭曲，从而丧失自我价值。

2. 劳动情感品质

孔子曾言："知之者不如好之者，好之者不如乐之者。"劳动素养高的人不仅能劳动、会劳动，还能好劳动，对劳动有一种自发的喜爱。"好逸恶劳"是恶习，劳动教育就是要改变学生的恶习，达到使其热爱劳动、崇尚劳动的目的。同时，劳动也是一个需要克服身体与心理困境的过程，需要学生有较强的忍耐力。

3. 劳动知识和技能

劳动知识和技能可分专业和日常两个方面。一方面，随着社会的发展，劳动中的体力支出占比越来越小，智力支出占比越来越大，知识与技能的储备作用越来越强，理论联系实际的动手能力需求越来越高。高校学生无论学习什么专业，最终都要服务社会发展和生产需要，在搞好理论学习的同时，应注重实用知识和技能的积累，认真参加专业实习实训、产教融合、志愿服务和创新创业等活动；另一方面，学生日常生活中的劳动知识与技能状况也是反映其劳动素养的重要部分。

4. 劳动实践和习惯

劳动素养最直接的外在表现是劳动实践和习惯。在专业上，学生实际参加劳动实践的量和质是衡量其劳动素养的直接指标，参加的劳动不仅要量多，还要质优。在日常生活中，通过观察学生的劳动习惯能很好地发现其劳动素养状况。

（二）教师劳动教育教学条件与能力

教师在劳动教育过程中发挥着主体和主导作用，是劳动教育教学活动的直接组织者。教师自身的劳动素养、对待劳动教育的态度、实际开展劳动教育、教学的能力都直接影响劳动教育工作的效果。

1. 教师的劳动素养

"学生一杯水，教师一桶水。"教师劳动素养的高低直接影响学生劳动素养提升的效果。

教师劳动素养评价的主要观测点也是劳动价值观、劳动情感品质、劳动知识和技能、劳动实践和习惯四个方面。

2. 教师的劳动教育意识

教师的劳动教育意识主要包括三个方面：首先是教师对于劳动素养在学生整个核心素养中的位置的认识；其次是教师对于通过劳动教育培养学生思想品德的认识；最后是教师对有关劳动教育最新政策的掌握情况。

3. 教师的劳动教育、教学能力

教师的劳动教育、教学能力可分为劳动教育、教学设计能力，劳动教育、教学组织能力、劳动教育、教学评价能力等。劳动教育、教学设计能力既体现在将劳动精神培育和劳动知识技能传授贯穿在日常课堂的教学中，也体现在专门的劳动教育、教学中，包括理论方向和实践方向。劳动教育、教学组织能力体现了劳动教育的艺术性，不仅能教会学生劳动，还能在教育、教学中使学生热爱劳动。劳动教育、教学评价能力是指教师能洞察和鉴别学生在劳动价值观、劳动情感态度、劳动知识技能等方面的个性化差异，并能根据差异精准施策、因材施教。

第四节　劳动教育融入高校校园文化建设的路径

校园文化是高校文化软实力的展现形式，也是立德树人的重要载体和依托。劳动教育更好地融入高校校园文化建设，充分发挥劳动的育人功能，对实现高校人才培养目标具有十分重要的现实意义。

一、劳动教育融入高校校园文化建设的依据

（一）理论依据

劳动是促进学生发展的内在要求，是学生健康成长的必经之路。马克思和恩格斯从历史唯物主义哲学、政治经济学、教育学三个维度阐述了劳动观，形成了科学的马克思主义劳动观。马克思主义劳动观肯定了劳动教育对培养全面发展的人的重要地位和作用，为新时期劳动教育融入高校校园文化建设提供了坚实的理论依据。

1. 劳动创造了人本身

劳动是人类特有的基本社会实践活动。马克思主义认为，劳动把自然界提供的材料变为财富，“它是整个人类生活的第一个基本条件，而且达到这样的程度，以至于我们在某种意义上不得不说：劳动创造了人本身”。动物是单纯地利用外部自然界，而人则可以让自然界服务自己，“这便是人同其他动物的最后的本质区别，而造成这个区别的还是劳动”。马克思主义认为，劳动创造了人本身，这可以从以下两个层面理解。

（1）劳动创造了人的自然属性。因为劳动，类人猿在腿部力量和手部器官使用上逐渐发达。由于生长相关律，人体某一器官的发展进化会促进其他身体器官的发展进化。在类人猿进化为人的过程中，劳动促进腿部和手部器官的进化，进而促进了类人猿听觉、视觉、触觉特别是大脑的发展，最后进化为人的身体构造，创造了人的自然属性。

（2）劳动创造了人的社会属性。劳动的发展促使人与人之间的联系增多，特别是面对

恶劣的生存环境，集体狩猎、集体劳作显得愈加重要和有效。为了更好地劳动和交流，出现了语言，语言是完全的人的重要标志。随着交往和联系的增多，家庭关系、宗族关系、社会关系逐渐构成庞大的人际网格，人不同于动物的特性显现出来。社会性是人的本质属性，是人和动物的本质区别。总之，劳动创造了人本身，劳动是人需求满足的前提，人的物质需求和社会需求在劳动过程中得到满足。

2. 劳动是实现人的价值的必由之路

马克思主义政治经济学将劳动视为商品价值的唯一源泉，社会必要劳动时间越多，商品价值量越高，社会必要劳动时间与商品价值量二者成正比关系。人作为一种人力资源，某种程度上也类似一种商品。这种特殊的“商品”，需要家庭、社会付出更多的时间成本和物质成本，投入更多的社会必要劳动时间方能造就。这种特殊的“商品”也需要拿到社会这个“大市场”进行交换，而交换的筹码则是“劳动”。人通过劳动获取生存、生活必需的物质资料，通过劳动提高自身能力以提高自己的交换价值，获取更丰厚的福利待遇，同时也通过劳动实现自身知识、技能、劳力等无形资源向精神资产的转换，在劳动中实现对社会的贡献。

总之，劳动是实现人的自我价值和社会价值的必要途径。作为高素质技能型人才，新时代的高校学生将会是实现“两个一百年”奋斗目标的中坚力量，应将个人的人生梦、职业梦和中国梦结合在一起，积极投身到社会的大熔炉中去，从而实现自身的社会价值。劳动是必经之路，劳动在个人和社会之间起着纽带作用。

（二）现实依据

1. 大学生劳动价值观出现偏差

当今世界是一个快速、多样、信息化的地球村。中国既处于战略机遇期，又处于矛盾凸显期。面对复杂的国际、国内环境，这个时期的大学生比以往任何时期的大学生接触的内容都要多、要快、要复杂。“享乐主义”“拜金主义”正在侵袭着学生的思想，有些人追求利益最大化，追求不付出就要有回报、少付出就要多回报，逃避劳动、不愿意劳动甚至不劳动。可见，大学生的劳动价值观出现严重偏差和错位。在访谈中，某学生认为毕业后如果靠自己勤奋劳动，生活实在是太苦、太累了，缺乏靠自己双手创造美好生活的意识；以大三某位参加实习的学生为例，该学生家庭条件较好，明确表示不愿意去实习，想在宿舍玩游戏，不想劳动，懒惰思想严重；某大二女生周末和假期在家很少做家务，认为做家务是父母的事情，父母若不在家，饮食则以外卖为主，生活自理能力较差。据有关调查可知，超过80%的高校学生在校期间对参与劳动活动较抵触，40%以上的学生在参加实习的过程中出现不同程度的逃避现象。劳动价值观是对劳动价值全部主观评价的抽象，偏差的劳动价值观影响着高校生的成长和就业，帮助高校学生树立正确的劳动价值观显得尤为迫切和重要。

2. 劳动教育融入高校校园文化建设不够

高校校园文化是劳动教育的重要载体，应将劳动教育融入校园文化中，与课程体系、制度体系形成育人合力，最终实现立德树人的育人目标。目前，两者的融入还不够，主要表现在以下四点。

一是统一规划、顶层设计不够。宣传部门管宣传、教务部门管教务、学生部门管活动、党办和院办管制度，不同部门之间各自为政，缺乏统一规划、顶层设计。

二是对劳动教育的思想导向性把握不够。为开展劳动教育,各高校往往会开展丰富多彩的文体活动,而大量的文体活动却有过度娱乐化的趋势,娱乐性偏多而启迪性不够,劳动教育的导向不突出,思想引领的作用发挥不充分。

三是劳动育人特色挖掘不够。每个高校在发展过程中都会形成自身独特的劳动理念、劳动精神。目前,高校对这些独特的劳动育人资源挖掘不够充分,本校特色、职业特色不明显,劳动教育与校园文化、职业文化融合不够。

四是对校园文化育人载体的多样性运用不够。校园文化本身是个复合概念,它包含物质文化、精神文化、行为文化、制度文化四个维度。在劳动教育与校园文化融合时,高校往往重视显性的、易操作的,如环境布局、宣传标语等物质文化而轻视精神文化,重视学生文化活动和实践活动等行为文化而轻视制度文化,将劳动教育多维度、多载体地融入校园文化建设还不够。

二、劳动教育融入高校校园文化建设的原则

新时期劳动教育融入高校校园文化建设,必须结合新时代的历史背景、劳动教育的时代内容及文化育人的规律,把握政治方向、尊重发展规律、坚持原则方法,在丰富多样的具体方法路径之下遵循共性、共通之则。

(一)坚持马克思主义劳动观的原则

劳动者是国家的主人,劳动不分贵贱,劳动者不分等级。美好生活的创造必须依赖于辛勤劳动。马克思主义劳动观要始终贯穿劳动教育的始终,反对不劳而获、贪图享乐的错误思想。马克思主义劳动观是新时期开展劳动教育的根本原则,必须始终将马克思主义劳动观作为劳动教育融入校园文化建设的主流价值观。

(二)坚持"以生为本"的原则

所谓"以生为本"就是以学生为根本,将学生的健康成长作为劳动教育融入高校校园文化建设的出发点和归宿。坚持"以生为本"原则需要做到将劳动教育融入校园文化建设时,必须尊重学生个体的成长发展规律、尊重教育和教学规律、尊重校园文化建设规律,以立德树人为目标,尊重学生的个性,服务学生成长,发挥学生自身的主观能动性,使其从"要我劳动"转变为"我要劳动",从而促进学生的全面发展。

(三)坚持"协同融合"的原则

所谓"协同融合"原则,就是将劳动教育中各要素、各系统有效配合,多种力量集聚成一个总力量,形成互相配合、协调统一的局面,从而达到最佳育人效果。劳动教育的"协同融合"包含以下三点:一是劳育与德育、智育、体育、美育之间协同融合,五育并举以促进学生德智体美劳全面发展;二是劳动教育与教学育人、管理育人、服务育人之间协同融合,将劳动教育融入各教育环节,全面渗透;三是校园文化与劳动课程教学和劳动评价体系协同融合、校园文化的四个维度之间协同融合、高校内部各个行政部门之间相互协同融合。

（四）坚持“差异化”的原则

“差异化”原则是指劳动教育在融入校园文化建设时要选择符合自身实际的融入路径。在新时期，劳动教育应融入校园文化建设。高校要利用当地特有资源，注重结合学科、专业和学院发展历史，充分挖掘凝练劳动精神，积极开展特色校园文化建设，开发劳动教育融入校园文化建设的新内容和新路径。

三、校园文化建设对加强高校劳动教育的意义

高校校园文化是指师生员工共同认可、坚守、传承的价值观念，是时代精神在高校的客观反映，是社会主义办学原则和指导方针在高校的集中呈现。充分发挥高校校园文化的引导、规范、激励、教育、凝聚功能，对加强劳动教育、培养德智体美劳全面发展的社会主义建设者和接班人具有重要意义。

（一）校园文化建设有利于高校整合劳动教育资源

英国人类学家泰勒认为文化具有复合性，他提出：“文化是一个复杂的总体，包括知识、信仰、艺术、道德、法律、习俗，以及人类在社会里所能得到的一切能力与习惯。”正如校园是社会的一部分一样，校园文化同样是社会文化的有机组成部分，是镶嵌于社会文化大环境中的一种与众不同、独具特色的亚文化形态。校园文化作为一种社会现象，同样具有复合性的特点，蕴含着学校的历史传统、领导风格、教师教风、学生学风、校园环境、制度规范等丰富内容。校园文化建设的多元化载体和多样化形式，为劳动教育的有效开展提供了广阔的平台，拓宽了劳动教育的实践形式，形成了多部门、多载体、多形式共同培育大学生劳动价值观的合力；而劳动教育的深入开展，又会为校园文化建设注入劳模精神、劳动精神、工匠精神等鲜活元素，进一步丰富校园文化建设的内涵和层次，为校园文化建设提供有力抓手，二者相辅相成，共同服务于人才培养目标的实现。

（二）校园文化建设有利于高校营造崇尚劳动的浓厚氛围

在漫长的历史文化长河中，世世代代的炎黄子孙通过辛勤劳动创造了辉煌灿烂的中华文明，孕育了具有丰富内涵和深远影响的劳动思想，精卫填海、夸父追日、后羿射日、愚公移山、女娲补天、大禹治水、钻燧取火等神话故事均反映了古人对劳动的赞美和对命运的抗争。如明末清初思想家颜元就非常重视劳动教育，他认为：“养身莫善于习动，夙兴夜寐，振起精神，寻事去做，行之有常，并不疲困，日益精壮。”；著名教育家陶行知在晓庄学院倡导“不会种菜，不算学生”，以“不会烧饭，不得毕业”为口号。可见，中华民族自古以来就拥有尊重劳动、崇尚劳动、礼赞劳动的悠久传统，辛勤劳动、诚实劳动、创造性劳动，不仅是中华民族数千年来繁衍生息的基本保障，而且是我们继续屹立于世界民族之林的宝贵精神财富和强大精神动力。

然而，在多元文化和不良消费主义的冲击下，中华民族这一优良传统的传承和发扬面临着一定的挑战。譬如，有人把权力与财富作为人生成功的唯一标志，崇尚投机主义、享乐主义、拜金主义；有人一切向钱看，看不起一线工人，看不起农民工。部分大学生没有充分领悟劳动创造历史、劳动开创未来的深刻内涵，而认为“劳动不是自愿的，而是一种被迫的

强制劳动;劳动不是需要的满足,只是满足劳动以外的其他各种需要的手段”。在校园文化建设中,一方面要深入挖掘蕴藏在传统文化中的劳动教育资源,使学生从传统文化中汲取营养,树立正确的劳动价值观;另一方面要开展丰富多样的劳动实践活动,使学生亲临劳动教育现场,通过身体“在场”的劳动体验,实现由“身”到“心”再到“身心合一”的目标,进而在大学生中营造崇尚劳动的浓厚氛围。

(三)校园文化建设有利于高校劳动精神的凝练传承

文化具有传承性的特点。文化一经形成就会被他人模仿、借鉴,产生一定的扩散效应,包括在年代与年代之间进行纵向传递和在地域、民族之间进行横向传递。

从纵向来看,借助校园文化建设这一载体而实现的劳动教育,能够在高校内形成经久不息、代代相传的崇尚劳动的浓厚氛围。这样的校园氛围一旦形成,身处其中的学生即使不去参加专门的劳动实践,也会在无形中受到熏陶和感染,从而实现劳动教育的“润物细无声”。正如著名教育家涂又光先生所言,“校园是泡菜坛,文化就是泡菜水,学生就是泡菜;有什么样的泡菜水,就将泡制出什么样的泡菜”。

从横向来看,随着高等教育进入大众化时代,高校逐步从社会的边缘迈向社会的中心,已经不再是独立于社会之外的“象牙塔”。而大学生普遍具备较高的文化素质和科学素养,是当代青年群体中的佼佼者,对他们进行系统的劳动教育,引导其树立正确的劳动价值观,就相当于在全社会播下一粒希望的“种子”,进而孕育出全民热爱劳动、崇尚劳动、尊重劳动者的“硕果”。

四、高校校园文化建设中劳动教育缺失的常见问题

从现实情况来看,校园文化尚未成为劳动教育有效开展的重要载体。校园文化建设中仍存在“重视物质环境的改善,忽视劳动精神的凝练”“重视学生的主体地位,忽视教师的主导作用”“重视文化活动的多样性,忽视以劳动教育为导向的统一性”等亟待解决的问题。这些问题的存在,不仅阻碍了劳动教育的顺利实施,而且从根本上制约了德智体美劳全方位育人格局的构建。

(一)重视物质环境的改善,忽视劳动精神的凝练

美丽整洁的校园总是让人心旷神怡。近年来,有些高校将校园物质文化建设片面地理解为修葺漂亮的建筑、购置硬件设施,津津乐道其数量和外观,而弱化了对物质环境所应承载的大学精神的凝练和塑造。其实,每一所高校都是在艰苦奋斗中创造、在锐意进取中改革的,都有着自己独有的办学理念和办学特色。如果高校的物质环境建设脱离了学校在发展过程中所秉承的劳动理念、涌现出的劳动楷模,单单为建而建的建筑再漂亮也不是真正意义上的物质文化环境,从而失去了物质文化建设对高校加强劳动教育的根本意义。

(二)重视学生的主体地位,忽视教师的主导作用

有些高校把校园文化建设片面地理解为学生的文化活动,把加强校园文化建设等同于组织学生开展形式多样的文体娱乐活动,导致活动组织者疲于应付,活动参与者应接不暇。久而久之,高校逐渐形成了加强校园文化建设仅仅是学生工作部门的职责,通过校园文化

建设而实施的劳动教育也理应与管理、教学、科研等部门没有关系的错误认识。在这样的大环境下,本应作为高校校园文化建设的主导和主力的教职员工,日渐成为校园文化建设的旁观者,从而制约了校园文化促进劳动教育这一重要功能的发挥。

(三)重视文化活动的多样性,忽视以劳动教育为导向的统一性

丰富多彩的校园文化活动能够使大学生劳逸结合,保持身心健康,提高学习效率。于是,高校大力开展形式多样的文体娱乐活动,极大地丰富了学生的课余文化生活。为了吸引大学生积极参与,这些活动往往娱乐性偏多而启迪性不足,加强劳动教育的导向不突出,思想引领的作用不充分,可能会导致在给学生提供展示自我机会的同时,助长了精致利己主义思想的出现。因此,高校在丰富文化活动形式的基础上,更应重视活动主题的统一性和导向性,开展主题鲜明、内容丰富、形式多样的系列文化活动,使其成为高校开展劳动教育的有力载体。

五、劳动教育融入高校校园文化建设的路径

(一)劳动教育全面深入地融入校园文化的四个维度

物质文化、精神文化、行为文化、制度文化构成了校园文化的四个维度。物质文化和行为文化是有形文化,是外壳;制度文化和精神文化是无形文化,是内核。劳动教育需要全面深入地融入校园文化的四个维度,从而达到最佳育人效果。

1. 推动劳动教育融入校园物质文化建设

物质文化是存在于校园环境当中,能够为全体师生直接感知和触及的客观实物。马克思提出,人和环境是相互影响的,人可以影响和创造环境,同样,环境也以一种渗透的方式无形地影响着人。要推动劳动教育融入高校校园物质文化建设,无疑离不开物质环境的熏陶。自然环境、建筑风格、教学设施、实验设备,这些都是校园物质文化的呈现形态,高校应将劳动教育的内容融入学校景观设计、环境布局等,体现劳动精神、劳模精神和职业精神。例如,高校可以在宿舍生活区张贴热爱劳动、尊重劳动成果的宣传标语,提高学生的自立自强能力,使其自觉做好宿舍卫生保洁和尊重别人的劳动成果;在教学区域注重体现劳模精神、职业精神的环境布局,引导学生形成良好的职业素养;在校园场所,利用校园的宣传栏、展板、显示屏对劳动精神进行宣传,创造浓厚的育人环境,引导学生形成正确的劳动观。

2. 推动劳动教育融入校园精神文化建设

精神文化是全体师生共同认可的、通过他们的行为体现出来的特有文化品质,是校园文化的核心,包含校风、学风、教风等。要推动劳动教育融入校园精神文化建设,一方面,高校可充分挖掘办学历史中涌现出的优秀毕业校友和劳动精神,形成具有自身特色的劳动教育内容和理念,并通过校歌、校训加以体现;另一方面,高校要注意形成良好的校风、教风和学风,在教师中树立起教书育人、作风严谨、淡泊名利的教风;在职工中树立起艰苦奋斗、埋头苦干、相互协作的作风;在学生中树立起勤学苦练、扎实求学、感恩报国的学风,通过全体教职工的工作态度和敬业奉献,发挥示范引领作用,引导和促进学生形成诚实守信、踏实肯干、艰苦奋斗的精神。

3. 推动劳动教育融入校园行为文化建设

行为文化主要包括校园成员的生活、学习和思维方式，以及各种学术、文化、娱乐活动，是学校日常教学和生活中最直接体现出的文化形态。高校校园行为文化建设要以劳动教育为理念，将劳动教育融入学生日常生活劳动、校内外公益服务性劳动和实习实训中去，精心设计主题明确、内容丰富、形式多样的学生课外活动方案，使劳动教育具体化、形象化。

高校可借助重要的劳动节日契机，开展主题鲜明的劳动教育活动；举办“劳动人民的双手”“劳动人民的笑容”等大型活动，让学生感受劳动成果的来之不易，懂得尊重劳动成果和劳动人民；开展“今天我成了您”岗位体验活动，鼓励学生做一天的宿舍管理员、教室清洁工、餐厅帮厨、志愿服务者、农民伯伯等，通过岗位体验劳动精神；开展“走近劳模”活动，通过加强宣传、邀请讲座、视频学习、外出参观、交流心得等形式，营造一个走近劳模、学习劳模的氛围，让学生更好地理解劳模精神、工匠精神；开展“技能大比武”，结合专业，开展丰富多彩的技能比武活动，与专业技能相结合，使学生在劳动中提高专业技能，在比武中追求卓越。

4. 推动劳动教育融入校园制度文化建设

校园制度文化是学校在法令、行政、道德层面上建立起来的，与学校的价值观念、管理理念相适应的各种规章制度、道德规范、行为规范、工作守则等，是维持学校正常教学、生活、工作秩序的保证。推动劳动教育融入校园制度文化建设，是开展劳动教育的有效保障。校园制度文化以其强有力的制度性保障劳动教育的顺利开展。高校校园制度文化包含高校的教学制度、学生管理评价制度等。

推动劳动教育融入校园制度文化建设可从以下两个方面展开。

在教学层面，将劳动教育纳入人才培养方案。课程设置和实习实训均需要反映出劳动教育的内容，并将劳动育人的开展与实施成效纳入学院绩效考核制度，形成人才培养方案、教学实施与督导、教学质量评价与绩效考核之间的闭环式良性互动。

在学生管理评价层面，需要把学生的劳动素养纳入综合素质考评中，制订完善的评价标准，建立健全激励机制，全面客观记录学生的生产性劳动、服务性劳动、实习实训劳动等。将过程评价和结果评价相结合，既考查学生的基本劳动素养，又考查学生的创新、创业能力；基本劳动和创造性劳动相结合，开展劳动教育的纪实评价，形成制度规范。值得一提的是，劳动教育融入校园制度文化建设，无论是融入教学制度，还是学生管理制度，都不是简单出台一项规定能做到的，而是要将纸上的规章制度切实落实到全体师生的行为取向上，进而融入全体师生的价值理念中，形成全体师生共同的价值理念。

（二）劳动教育与校园文化有机融合

校园文化像和煦春风一样，飘散在校园的各个角落，渗透在师生员工的价值理念和言谈举止之中，体现在他们的教学、研究、学习、做人、做事的态度和情感之中。将劳动教育与校园文化相结合，将劳动观、劳动精神融入师生员工的学习、工作和生活中，是高校加强劳动教育、构筑德智体美劳全方位育人格局的可行路径。

1. 让高校精神载体成为劳动教育的思想引领

高校精神载体主要包括校史、校训、校歌等。在开展劳动教育的过程中，高校可着重挖掘校史中关于开拓创新、奋力拼搏、迎难而上、自强不息的典型人物和故事，并用图片、话剧、视频等手段还原历史，让师生员工深刻领会劳动创造历史、劳动开创未来的道理。如新中国高等教育的开拓者吴玉章为创建中国人民大学，以逾古稀之年，殚精竭虑、历尽艰辛，在短时期内顺利完成学校筹备工作，并在治校17年间为新中国的教育事业做出了不可磨灭的重大贡献。在中国人民大学建校80周年时，该校话剧团创作了话剧《吴玉章》，并作为校庆大戏隆重上演，在师生间引起了强烈共鸣。这就是一个充分发挥校史的教育引导功能，大力弘扬高校办学历史中劳动精神的成功案例。校训一般短小精悍、言简意赅、便于记忆，是高校教育理念、人文精神、历史文化积淀的高度凝练。它渗透在高校的办学目标、管理制度、学科建设、人才培养等方面，贯穿高校育人全过程，在高校开展劳动教育的过程中具有灵魂和航标的作用。

2. 让高校教职员工成为劳动教育的先锋示范

育人者必先育己，立己者方能育人。高校教职员工不仅要“传道、授业、解惑”，还要切实做到“行为示范”，通过言传身教，激励引导学生树立正确的价值理念。例如，吉林大学教授黄大年与时间赛跑，带领团队创造了多项“中国第一”，为深地资源探测和国防安全建设做出了突出贡献，他是优秀教师，是时代楷模，是劳动模范，更是引导学生辛勤劳动、诚实劳动、创造性劳动的最好代表。高校要在加强师德师风建设上下功夫，将劳模精神、劳动精神、工匠精神纳入师德师风的内涵体系，将师德师风建设与思想政治工作、教学科研工作同研究、同部署、同落实；在深化新时代教育体制改革、建立科学的教育评价体系上下功夫，用劳动教育的内涵丰富高等教育理念，着力建设一支为人师表、治学严谨、认真负责、耐心细致、开拓进取的高水平教师队伍；在宣传引导上下功夫，重视模范教师的选树工作，广泛宣传优秀教师崇尚劳动、勤于劳动、以身作则、率先垂范的先进事迹，以教师高尚的人格魅力和模范的言行举止为学生树立标杆。

3. 让高校身边榜样成为劳动教育的时尚表率

任何时候，高校内都不缺乏向上向善的感人故事，总有自力更生的励志传奇，还有艰苦奋斗的勤奋典范，这些榜样就在大学生身边。为此，高校应成立身边榜样事迹采编队伍，开展身边榜样选树活动，挖掘普通学生中勤奋刻苦、诚实守信、乐于助人、勇于创新的点滴，选树学生党员中信念坚定、攻坚克难、默默奉献、奋力拼搏的典型，整理各届校友中自强不息、勤于钻研、苦干实干、创新和创业的感人故事，并以他们的成长经历引导在校大学生正确认识劳动，积极参与劳动。大国工匠和劳动模范来自国家各行各业，分布在祖国各个角落，也在我们的身边。充分发挥大国工匠和劳动模范的引领示范效应，将大国工匠和劳动模范请进校园，让他们从电视屏幕上、图书画册上、橱窗展板上走下来，走进教室、走上讲台、走到大学生中间，让大学生切身感受劳模精神、劳动精神和工匠精神，引导其立足刻苦学习、立志劳动创造，切实全面提升自身综合素质，培育深厚的劳动情怀。例如，自2015年起，中国劳动关系学院充分发挥“劳动模范在校园，大国工匠在身边”的优势，聘请劳动模范担任大学生德育导师或兼职辅导员，让他们与大学生一起开展班级活动，共同参加社会实践，在深入交流的过程中，潜移默化地用劳模品质感染青年大学生，用劳模精神引领青年大学生，取得了很好的效果。

4. 让高校文化活动成为劳动教育的有力抓手

高校可以在新生入学教育中融入劳动教育内容，让大学生在知校和爱校的同时，深刻领会劳动和劳动精神的内涵；在毕业生离校时，选拔学校形象代言人，鼓励毕业生用“干劲、闯劲、钻劲"在各自的工作岗位上为实现个人梦想、国家创新发展不懈努力；开展创新和创业系列讲座、作品设计大赛，开辟大学生创新、创业园区，鼓励大学生积极参与创新和创业，在劳动中成就未来；举办"劳模大讲堂""大国工匠面对面""大国工匠进校园"等活动，在校园中传播劳模故事、展示精湛技艺、弘扬劳动精神；开展以弘扬劳动精神为主题的摄影大赛、微视频大赛、征文大赛等，发挥大学生的主观能动性和创造力，引导他们深入理解劳动的内涵，主动宣传劳动精神，自觉践行劳模精神；以"探寻劳模成长历程""弘扬劳模精神"为主题组织社会实践活动，带领大学生深入劳模工作单位，感受一线劳动的魅力。同时，高校可充分发挥其科研优势，引导师生举办劳动精神专题论坛、申请劳动教育研究课题、组织劳动教育专题讲座，邀请专家学者、劳模代表、优秀校友开展主题讲座、学术论坛，为学生深入解读劳动精神，为开展劳动教育、传播劳动精神提供智力支持和理论支撑。

5. 让高校新媒体平台成为劳动教育的重要阵地

高校要在灵活运用橱窗、海报、报纸等媒介的基础上，主动抢占新媒体阵地，推出更多轻量化、可视性高、互动性强的新媒体宣传作品；掌握网络传播的规律，依据"网络原住民"的媒体接触特点，用平视的角度、平和的心态、平等的互动实现劳动教育的"线上传播"；打造"身边劳模""我身边的最美劳动者""青年劳动之声"等形象生动的多媒体产品，提升劳动教育的吸引力；开设《人物志》《榜样的力量》等栏目，将校园人物的典型事迹用图文、视频、快问快答等方式呈现，增强劳动教育的感染力；通过微直播、微图说、微寄语等板块，鼓励师生参与讨论劳动教育话题，分享劳动教育感悟，提出劳动教育建议，增强劳动教育的互动性；开设网络访谈节目，邀请劳动模范、大国工匠、师德标兵等先进人物，讲述自身的成长故事，分享劳动理念，探讨劳动精神；通过多元化的方式，增强劳动教育的时代感、吸引力、感染力和渗透力，切实让劳动教育"活起来""实起来""酷起来""火起来"。

6. 让高校物质制度环境成为劳动教育的肥沃土壤

完善的校园设施，为开展丰富多彩的寓教于文、寓教于乐的劳动教育活动提供了重要阵地；健全的制度体系，为开展劳动教育提供了坚强的制度保障。高校应重视校园楼宇文化建设，在教学楼、公楼、图书馆、宿舍、食堂等主要场所，以图片、实物、文字、视频等多样化形式，充分展示各领域劳动模范和大国工匠的成长历程、卓越业绩，使劳模精神有机融入师生员工的日常学习、生活中，鲜活自然地传播弘扬劳模精神、劳动精神和工匠精神，引导青年学生自觉摒弃精致利己主义思想，着力塑造"崇尚一技之长，不唯学历凭能力"的新时代劳动价值观；打造劳动教育文化墙，在文化广场、运动场等人员较为集中的地区，集中展示劳动理念、劳动标语、劳动模范、劳模事迹等内容，增强师生员工的思想认同感；建立劳动教育课程标准和教学评价制度，健全师资队伍考核激励机制，制定劳动教育相关奖学金和荣誉评选实施细则，努力让这些不会"说话"的物质制度环境发挥正向的激励作用，引导师生员工崇尚劳动、开拓进取，通过制度建设营造浓厚的劳动教育氛围，涵养深厚的劳动情怀。

第六章　大学生劳动教育的实践研究

马克思将劳动比喻为整个社会围绕其旋转的“太阳”，认们劳动是创造价值的唯一源泉。凭借一双勤劳的手，人类的祖先打磨几块冷石，生起一团热火，告别茹毛饮血，迈向新的生活；凭借一双勤劳的手，中华民族的先民们“烁金以为刃，凝土以为器，作车以行路，作舟以行水”，用汗水与智慧开启了灿烂的中华文明；凭借一双勤劳的手，中国人民在中国共产党的领导下，自力更生、发愤图强、解放思想、锐意进取，取得了革命、建设、改革的伟大成就，全面建成了小康社会，共同创造着幸福生活。

第一节　生活技能实践

一、卫生劳动

（一）寝室卫生

寝室是同学们学习、生活、休息的重要场所，寝室文明环境建设直接体现了学生的精神面貌和个人素质，也直接关系到学生的身体健康。

1. 文明寝室建设要求

同学们应将维护整洁文明的寝室环境内化为自觉追求，外化为自觉行动，具体如下。

（1）文明寝室总体应达到“三有”“三齐”“六净”“五无”的目标。

三有：有室长、有值日安排、有寝室公约。

三齐：室内物品摆放齐、床褥衣服叠放齐、个人物品存放齐。

六净：地面净、玻璃净、桌椅净、墙壁净、被品干净、洗漱用品干净。

五无：无违禁电器、无宠物、无垃圾、无异味、无杂物。

（2）每天应自觉做到“六个一”、自觉遵守“六个不”，维护寝室良好的生活环境。

“六个一”：叠一叠被子、扫一扫地面、擦一擦台面、整一整柜子、理一理书架、倒一倒垃圾。

“六个不”：异性宿舍不进出、外人来访不留宿、危险物品不能留、违规电器不使用、公共设施不损坏、果皮和纸屑不乱扔。

（3）应杜绝不文明行为，不在宿舍养宠物、不在宿舍楼内抽烟、不在门口丢放垃圾、不乱用公共电吹风等。

2. 特色寝室建设标准

特色寝室宣扬的是一种文化，一种相互影响、彼此照应、和谐共进的良好氛围，对同学们文化修养、综合素质等各方面的提高有着很大的促进作用。

特色寝室的建设，要以“三比”（比理想、比学习、比奉献）为核心，以“四互”（互帮、互助、互管、互爱）为主要形式，以“五要求”（安全、干净、整洁、文明、团结）为目标，考虑寝室大部分人的特性、喜好、价值观等，然后以此为方向营造出别具一格的“特色”文化。如果寝室大多数人都喜欢学习，便可以考虑建设学习型寝室；如果寝室大多数人都喜欢运动，便可以考虑建设运动型寝室；如果寝室大多数人都对环保有一定兴趣，便可以考虑建设环保型寝室。与此类似的，还有创业型寝室、自强型寝室、友爱型寝室、音乐型寝室等。

在建设特色寝室时，可参考以下标准。

(1)全体寝室成员共同参与特色寝室建设，共同商议并确定特色寝室建设方向。

(2)在干净整洁的基础上，按照主题特色布置寝室。呈现出的效果符合指定特色，简单、大方、美观，别具匠心、新颖独特，让人眼前一亮。

(3)寝室布置含有若干小设计，以彰显个性，传递寝室文化。

(4)有与寝室文化对应的“行为习惯养成计划”“寝室团建活动安排”等。

3. 寝室美化设计与创意

(1)美化原则。

①简单、大方：寝室的空间有限，没有必要摆放过多物品进行装饰，否则会显得杂乱。

②温馨、舒适：寝室是放松休憩的地方，在美化时要考虑烘托一种温馨、舒适的氛围，让室内充满家的温暖气息。

③突出文化气息：寝室还是学习的场所，在美化时，要从色彩、风格上考虑这个因素，营造一个安静、适宜学习的空间。

(2)寝室美化小窍门。

①衣柜整理。宿舍里的衣柜很多都是直筒式的，几乎没有隔断，在放置衣物时往往会浪费很多空间。使用隔板能够将衣柜划分成合适大小的区域，充分规整收纳空间。此外，还可以购买一些多层收纳挂筐，这样就能够将各种物品分类收纳，使所有物品一目了然。如果宿舍的衣柜里没有挂衣杆，可以用“伸缩棒”代替。

②桌面美化。下课看到乱糟糟的桌面，会非常影响心情。如何才能让桌子拥有更多收纳空间呢？

第一，网格板收纳：网格板是一种轻便又实用的收纳工具，而且购买成本非常低。将网格板放置在桌面旁边的墙上，不仅能够将桌面上的小物品收纳起来，同时也是一种很好的装饰品。

第二，桌下挂篮：桌下挂篮能创造隐形的收纳空间，可放置的物品非常多样。

③床边装饰。床边挂篮和床边挂袋是寝室非常实用的收纳和装饰工具，既能够放水杯、纸巾，还能放一些书，可以避免爬上爬下来回拿东西，同时也可以保证床铺的整洁。

（二）校园卫生

1. 校园环境

校园环境包括物质环境和精神环境。

(1)物质环境。校园物质环境主要是指校园内经过人们组织、改造而形成的校容校貌和校园学习环境，具体包括校容、校貌、自然物、建筑物及各种设施等。这种物质环境自然也是一种文化，体现了“桃李不言”的特点，能使学生不知不觉、自然而然地受此熏陶、暗示、感染。干净、整洁的校园物质环境能更好地体现学校各种物质的个性和精神，加深这种“无声胜有声”的教育作用。

(2)精神环境。校园精神环境是校园的灵魂,是学校师生认同的价值观和个性的反映,是一种潜在的教育力,具体体现在师生的精神面貌、校风、学风、校园精神、学校形象等方面。从学生个体角度看,精神环境又是心理环境。良好的心理环境会使人的精神愉快,具有催人奋发向上、积极进取、开拓创新的作用。

2. 维护校园环境秩序

为维护良好的校园秩序,营造一个文明、整洁、健康、高雅的校园环境,建设平安校园、和谐校园,可制定以下校园文明行为规范。

(1)着装整洁得体,仪容端庄。

(2)行为举止高雅,谈吐文明。

(3)爱护学校花草树木,节约用水。

(4)乘坐电梯遵守秩序,先下后上,相互礼让。

(5)遵守学校环境卫生的有关规定,保持学校环境卫生,不随地吐痰、不乱扔杂物。

(6)文明如厕,保持卫生间清洁,爱护其设施。

(7)上课时遵守课堂纪律,候课时不得在楼道内大声喧哗。

(8)爱护教室设施,合理使用教学设备,保持干净整洁的教学环境。

(9)汽车、电动车、自行车停车入位,摆放有序。

(10)严禁在教室、办公室、楼道楼梯、卫生间及公共场所吸烟。

二、垃圾分类

垃圾是城市发展的附属物,城市每年产生上亿吨的垃圾。现如今,垃圾围城成为困扰全球大城市的难题,高速发展中的中国城市,也正在遭遇“垃圾围城”之痛。要解决垃圾围城问题,离不开垃圾分类。

(一)垃圾分类新时尚

实行垃圾分类,关系广大人民群众的生活环境,也是社会文明水平的一个重要体现。全民参与垃圾分类,具有以下几个方面的意义。

1. 减少环境污染

我国现有的垃圾处理方式包括填埋和焚烧。填埋垃圾时,即使远离生活场所并采用相应的隔离技术,也难以杜绝有害物质的渗透,这些有害物质会随着地球物质循环而进入整个生态圈中,污染水源和土地,通过植物或动物最终影响人们的身体健康。另外,垃圾焚烧也会产生大量危害人体健康的有毒气体和灰尘。

其实,有很大一部分垃圾是不需要填埋也不需要焚烧的。如果我们能够做好垃圾分类,就能减少垃圾的填埋和焚烧,从而减少环境污染。

2. 节省土地资源

填埋和堆放等垃圾处理方式不仅占用土地资源,且垃圾填埋场属于不可复场所,即填埋场不能够重新作为生活小区。此外,生活垃圾中有些物质不易降解,会使土地受到严重侵蚀。

据统计,垃圾分类可以使人均生活垃圾产生量减少三分之二,从而节省大量土地资源。

3. 促进资源的循环利用

垃圾的产生源于人们没有利用好资源，将自己不用的资源当成垃圾丢弃，这种废弃资源的方式对于整个生态系统的损失都是不可估计的。在处理垃圾之前，通过垃圾分类回收，就可以将垃圾变废为宝。例如，回收纸张能够保护森林，减少森林资源的浪费；回收的果皮蔬菜等生物垃圾，可以作为绿色肥料，让土地更加肥沃。

此外，垃圾分类有利于改善垃圾品质，使焚烧（或填埋）得以更好地进行无害化处理。以垃圾焚烧为例，分类能助力焚烧处理做得更好，可起到减量（减少垃圾处理量）、减排（减少污染排放量）、提质（改善燃烧工况）、提效（提高发电效率）等作用。

4. 提高民众的价值观念

垃圾分类是处理垃圾公害的最佳解决方法和最佳出路，进行垃圾分类已经成为一个国家发展的必然路径。垃圾分类能够使得民众学会节约资源、利用资源，养成良好的生活习惯，提高个人的素质修养。一个人如果养成良好的垃圾分类习惯，自然也会关注环境保护问题，在生活中注意资源的珍贵性，养成节约资源的习惯。

（二）垃圾分类标准

2019 年 11 月 15 日，新版《生活垃圾分类标志》标准发布，同年 12 月 1 日起正式实施。与 2008 版标准相比，新标准将生活垃圾类别调整为可回收物、有害垃圾、厨余垃圾和其他垃圾四大类。

（三）垃圾分类操作

1. 分类原则

进行垃圾分类，关键要掌握分类原则：可回收物记材质，玻、金、塑、纸、衣；有害垃圾非常少，主要是废电池、废灯管、废药品、废油漆及其容器；厨余垃圾看是否容易腐烂、容易粉碎；其余垃圾属于其他垃圾。当发现有不能准确判断类别的垃圾时，也可以把它归到其他垃圾中。

2. 投放要点

（1）可回收物投放要求：

①应尽量保持清洁干燥，避免污染；

②立体包装物应清空内容物，清洁后压扁投放；

③易破损或有尖锐边角的垃圾应包裹后投放。

（2）有害垃圾投放要求：

①投放时应注意轻放；

②易破碎物品及废弃药品应连带包装或包裹后投放；

③压力罐装容器应排空内容物后投放；

④公共场所产生的有害垃圾且未发现对应的收集容器时，应携带至有害垃圾投放点妥善投放。

（3）厨余垃圾投放要求：

①厨余垃圾应从产生时就与其他类型的垃圾分开收集；

②投放前尽量沥干水分，有外包装的应去除外包装后投放；

③公共场所产生的厨余垃圾且未发现对应的收集容器时，应携带至厨余垃圾投放点妥善投放；

(4)其他垃圾投放要求：投入干垃圾收集容器，并保持周边环境整洁。

三、手工制作

国务院办公厅印发的《关于全面加强和改进学校美育工作的意见》是我国下发的第一个有关美育工作的指导性文件。该文件中着重强调“美育是审美教育，也是情操教育和心灵教育，不仅能提升人的审美素养，还能潜移默化地影响人的情感、趣味、气质、胸襟，激励人的精神，温润人的心灵”。新时代大学生不但要具备健全的人格，还应具备较高的精神修养与艺术审美能力，这样才能适应社会主义现代化发展的需要。

因此，学校通过多种形式开展美育课程及艺术文化活动，是加强思想政治教育工作及完善育人体系的重要一环。

手工制作技艺是劳动人民在满足生活和审美需要的过程中发展而来的，也是当前学校进行劳动教育及美育的重要资源。近年来，手工制作在校园越来越受重视。大学生学习、参与手工制作的主要平台有手工制作类课程、创意 DIY 手工活动、传统手工技艺校园传承活动等。

(一)高校手工制作类课程

手工制作类课程是新时代高校劳动教育中一门重要的专业技能课程，主要研究手工特点、造型规律、表现媒材等内容。同学们需掌握手工制作的基本原理及简单工具的使用技巧，同时还需完成相对复杂的、兼具较高艺术审美情趣的手工作品。随着高校教育教学的改革与发展，手工制作类课程逐渐得到重视。它在陶冶情操，提高美育素养，培养动手能力，激发创造力，促进大学生德、智、体、美全面发展等方面具有重要作用。学校手工制作类课程涉及扎染、蜡染、刺绣、布艺拼贴、彩绘等。下面介绍两种我们在课程学习中常见的手工技艺。

1. 扎染

手工扎染作为手工制作的课程之一，讲究布与色彩艺术的完美结合，深受同学们的喜爱。所谓扎染，就是用绳子等工具来扎紧布，染色后则会形成规则或是不规则的花纹，扎紧的部分染色会比较少或是没有，这样就形成了扎染。在手工扎染过程中，最重要的工具便是染料。染料有很多种，可分为直接染料、酸性染料、分散染料、活性染料、有机染料等，而大学生最常使用的是直接染料。这样同学们在进行扎染制作的时候，就不需要借助过多复杂的工具，使用也更为方便。通常我们可按如下步骤来进行手工扎染的制作。

第一步是准备染液。染料需要按一定的比例和标准配制成染液。在配制染液时，先将适量的染料倒入玻璃杯中，而后加入适量的温水并用棍棒搅拌均匀，避免玻璃杯中出现块状晶体的沉淀；而染液在放置一定时间后，会出现沉淀或是分层的现象，这时我们把染液放在锅里蒸热、搅拌即可。若是还有剩余的染液，我们可以选择密封性强的玻璃罐将它密封起来，放在阴凉、干燥的地方储存，再次使用时便用上述方法将其复原，这样可以避免浪费。一般来说，我们在扎染当天准备好染液即可。

第二步是对布的处理。在染色前将布放在沸水中泡煮有利于染色过程中布对染料的吸收，同时也有助于去掉布表面的布浆，以便更好地进行染色。之后我们再将布放在凉水里浸泡、搓洗，就可以开始进行扎染了。

另外，我们在扎染前还可以给布的表面涂上糖浆，这样会形成散射的布艺效果，构成许多漂亮的图案纹样。

2. 女红

女红亦作“女工”“女功”，或称“女事”，属于中国民间艺术的一种。纺织、编织、缝纫、刺绣、拼布、贴布绣、剪花、浆染等都称为“女红”。刺绣作为女红中一个重要的种类，也是我们当代大学生日常生活中接触较多和需要掌握的简单技能。我们身边许多常见的物品都可以用来为刺绣服务，比如针、线，是我们生活中缝补时常用的工具，能为我们的生活增添别样的情趣。如绣制可爱的小饰品、在衣服上缝制图样、手工刺绣图画等，可以有效缓解同学们的心理压力，同时提升大家的审美素养。除此之外，缝缀也是一项日常较实用、成品美观的手工技艺，而缝缀和刺绣的完美结合能为我们的手工作品增色不少。如将线条缝缀到制作的布艺上，或者是将布艺上的线丝适当地抽掉一些，可以展现出特殊的蕾丝效果。另外，适当地运用丝带、散落的珠子以及纽扣等都可以达到不同的审美效果。

目前高校的手工制作课程仍存在教学模式传统、老套，教学内容单一，缺少传统文化资源的融入，手工课教学设备不完善，学生缺乏学习手工的信心和兴趣等问题。因此，学校也应顺应时代发展的需要，积极进行探索与改革。如尝试结合网络资源采取翻转课堂的手工课教学模式，致力于挖掘民族传统手工技艺资源，并运用计算机技术等实现手工制作的创新。

（二）优秀传统手工制作的传承

2018 年，教育部发布《关于开展中华优秀传统文化传承基地建设的通知》（以下简称《通知》），积极推动了优秀传统手工艺走进高校。

新时代高校不仅是传播知识、培养人才的摇篮，同时也肩负着传承中华优秀文化的重任。学校应立足于我国的基本国情，对学生进行审美观念的正确引导，培养大学生的爱国情怀和对中国传统文化的尊崇之情，增强当代大学生的使命感和责任感。因此，我们能看到越来越多的传统手工制作技艺走进校园，大学生也需自觉提升对中国优秀传统文化价值体系的认同。《通知》指出，中华优秀传统文化传承基地建设任务包括：课程建设、社团建设、工作坊建设、科学研究、辐射带动、展示交流六个方面，这都为传统手工艺人走进高校提供了保障。

当前，各地学校正在积极探索传统手工制作融入高校劳动教育课程的途径。高校可在如下三个方面进行传统手工制作的课程设置：传统手工艺课程体系的引入创新、传统手工艺人进课堂、相关特色文化活动的建设。传统手工艺课程体系的引入并不是生搬硬套地照抄，而要与新时代高校劳动教育课程相融合，深入挖掘传统手工艺术元素，将剪纸、陶艺、泥工、漆艺、蜡染等本土特色融入手工课程体系，利用本土丰富的手工艺资源，对其中的经典文化元素、制作手法、构图等进行重新组合，让优秀的传统文化资源成为劳动教育的优势，同时有效促进传统手工技艺的知识普及与传承创新。不少高校也正在推进传统手工艺人进课堂的教育模式。高校聘请传授手工技艺的师傅，对专项手工制作进行教授，如刺绣、编织、印染、陶艺等具有地方特色的传统手工技艺传承人走进劳动教育课堂，不仅能为学生提供丰富的实践资源,还能更好地帮助他们理解中华文化的内涵,增强对中国传统文化的认知。除此之外,学生还可通过学校手工爱好社团活动、手工制作展、手工体验馆、课外考察等搭建的手工制作实践、展示、交流的多样化平台,深入领悟其文化内涵,融入当代审美情趣,塑造传统手工艺术的时代魅力。

(三)大学生创意 DIY 手工

DIY 是“Do It Yourself”的缩写,即自己动手制作。创意 DIY 手工对于当代大学生来说并不陌生,它在锻炼动手能力、验证理论知识、缓解学习生活压力等方面有着独特的价值。目前,不少大学生的业余生活都被网络、游戏所充斥,学生的思想在快节奏的信息冲击下,以及在碎片化的信息数据影响下容易变得浮躁。而手工 DIY 这种形式,讲究自主思考,注重思维和行为之间的协调,在丰富大学生业余生活的同时,还有助于培养创新精神、展现个人风采。我们较常接触的有 DIY 陶艺、DIY 装饰品、DIY 校园纪念物等,于是各类校园 DIY 手工坊也应运而生。

同学们可通过 DIY 手工坊、社团 DIY 活动、校园 DIY 大赛等途径积极参与 DIY 手工制作。高校 DIY 活动也可与学生各类主题思想教育相结合,成为弘扬校园主流文化、提高学生综合素质的新平台。

在 2020 年年初打响的抗击新型冠状病毒性肺炎疫情阻击战中,许多高校学子借手工 DIY 的形式,向奋战在一线的医务工作者和社会各界爱心人士致敬,呈现了许多精美的手工作品。

四、物品整理

(一)物品整理的基本要求

家居环境、寝室布置与大学生的日常学习、生活息息相关,其中物品的整理陈设直接体现了当代大学生的精神面貌和个人素质。在校园生活中,我们首先应做好自己寝室的物品整理。新时代大学生应将维护整洁文明的寝室环境、保持个人与寝室物品的规整和美观内化为自觉追求,外化为自觉行动。

如今我们对“物品整理”的理解已不再停留于将东西整理、收藏好,还需要让放置好的物品能够被轻松取出、轻松放回、轻松打扫,这样我们的日常整理才会形成有效的良性循环。比起动辄来一场“乾坤大挪移”,有效的整理方法更容易保持家居、寝室的整洁。因此,我们的物品整理要达到“好收、好拿、好放回”的目的,努力养成“随用、随拿、随放回”的良好习惯。

“好收、好拿、好放回”指做好物品分类。按照使用人、使用场所和使用习惯对物品进行归类整理,谁的物品就放在谁的地盘,物品在哪里使用就放回哪里,物品使用后随手放回。这样能有效保持家居、寝室的整洁持久度。而“随用、随拿、随放回”的生活习惯既方便物品使用,也便于日常整理。这两项物品整理的要求应成为我们当代大学生在居家、寝室生活中的良好素养之一。

(二)物品整理与寝室布置的原则与要点

物品的规整布置、美化装饰直接影响寝室的美观程度,反映寝室文化。前文提到,寝室物品整理与装饰应遵循整洁大方、温馨舒适、突出文化气息的原则。

同时,大学寝室的整理和布置还需考虑大部分人的特性、喜好、价值观等,在此基础上统筹设计,营造出别具一格的“特色”文化,建设文明、温馨、绿色的特色寝室。在进行寝室的布置和物品的创意设计时,要注意把握以下要点。

1. 彰显寝室文化

每个寝室都有不同的文化,在美化时要充分考虑自己的寝室文化,做出别出新意的美化设计。

2. 用材节约,变废为宝

低碳、绿色不仅是时下流行的概念,更是新时代大学生应践行的生活方式。在装饰寝室时,充分利用牛奶盒、饮料瓶、废纸箱等被忽略的生活垃圾和旧物,做成各种实用的日用品,不仅创意十足,更向周围的人传递了一种绿色的生活态度。

3. 彰显个性

寝室是每一个住在这里的人的“家”,由多个小空间组成,在美化时,每个人在兼顾大风格统一的基础上,也要考虑自己的审美偏好和兴趣爱好,打造属于自己的“私密空间”,彰显自己的个性。

(三)物品整理的方法与收纳技能

1. 物品整理的方法

在高校文明寝室建设的大背景下,我们应大力提倡与推广科学的整理理念与方法,改变过去对物品的整理仅停留在“清扫和打扫”上的错误观念。当代大学生应把物品整理作为一种合理有效利用空间、方便物品取用的生活习惯,同时也作为一种美化寝室环境、提升生活质量与幸福感的居家方式。下面为大家介绍一套科学系统的物品整理方法,即“设定理想目标——舍弃——收纳整理——美化装饰”。

(1)设定理想目标:以“做一次整理,不再回到原来混乱状态”为目标进行彻底整理。尝试以下准备:给凌乱的寝室一角拍照,发给亲人朋友,激励自己努力整理(通过照片你会发现宿舍比你看到的更加凌乱);进行物品分类时要按类别,而不是按“场所”整理;学会列清单,做“整理笔记”能让事情更有条理,获得成就感等。

(2)舍弃:我们需要保留那些比较稀有的物品(难买到又无法替代的),或者具有信息价值(有用)、情感价值(有回忆)及功能价值(能使用)的令自己“心仪”的物品,丢弃、转卖或捐赠已经完成本身使命的物品。

(3)收纳整理:首先要设置好物品固定的存放位置,以“好收、好拿、好放回”为原则(如常用外,不常用内),通过折叠、集中、直立、四方形摆放等方式,做到九分收纳,切忌“过度划分”,并学会借用一些整理工具,如收纳盒、S形衣撑等。

(4)美化装饰:根据前文美化设计的要点,统筹寝室装饰布置,打造兼具寝室文化与个性特色的温馨、绿色的环境。

2. 物品整理的收纳技能

寝室是集体生活、学习的公共居所，如果不注意及时整理，很容易就会陷入混乱的状态。究其原因，是寝室空间小、功能多。大学寝室是 4 个人，甚至 6 个人或 8 个人的共同生活空间，每个人可以利用的空间有限。此外，寝室还要实现学生睡觉、学习、洗漱、衣物收纳、沟通交流甚至简单锻炼的多种功能。因此，寝室物品的整理收纳是当代大学生必备的生活技能之一。

第二节　社会服务实践

一、政务助理

政务助理一般包括勤工助学和政务实习。勤工助学主要是学生利用课余时间在校内参加勤工助学岗位；政务实习是学生利用寒暑假到校外政府部门参加实习。通过政务助理，大学生能拓宽专业视域，提高劳动技能，从而更好地为未来的职业发展奠定基础。

（一）勤工助学

1. 勤工助学的含义

勤工助学，一般是指学生在学校的组织下利用课余时间，通过劳动取得合法报酬，用于改善学习和生活条件的实践活动。勤工助学是学校学生资助工作的重要组成部分，是提高学生综合素质和资助家庭经济困难学生的有效途径，是实现全程育人、全方位育人的有效平台。随着国家教育体制的改革和素质教育的全面开展，勤工助学成为大学生社会服务、实践活动的重要环节。

2. 勤工助学的价值与意义

在新的时代背景下，勤工助学可以产生衍生价值。它可以让学生在勤工的过程中有更多的收获。勤工是手段，助学是目的，这是勤工助学的核心价值。

勤工助学是为大学生量身定制的“有薪劳动”。首先，勤工助学是大学生的劳动启蒙。无论什么样的勤工助学岗位，都是一份“工作”，参与者只有劳动才能完成，只有付出才有收获。学生通过付出脑力和体力取得经济收入，这种劳动体验与锻炼有利于大学生健康、全面地成长。其次，勤工助学是大学生的财富启蒙。学生勤工的收入可以直接补贴生活，减轻家庭的经济压力；大学生也可以增强对“劳动创造财富”“知识创造财富”的认识，体会到每一分钱都来之不易，养成勤俭节约的习惯。

学校通过组织勤工助学，对学生进行劳动技术教育，培养学生正确的劳动观和态度，使其养成自立、自强、艰苦奋斗等良好品质。

（二）政务实习

1. 政务实习的含义

大学生政务实习一般由各级政府等相关部门联合开展，由市直单位、县市区直单位、大中型企业等提供实习岗位；由学校团委、学工部、研工部等部门遴选具有较高综合素质的学生志愿者，赴各级党政机关和企事业单位开展以政务参访、岗位体验、学习交流等为主要方式的社会服务活动。活动时间一般为寒假或暑期，为期1~2个月。

2. 政务实习的价值与意义

高校通过开展大学生政务实习活动，引导大学生在服务家乡经济建设和民生发展的生动实践中受教育、长才干、做贡献；帮助大学生在实习、实践中深入了解国情社情，树立正确的就业观，储备就业工作经验，为就业做好充分准备，从而实现更高质量和更加充分的就业。

高校通过多种形式的实习实践，进一步构建多层次、全方位、立体化的人才培养模式，引导青年学生感受党政机关良好的工作状态和精神面貌，帮助他们在实习和实践中坚定理想信念、提升政治素养、锤炼过硬本领、培养良好作风，努力成长为德智体美劳全面发展的社会主义建设者和接班人，争做担当民族复兴大任的时代新人。

二、专业劳动

要在学生中弘扬劳动精神，教育引导学生崇尚劳动、尊重劳动，让学生懂得劳动最光荣、劳动最崇高、劳动最伟大、劳动最美丽的道理，长大后能够辛勤劳动、诚实劳动、创造性劳动。这是对新时代高等教育的育人功能提出的更高要求。如何将劳动教育贯穿专业教育全过程，发挥专业劳动教育在培养德智体美劳全面发展的社会主义建设者和接班人中的作用，是一个值得思考与探讨的问题。

《国家中长期教育改革和发展规划纲要（2010—2020年）》对创新人才培养模式的发展指出："要注重知行统一。坚持教育教学与生产劳动、社会实践相结合。开发实践课程和活动课程，增强学生科学实验、生产实习和技能实训的成效。"

《中国教育现代化2035》指出："弘扬劳动精神，教育引导学生崇尚劳动、尊重劳动，树立依靠辛勤劳动创造美好未来的观念。强化实践动手能力、合作能力、创新能力的培养。"

（一）认识专业劳动

1. 专业劳动

专业劳动是围绕就业岗位从事的与专业相关的劳动实践，如跟岗实习、顶岗实习和各类专业技能训练等。专业劳动是教育与生产劳动相结合的实践教学形式，是学生将理论知识应用于生产实践而获得实践经验的重要途径，在培养学生观察、发现问题及应用所学知识解决问题的能力方面发挥着重要作用。学生通过参加各种专业劳动，将各学科知识融会贯通，并在实践中发现问题、解决问题，使课堂上学习的理论知识得到了印证。学生在专业劳动过程中也积累了实践经验，提高了实践操作技能和专业综合能力，培养了面向基层、面向农村、艰苦奋斗、求真务实的工作作风。

2. 专业劳动教育

学校的劳动教育需要紧密结合学生的专业特点，对学生进行专业劳动教育，帮助学生形成正确的劳动观、价值观，并在专业劳动实践中不断成长与发展。以交通土建类专业劳动教育为例，学校应聚焦与学生专业相关的就业岗位，举办专业技能竞赛，强化工程测量、工程识图、试验检测、力学检算等专业基础性技能训练，促进学生专业技能的提升，夯实学生职业发展的基础。高校可以与企业共建生产实训基地，开发与生产活动对接的实践训练项目，实施实训室开放式管理，搭建劳动技能培养平台；加强与交通土建施工企业合作，落实学生实习岗位,针对交通土建工程施工周期性特点,灵活组织教学模式。春夏施工旺季,学生在企业可以开展跟岗、顶岗实习;冬季息工季节,可以让学生在校强化专业知识和单项技能。学生在实习期间参与完成企业生产任务,校企安排“双导师”进行指导,让学生在岗位上锻炼、在劳动中提升。

(二)推进劳动教育与专业教育的融合

1. 推进劳动教育与不同专业相融合

劳动教育与专业教育在过程和目标上都具有内在统一性。大学各类专业课程,从知识体系建构到知识体系向劳动体系转化、知识体系向科技创新升华、知识体系向社会财富转变等,无不渗透或展现出当代社会的劳动价值与发展趋向。因此,高校应在专业知识传授中强化劳动观念导向、劳动立场导向、劳动态度导向、劳动精神导向,自觉融入劳动要素,在传道中授业、在授业中体验、在体验中感悟、在感悟中认同,努力构建具有专业特色的劳动教育价值体系。同时,注意加强专业教育中劳动知识的传授和劳动技能的训练,培养劳动精神、劳模精神、工匠精神,使当代大学生成为劳动精神、劳模精神、工匠精神的自觉实践者。

高校应根据专业发展特点开设课程,传授专业劳动知识、培育专业劳动技能、培养具有创新精神和实践能力的高素质专业型人才。在各类专业设置中,自然科学领域的科学研究,如物理实验、化学实验、天文观测、地质勘探等具有鲜明的劳动特点;工科中的机械、电气、建筑、水利等研究应用技术和工艺,是专业教育与劳动教育相结合的生动实践;在社会科学领域,社会调查具有劳动的性质;在艺术领域,绘画、设计和音乐创作等也是一种创造性劳动。可以说,不同的专业蕴含着丰富的劳动教育元素,高校需要对不同的专业课程进行全方位挖掘,促进劳动教育与不同专业课程的融合。

2. 推进劳动教育与实习实训相融合

实习实训是高等教育实践教学环节的重要组成部分,包括专业实验、专业实训、专业实习等。专业实验是指专业课程教学中需通过实验完成的教学环节;专业实训是指依托相关部门开展的实践教学活动;专业实习是指学生在与所学专业相关的部门从事的实践工作。实习实训是学生学习劳动知识和技能的主要方式,是培养学生劳动价值观的主要阵地,是学生养成劳动品质的练兵场。

当前,各高校根据国家要求,不断推进实验实训课程建设,积极拓展实习合作企业与行业部门,建成了一系列实验教学中心和实习实训平台,以满足高校人才培养的需求,但是实习实训与劳动教育的融合度仍有待提升。因此,高校要抓好实习实训中的劳动教育,推进劳动教育与实习实训相融合,在实习实训中融入劳动价值观、劳动态度的教育,让劳动品质根植于学生心灵,让劳动成为一种习惯。

关于推进劳动教育与实习实训相融合的方法可以参考以下几点:一是要优化实习实训教学体系。高校要做好实习实训的物质保障,加强校内实验教学资源整合,推动与校外行业部门、企业协同合作,建设满足实践教学需要的实验和实习实训平台。在构建教学体系时融入劳动教育,明确劳动教育的目标、教学体系和教学任务;二是要加强实习实训过程管理,确保劳动教育落实。高校应建立实习实训标准,健全实习实训管理制度,规范学生实习实训的目标与任务,发挥教师在实习实训中的指导作用;三是要完善实习实训考评体系,提升劳动教育的地位。学校可将劳动教育的实施情况和效果纳入教师的考评中,将劳动态度、劳动行为纳入学生实践教学课程考核、综合素质考评等评价中,调动师生参与的主动性、积极性;四是发挥校企协同育人的作用,巩固劳动教育的成果。高校可通过企业文化达到育人目的,选择文化底蕴丰厚、拥有正确的劳动观念和劳动态度的企业或行业部门开展实习合作。发挥企业的育人作用,加强兼职实践教师队伍建设,聘请专业技术精通、指导经验丰富、责任感强的企业或行业部门技术人员或专家担任实践指导教师。

美国麻省理工学院提出的“Mind,Hand”,即动脑动手的教学理念,意在营造边学边做的文化氛围,鼓励学生将严谨的学术研究与丰富的想象力相结合,在实践劳作中解决社会难题。以麻省理工学院工程系为例,在课程体系设置中,学院开设能源、创业、环境、生命科学、运输五类跨学科课程,同时开设工程伦理、人文社科课程,使学生能够从价值、伦理、生态、人文的角度来思考工程中的专业问题,进而对社会中与工程相关的各个方面有更加深刻的理解,培养学生的工程综合素养,使其能够服务于社会。在实验室建设方面,其已建立58个跨学科研究中心、实验室和项目计划,作为课堂教学的延伸,为课程建设及发展搭建了重要的平台,可以让学生深入参与实践,打破不同领域间的专业壁垒,为解决社会问题提出了更深层次的理解和新思路。

三、创新创业

实现全面建成小康社会奋斗目标,实现社会主义现代化和中华民族伟大复兴,需要大批德才兼备的有为人才为之奋斗。青年一代有理想、有追求、有担当,要扎根中国大地了解国情民情,在创新创业中增长智慧才干、锤炼意志品质,用青春书写无愧于时代、无愧于历史的华彩篇章。

(一)创新创业的含义和特征

1. 含义

创新创业由“创新”和“创业”组成。创新是以新思维、新发明和新描述为特征的一种概念化过程。创新有三个层次,即基础性创新、支撑性创新和应用性创新。创业是不拘泥于当前资源约束,寻求机会,进行价值创造的行为过程。《2015 年政府工作报告》中首次提出了“双创”,即推动“大众创业、万众创新”。

2. 特征

一是高风险。创新创业是建立在创新基础上的创业,但是创新受到人们现有认知、行为习惯等方面的影响,会面临比传统创业更高的风险。正如现代管理学之父彼得·德鲁克所言:“真正重大的创新,每成功一个,就有 99 个失败,有 99 个闻所未闻。”

二是高回报。创新创业是对已有技术、产品和服务的更优化组合,对现有资源的更优化配置,能够给人们带来更大的新价值,从而开创所在领域的“蓝海”,获取更多的竞争优势,也获取更大的回报。

三是促进上升。创新创业是在创新基础上的创业活动,创新是创业的基础和前提,同时创业又是创新成果的载体和呈现。

（二）创新创业的意义

创新创业是发展的动力之源，也是富民之道、公平之计、强国之策。党明确提出实施创新驱动发展战略，将其作为关系国民经济全局紧迫而重大的战略任务。党的十八届五中全会将创新作为五大发展理念之首，进一步指出，坚持创新发展，必须把创新摆在国家发展全局的核心位置，不断推进理论创新、制度创新、科技创新、文化创新等各方面创新，让创新贯穿党和国家一切工作，让创新在全社会蔚然成风。2015 年 6 月，国务院颁布的《国务院关于大力推进大众创业万众创新若干政策措施的意见》明确指出：推进大众创业、万众创新，是培育和催生经济社会发展新动力的必然选择；是扩大就业、实现富民之道的根本举措；是激发全社会创新潜能和创业活力的有效途径，具有重要的意义。

首先，从综合国力角度上看，创新创业是我国生存和发展的需要，有利于提高我国的综合实力。当前，全球新一轮科技革命和产业变革蓄势待发，我国经济进入速度变化、结构转型和动力转换的关键时期。面对新的形势，我国必须深入推进大众创业、万众创新，着力营造有利于杰出科学家、发明家、技术专家和企业家不断涌现，以及大众创业、万众创新蔚然成风的社会环境和文化氛围，让每一个充满梦想并愿意为之努力的人获得成功，实现经济平稳持续增长、国家强盛、人民富裕和社会公平正义。

其次，从经济转型角度上看，创新创业是坚持创新发展、实施创新驱动发展战略的关键实现途径，有利于推进供给侧结构性改革，促进我国经济发展。大众创业、万众创新，可以大幅增加有效供给，增强微观经济活力，加速新兴产业发展，又可以扩大就业、增加居民收入，还可以促进社会纵向流动和公平正义，是经济发展的引擎。

最后，从个人发展角度上看，创新创业有利于缓解学生就业压力，使其实现个人价值与社会价值。创新创业有利于解决就业难的问题。毕业生通过自主创业，可以把自己的兴趣与职业紧密结合，做自己最感兴趣、最愿意做和最值得做的事情，可在五彩缤纷的社会舞台上大显身手，从而最大限度地发挥自身才能。同样，创新创业意识与能力的培养也有助于学生不断完善自身的知识和能力结构，更好地完善自我、适应社会，从而实现个人价值与社会价值。

（三）如何提高创新创业能力

1. 构建整体融合的育人机制

高校开展创新创业实践活动，培养学生的创新创业能力，需要构建整体性思维，在育人机制中坚持政治引领、价值引领、文化引领、专业引领相结合，形成整体融合的育人机制。在创新创业教育中，高校可打造学院、教师、平台、团队"四位一体"的创新创业实践服务体系，全方位、全过程地将创新创业教育与德育工作相结合、与实践育人相融合，有效提高学生的创新创业能力，如组织学生参加志愿服务等社会创新实践活动，为他人提供创新创业政策咨询、技术支持、专业培训等，培养学生的"工匠精神"和爱国主义情怀。高校通过营造浓厚的创新创业整体氛围，引导学生在创新创业实践中成长成才。

2. 整合多方互补的优势资源

高校组织开展创新创业劳动实践，需要整合多方资源，实现与政府协同、与企业协同、与社会协同。一是与政府协同，制定创新创业教育相关政策。学校需要与政府紧密联系，依托政府提供的政策优惠、资金扶持等,将创新创业教育与大学生思想政治教育紧密结合。二是与企业协同,关注大学生未来的职业发展。学生创新创业实践活动不能只局限于理论和“象牙塔内”,而需要把握市场动态,了解企业需求。只有与企业展开联系和合作,才能促进创新创业活动与社会和市场融合,从而为创新创业教育提供动态的、持续的资源支持。三是与社会协同,注重与社会实践相结合。学校需要结合专业设置、学生特点等情况,加强与不同地区、社区、乡镇等区域资源的协同,为学生提供创新创业劳动实践的机会,以培养素质高、创新创业能力强、具有国际视野和扎实基础的“又红又专”“顶天立地”的人才。

3. 形成多层递进的教学链条

在创新创业教育中,教学是重要的一环,影响着学生创新创业能力培养的质量。高校在培养学生创新创业能力的过程中,应形成多层递进的教学链条,打通学生、教师、课程、项目之间的关系。一是遵循学生的成长成才规律,打造“基础层——突破层——实战层”的学生成长发展轨迹,多层次、递进式培养学生的创新创业能力。二是发挥教师的引领与指导作用,打造“启蒙型导师——应用型导师——高层次人才导师”的梯度结构,更好地为高水平创新创业人才的培养提供教学支撑。

4. 搭建多阶互促的产学研平台

在社会服务实践中培养学生的创新创业能力,可搭建多阶互促的产学研平台,推动产学研紧密结合。一是构建多层次的创新创业竞赛及服务体系,打造校内外联合的赛事平台,致力于学生创新创业能力的培养。二是形成“N+1+N”一体化的创新创业实践育人平台。第一个“N”是指二级学院创新工作室、大师工作室、教授工作室等,对学生进行创新精神、创业意识和创新创业能力的思维引导教育;“1”是指校内学生创新创业训练与孵化基地;第二个“N”是指协同政府、企业等资源,建立的校外创新创业实践育人平台。三是建设学生创业社团等平台。高校可依托大学生创业社团,为学生提供交流研讨、团队协作以及参与创业实践的机会,培养学生的创新创业能力;可搭建假期创业实践平台,组织创业经验交流会等,帮助学生通过寒暑假的创业实践培养创业意识,积累创业经验,提升创业技能。

第三节　志愿活动实践

一、社区服务

(一)社区服务的含义

1. 定义

社区服务是以各类社区服务设施为依托;以社区全体居民、驻社区单位为对象;以公共服务、志愿服务、便民利民服务为主要内容;以满足社区居民生活需求、提高社区居民生活质量为目标,党委统一领导、政府主导支持、社会多元参与的服务网络及运行机制。社区服务是一种自组织、自管理模式,既包括学生社区服务,也包括居民社区公共服务。

2. 特征

(1)社区服务并非完全具有自发性,而是在有标准、有引导、有政策、有组织的背景下,形成一套科学、完备、系统的社区服务体系。

(2)社区服务不是一般意义上的服务产业,区别于经营性的社区服务产业。但公益性是否必然排斥商业性？鉴于社区服务模式的多元化,我们需要融合公益性和商业性两种属性,呈现两种属性的不同作用状态,继而实现不同向度的社区治理模式效能。

(3)社区服务是通过延伸手臂、助人自助,从“赋权增能”和“优势视角”理论出发,进行“社区营造”,从而实现自下而上的差序格局人脉网络的形成,进而形成稳定的自治性组织。

(二)社区服务的内容

1. 社区服务的意义

(1)从宏观层面看

从宏观层面看,一个国家的治理体系和治理能力现代化,既要观“全局”,又要聚“细节”,既要“致广大”,又需“尽精微”。特别是在疫情大考面前,各方面、各战线、各领域都能迅速发动起来,与疫区同频共振,这是集中力量办大事的制度优势,更是基层治理,特别是以社区为单位的网格化管理大显身手,迸发出的超强威力。大学生们积极响应、身体力行地参与社区服务工作,从摸排“全覆盖”到聚焦“全方位”再到服务“全天候”,在社区筑起了精准防控的坚强堡垒,让社区服务的互助之光、协作之光照亮了人们内心朴素而深刻的劳动价值。

(2)从中观层面看

从中观层面看,为适应 VUCA 时代(变幻莫测的时代)经济社会发展的外部诉求和满足学生的“全人”教育的内在需要,让青年学生在踏踏实实的劳动中体认新时代、融入新时代、投身新时代,勇于实践、积极探索。高校需积极利用人才培养质量工程建设的契机,与社区服务中心合作,加强联合培养,建设学科实践基地,实施“从改革要质量优势和特色”的策略;积极推动“基于项目的导生制”,使理论教学与社区服务实践活动紧密结合;利用不同专业特色的“小杠杆”撬动社区治理的“大格局”,对学生成长成才提供制度化、个性化、常态化的实践支持和指导,培养知识与能力并重的高素质应用型创新人才,助力社区公共空间的打造,进而推动社区治理服务的创新。

(3)从微观层面看

从微观层面看,社区是人们生活的基本单元,应以社区服务为切入点,将“社区营造”的理念植入人才培养、教育教学的全过程。通过自我赋能、自我管理、自我迭代,从而形成系统内部自主的“滚动式”学习,逐步形成共同的愿景、共同的目标、共同的行为规范。此外,延伸手臂,贴近实际、贴近生活、贴近学生,聚焦于合作精神和文化氛围的营造,凝聚社区服务意识,培养公共精神,增强学生对社区的归属感,突出学生的主体性作用,激活主体的内生动力。促进校园的和谐稳定,其本质是通过外在社区服务文化环境的营造,使学生拥有一种集“获得、归属、幸福”于一身的深刻内在劳动体验,进一步提高大学生的综合素质。

2. 社区服务的目标

社区秉着“核心+开放”的工作理念,在保证社群活动原生态、可控制的基础上,又注入了开放多元的包容性元素,在融入结合渗透上下功夫,在落细落小落实上下功夫,打造“小而精、有特色、应用型”的社区服务模式,做到“整体规划、有机更新、模式迭代”,不断地为公共空间创造价值,为美好社区而行动,进而实现“教育资源共享、教育共同体共筑、教育教学活动共联”的目标。

3. 社区服务的建设原则

(1)让组织框架清晰化。社区服务组织中的管理成员角色明晰、分工明确,需草拟《学生社区服务自我管理委员会成立工作实施细则》和《学生社区自管会各岗位简介和工作职责》等规范性文件,以 A、B 岗的形式,既保证服务的正常运行,也促进人才资源的储备。

为了将上述模块化、标准化的指引落地,需强化组织建设。通过设置“社区营造师”,即“五位一体”的教练型导师(辅导员、班主任、思政课教师等)成长模式和教练型学生领袖“五人成长系统”,构筑社区服务文化矩阵的人力支持系统,促进社区服务育人的全面落地,最终达到当社区营造师逐步隐形化时,社区文化活动依旧保持活力的目的,保证社区服务营造的可持续性。

(2)让内容挖掘精细化。瞄准学生在生产劳动、志愿服务、社会实践等方面的成长需求,聚焦大学生内驱力和外驱力两个成长的主动力进行发力,通过线上线下双通道,以社区服务为立足点,打通思想政治教育的“最后一公里”。

运用敏锐的洞察力和转化能力,细分领域、精准对焦,深度挖掘每一个环节、每一领域所蕴含的育人元素和所承载的育人功能,通过社区服务实现“四个营造”,即社区复合型志愿服务综合体的营造、社区全覆盖实践育人氛围的营造、社区浸染式文化“会客厅”的营造、社区抱团式共同体身份认同的营造。

(3)让思政教育可视化。

①活动有主题:活动主题需明确,找到聚焦点,形成品牌意识,要关注品牌的角度、影响的广度、专业的深度,即社区服务需立足专业特色,拥有独特的 IP 定位。

②成长看得见:使“输入+输出”“线上+线下”双渠道贯通,通过“强输出”倒逼“强输入”,将劳动实践的成果纳入第二课堂成绩单制度,让社区服务育人的成长轨迹清晰可见,细化指标、量化结果,最终输出学生个人的劳动教育成绩单。

③项目有迭代:通过网络对数据进行采集分析,以“小步快跑、快速迭代”的精益创业方式进行社区服务活动项目的“验证性”迭代,不断优化过程性设计,形成工作闭环。

④服务有跟踪:在第一批学生体验社区服务项目后,需要有针对性地优化活动环节,增强同理心,从而形成用户黏性,不断提升学生的大局意识、服务意识,扩大社区服务活动的影响力。

⑤成效有报告:每一期活动后形成用户体验调查问卷,并做数据分析,评估社区服务活动的成效,作为基础资料进行完善并归纳存档。

(4)让组织管理企业化。让组织管理企业化就是把有意义的事情做得有意思、让有高度的工作有温度、为有温度的工作想办法。在学生社区服务项目的建设过程中,要让学生既是参与者、实践者,更是受益者。通过学生社区服务活动创新,鼓励和倡导学生在理想和现实的夹缝中身体力行地坚持做其他微小的尝试,不断与周边同学、学院、学校建立联系,进而共建一个文化认同、情感链接、服务共享、劳动共筑的“社区服务共同体”。

4. 社区服务活动项目概览

高校应进一步深耕厚植,精细化挖掘服务育人元素,打造一批有意义、有意思的社区品牌服务项目,创办“美好社区节”,构筑“服务+文化”的青年社区之家。

(1)心灵港湾。开展“Youth 悦读拾光——7 天共读学习圈”活动。社区学生志愿者发起“7 天共读”活动,一本好书、一群书友、一种自觉想要改变的强烈意愿,足以让社区文化共读空间成为守护心灵港湾的一方安静的书桌,让理性、平和、静心、启智浸润心田,也让一对多、多层次、可持续的思政教育成为可能。

(2)艺起青春。定期举办"社区大舞台,有梦你就来"社区文艺秀小剧场,给学生提供才艺展示平台,并邀请社区居民,加入剧场演出,构建一个共享、共创的社区大舞台。

(3)勤劳改造家。学生社区举办寝室照片墙活动,营造书香宿舍氛围;社区开启"美好行动"的千人大扫除"快闪"活动;建立跳蚤市场,进行旧物交换,设置"亲子摊位"进行玩具和闲置物品的分享。

(4)社区火种节。社区可以通过模拟创业过程,激发学生创新精神、创新理念的培养,鼓励学生发现不可能,积极与身边的资源机会互动,学会在不确定的风险社会中顺势而为,点亮心中的火种;还可以通过"创业早餐会""梦想加速营""小小科学家""创新小玩意儿"等进阶版创业体验活动,让社区儿童切身体验创新的乐趣,激活创新创业因子,形成浓厚的创新创业文化氛围。

(5)社区微志愿。社区可以链接校友资源,推动社会创新,通过发起社区小而美的微志愿、微环保活动,创新社会志愿服务呈现方式,引领互助、共享新风尚。

(6)社区学苑。社区可精准对接文化需求,定期举办灵活多样的"专业性+通识性"的滚动式学术沙龙、文化讲堂、健康知识普及等活动,提升学生的知识迁移能力。

(7)专业特色活动。如法学院利用形象生动的案例,采用单口相声方式,创办形式多样的线上"行走的法律'微'课堂"和线下法律诊所;艺术设计学院设计社区文化长廊,营造浓郁的文化氛围;环境学院科学倡导垃圾分类;建筑学院致力于旧区改造;外国语学院举办社区英语角;师范生进行"朋辈小课堂"学业辅导、亲子关系构建等,让专业转化为能力,让能力提升素质,进一步吸引青年群体参与社区善治,丰富辖区群众的精神文化生活,缓和社区矛盾,激活社区的内在活力。

二、公益宣传

公益宣传,是高校宣传思想工作的一项重要内容,是"知行思"有效贯通的载体,也是实践育人导向下的有效输出路径。《国家中长期教育改革和发展规划纲要(2010-2020年)》要求"鼓励学生积极参与志愿服务和公益事业"。《中长期青年发展规划(2016-025)》明确"鼓励青年参与社会公共服务和社会公益事业"。

鼓励学生积极参与力所能及的志愿服务和公益事业,事关党对高校的领导和全面贯彻党的劳动教育方针,要做到规范化统筹、品牌化培育、常态化宣传、项目化管理、信息化运作,这对于巩固共同的思想道德基础具有重大而深远的意义。

(一)大学生公益活动的基本释意与发展脉络

大学生公益活动是指大学生自愿参与或组织的,以助益社会、服务他人、增进福祉为目的的公益行为。大学生公益行为取向则包括对社会公益活动的认知和理解、对社会公益性质的判断和诉求的生成,以及产生的行为成效。同时,公益愿景、制度激励和自我禀赋、公益精神和人文素养、社会主义核心价值观认知都会对大学生公益行为有着较复杂的影响。回溯公益宣传的演进史可以发现,高校公益活动研究起步较晚,自2008年汶川地震后,逐步开启了公益宣传的转型之路。公益宣传与劳动教育和社会实践相结合、与工学一体的工作机制建构相结合、与高校思想政治教育的功能走向相结合、与不同的领域、背景、旨趣从浅表化吻合到深度化融合,并出现"非政治公共领域"多元素交融、演进与派生的新动向,这是社会传播学的理论逻辑、发展转型期中国公益宣传的实践逻辑、经济社会发展形态嬗变的历史逻辑和宣传纪录片的媒介逻辑的多重因素推动的结果。

(二)大学生公益宣传的基本向度

1. 理论建构向度

赋权增能理论:赋权增能是一个双向互动概念,我们在给同伴赋能的同时,自己也在增能,这就是一个正向循环,即公益宣传的最佳平衡状态是公益宣传者与受众双向成长。在公益宣传中,不仅个人能动性可得到最大限度的发挥,在多主体参与协作的场景下,还可最大限度地保证公益宣传活动的活力。

优势视角理论:公益宣传活动是一个有机体,和"人"的因素有很大的关联性,有其自然的公益文化生态发展路径、脉络。公益宣传活动要做的就是"剪枝修苗",通过自律和他律的紧密结合,通过一个紧密的公益宣传共同体氛围的营造,让学生将自身潜在的活力迸发出来,逐步形成公益活动的原动力,从而增强学生对自身的认同、对公益宣传的认同和对美好生活的向往。

2. 价值认同向度

价值是客体之于主体的效应体现,故需要将公益宣传置于主客体的双向互动中,才能科学理解理论指导下实践的价值走向。根据社区治理研究可知,中国是个"能人社会",需要透过"能人"关系网的动员、激励,形成核心凝聚力,树立良好的社会正向示范效应。在此背景下,高校通过教育引导,触发更多特色公益行动,对项目活动进行外在化的总结呈现,就会产生宣传、推广的辐射效应,进而产生公益实施主体的"能人效应",吸引更多同学参与到公益志愿服务活动中,实现正向价值认同的传导。

3. 行动规则向度

公益宣传需要以行动为取向,其中蕴含的规则就像一根线,串起每一位致力于公益宣传创新的个体,个体在规则的边界中不断地与资源、人脉进行互动,进而形成一个稳固的社区公益文化共同体。大学生通过公益动员,不断辐射带动更多同学,使其用最积极的心态、最有力的行动参与到社会公益事业中,用直抵人心的公益力量带给自身心灵的滋养,这份善意和勇气,足以让其拥抱生活的意外和惊喜。

(三)加强和改进劳动教育背景下公益宣传工作的主要任务

1. 坚定理想信念

通过公益宣传,大学生可以更好地了解国情,以踏踏实实的劳动、公益助人的氛围,传递出热爱劳动、热爱生活的态度,不断激发广大青年学生积极投身公益宣传事业的巨大热情,把爱国情、强国志、报国行融入脚踏实地的奋斗当中,凝聚起同心共筑中国梦的强大精神力量。

2. 壮大主流思想舆论

公益宣传作为高校宣传思想工作的一项重要内容,肩负着学习宣传马克思主义、培育和弘扬社会主义核心价值观的重要任务,对于加强高校意识形态阵地建设,牢牢把握高校意识形态工作的话语权具有重大意义。高校应通过管好导向、管好阵地、管好队伍，不断做大做强正面宣传，帮助学生树立正确的国家观、民族观、历史观、文化观，学会用马克思主义的立场、观点、方法审视问题，增强明辨是非的能力。

3. 推动文化的传承创新

建设具有当代特色、体现时代需求的公益文化，培育和弘扬公益精神，打造既有理论高度、又有实践温度的公益宣传文创产品，以公益宣传“进教材、进课堂、进头脑”为主题，通过形式多样的媒介推广和活动宣讲，把高校建设成公益文化宣传的示范区和辐射源，不断增强高校的文化软实力。

4. 立足学生全面发展

实现“五育”并举，不仅要依靠课堂专业知识的学习，更需要将所学、所知、所得投入鲜活的社会公益实践中。缺乏扎实的专业基础，公益宣传就缺少了持续发展的驱动力；反之，缺乏公益宣传的实践出口，理论学习就无法实现内化。公益宣传要将“脑力、眼力、笔力、脚力”融为一体，需要态度，更需要温度。

（四）劳动教育与公益宣传相结合的发展路径

1. 健全劳动实践组织

随着高等教育的发展，劳动教育和公益宣传的结合需优化外部供给，增强优质供给力，公益宣传活动需从单一、固化、局部等初级要素向知识、技术、数据、管理服务水平等高级要素迭代升级。高校可建立专兼结合、以专为主的劳动实践组织体，聘请专家学者、全国劳模、大国工匠等兼任外聘专家，造就一支政治坚定、学养深厚、有重要影响的劳动实践育人导师团，并通过一定的激励机制、考核机制、评聘机制，保持队伍的相对稳定；借鉴国外工作经验，打造公益宣传的真实化场景等，确保公益宣传“线下”有内容，“线上”有灵魂，全员“全覆盖”，做到从学生中来，到学生中去，让每一名学生都能树立“劳动最光荣”的观念；帮助学生树立“自己的事情自己做，他人的事情帮着做，公益的事情争着做”的意识，学习劳动技能、养成劳动习惯、热爱劳动人们，在公益宣传的劳动中感受快乐、体悟人生、磨炼意志。

2. 创新劳动发展模式

（1）以劳动为导向的优势发展模式。当代青年处在具有易变性、不确定性、复杂性、模糊性特征的特殊时代，当代大学生是新技术的拥趸，劳动教育也需乘着技术红利的东风，借力打力、借势成势，激活内在基因，善于把握契机，构建公益宣传新生态。例如：聚焦参与者的个人需求，赋予其更多自我实现的可能性；将宣传工作的传统优势与互联网等新兴载体相链接，以跳出传统的宣传工作套路，从内容、形式、载体、方法等方面因时而化、因事而新，并因势利导；善于与周边的环境、资源进行积极互动，协助公益活动对象目标达成，实现双主体的进步和成长。

（2）以关系为纽带的带动发展模式。基于对大学生公益宣传行为动机相关要素的考察分析，公益宣传行为是在一定的公益活动认知、内部需求、合理归因、外在呈现等多重因素的激发下产生的策略选择，这种选择必然存在于一个相对完整的生态系统。比如公益宣传组可形成临时党支部，以支部为核心，以普通学生为主体；以形式创新谋发展，以共创共享促和谐；以对象接受的多元性为突破口，打造“公益+”网络宣传 e 平台；以关照人的内在需要为切入点，实现三变，即公益宣传参与群体由“加法”变“乘法”，发展模式由“发散”变“聚合”,运行方式由“封闭”变“共享”,通过多样化、新颖化的呈现,强化大学生公益理念和价值观的存留度。

(3)以成果为导向的撬动发展模式。随着社交碎片化、新闻视频化、信息精微化和个性定制化的外部环境发展,劳动教育和公益宣传的结合点需以成果为“定”向,并在“做准对象化分析、做精分众化研究、做细对策性建议”上落细、落小、落实。这里的“定”是指公益宣传的成果可能是有形和无形的兼具,但是是确定的、客观的、具象化的、不以人的意志为转移的。通过文献检索、实践调查、数据分析等方法,可以设计符合劳动教育和公益宣传特点的成果评价方式,对实施效果进行多维评价,以综合性的定性分析修正、完善定量决策,实现公益宣传的价值撬动。

3. 构建劳动实践路径

(1)观念育人的路径

观念育人是构建劳动实践路径的基础和前提。有了社会主义核心价值观这把总钥匙,就可以在正误、主次、真假、善恶中做出正确的价值判断和价值选择。在公益宣传过程中,坚持育人导向,突出价值观引领;全面统筹各领域、各方面、各环节的育人资源和育人力量,培育公益精神,实行“全人”教育,推动知识传授、能力培养与理想信念、价值理念、道德观念的有机融合,建立系统化观念育人长效机制。

(2)实践育人的路径

“格物致知”来源于《礼记·大学》,意思是“推究事物的原理法则而总结为理性知识”。这个推究、考察的过程就深刻体现了实践育人的观念。公益宣传与公益服务、社会实践活动所蕴含的精神内核是一致的,都体现了理论教育和实践养成的结合。通过整合公益活动资源,强化项目式管理,搭建多元化传播平台,不断完善支持机制,可教育引导学生在公益宣传项目的亲身实践中,树立家国情怀。

(3)服务育人的路径

在公益宣传活动中,要把握对象化的发展需要,不断增强服务育人的供给力,强化公益文化的理解力、感悟力;强化服务对象的同理心,提供精准化的靶向服务。同时,只有扎根社区、深度挖掘、体验式学习,才能为深度服务提供有效的条件保障。只有在深度接触和实践的基础上才能掌握一手资料,进一步缩短二者间的心理距离,积极帮助解决能力范围内的合理诉求,为公益宣传提供鲜活的素材。

第七章　大学生劳动教育的策略研究

本章立足于时代发展,分析大学生劳动教育的策略,以促进学生培养新时代劳动精神与创新精神,增强公共服务意识。

第一节　劳动教育融入“三全育人”理念

随着教育教学改革的深入,劳动教育已成为新时代人才培养体系中的重要部分,在学生中积极弘扬劳动精神,引导学生明白“崇尚劳动、尊重劳动”的道理,帮助学生树立“劳动最光荣、劳动最崇高、劳动最伟大、劳动最美丽”的劳动意识,培养德智体美劳全面发展的社会主义建设者和接班人。高校要落实全国教育大会精神,把劳动教育融入思想道德教育、文化知识教育、社会实践各环节。本节从“三全育人”出发,探索高校如何把劳动教育融入人才培养的各环节,培养高校学生通过自身劳动实践,提高技术技能的能力,对推动高校培养德智体美劳全面发展的大学生目标的实现具有重要的现实意义。

一、“三全育人”的理念

“三全育人”是指全员育人、全过程育人、全方位育人。对于高校大学生劳动教育工作而言,全员育人,是指高校全体教职工强化劳动育人意识和责任担当,自觉在本职工作中帮助大学生树立正确的劳动价值观;全过程育人,是指高校将劳动教育贯穿学生入学到毕业的整个过程,形成长时段、持续性的劳动育人机制;全方位育人,是指从校内与校外、课内与课外、线上与线下多个维度融入劳动教育,构筑多维并进、互补互动、综合融通的教育格局。

二、劳动教育融入“三全育人”理念的途径

(一)在理念变革、课程改革、协作运行中凸显全员育人之效

高校要发挥好劳动教育实践育人的资源优势,立足学校人才培养目标,坚持高校全员协同育人,统筹劳动教育人力资源,形成育人合力,推动劳动教育。

首先,思想政治理论课教师在对劳动教育的引导和传承中应当走在前列。思政课教师既要加强对马克思主义劳动价值观的解读,还要结合新时代的实际表征加强创新劳动的激发引导;通过创新思政课实践教学方式,对劳动实践课程进行趣味化和生活化的设计,使学生在实践中加强对劳动的情感认同,促进劳动实践习惯的养成。

其次,专业课教师应当深入挖掘专业课程中蕴含劳动教育的课程元素,将劳动教育有机融入专业教育,真正实现专业课从“闭环”走向“开环”。专业课程的实习实训、专业实践服务等都是提升学生劳动素养的重要途径。通过课程融合与专业契合,高校可实现劳动教育的全覆盖,为形成具有时代性、实践性、针对性的劳动教育课程体系奠定基础。

最后，辅导员和班主任作为思想政治工作战线中重要的人力资源，应根据人才培养目标，将更新大学生劳动理念、推动创新型劳动发展作为着力点，在大学生日常学习和生活中渗透劳动教育，在主题团日活动、班会、志愿服务、勤工俭学等主题实践中嵌入劳动教育，引导大学生将所学的专业知识应用到实际生活中，在实践中感悟劳动价值。

（二）在内容设置、体制构建、管理服务中彰显全程育人之力

教育部印发了《大中小学劳动教育指导纲要（试行）》（以下简称《指导纲要》），这是教育部贯彻落实《意见》的配套文件，专业指导学校进一步明确劳动教育是什么、教什么、怎么教等一系列重点问题。《指导纲要》对劳动教育的目标内容做了细化，进一步明确了劳动教育的途径，包括独立开设劳动教育必修课、在学科专业中有机渗透劳动教育、在课外活动中安排劳动实践、在校园文化建设中强化劳动文化四个方面。

《指导纲要》要求各级各类学校将劳动教育纳入人才培养全过程，贯通大中小学各学段，贯穿家庭、学校、社会各方面，全面加强劳动教育与德育、智育、体育、美育的有机融合，努力培养和造就新时代中国特色社会主义建设者和接班人。《指导纲要》为新时代高校劳动教育注入了新内涵，高校要将劳动教育贯穿高等教育全过程，需要整体协同推进，构建体制和机制。具体而言，在体制和机制方面，着重构建完善的课程体系和评价体系，开设必要的劳动教育类公共必修或选修课等“劳动+”教育类学科。如高校低年级学生可通过勤工俭学、实训操作等培养动手能力及劳动意识；中年级学生通过专业服务、社会实践等培养诚实劳动、踏实肯干的劳动修为；高年级学生可以结合实习、培训等积累职业经验，塑造劳动奉献精神和奋斗品质。

在管理服务方面，高校应进一步强化管理育人与服务育人，双维度保障劳动教育育人功能的发挥；统筹管理与服务部门，明确相关部门的工作职责，统一规划部署劳动育人工作范畴，合理创设管理与服务岗位，形成全校师生员工共同参与的劳动教育格局。每一位高校工作者和学习者，都要在组织管理和自我管理中使每一个工作环节和每一个学习环节尽力呈现劳动教育带来的裨益。在组织管理中和教育评价上，对学生进行“一生一周”的劳动教育纳入学分管理，形成新时代大学生成长成才的重要举措。在自我管理方面，大学生应当将自我劳动和自我服务中体悟的劳动精神常态化，努力打造知行合一、身体力行的新样态，不断促进自身劳动素质的养成。

（三）在家校社携手、多维联动、同向同行中促成全方位育人之尚

劳动教育是一堂“行走课堂”，通过将家庭、学校、社会“三个营地”联动协同，挖掘“资源图谱”，形成家校联动、校社互联的“劳动育人共同体”，合力提高“劳动+教育”的共振性，将劳动与职场素养、创新创业、核心素养等有机结合，激发当代大学生主动参与劳动的动机，促进大学生在服务人民、奉献社会的实践中实现人生价值。

具体而言，家庭要注重发挥基础作用，积极倡导自身在劳动教育中的重要作用；父母要以身作则，树立崇尚劳动的良好家风，引导子女开展劳动、动手动脑，发挥家长委员会的作用，在家校互动中了解活动类型，配合学校完成劳动实践教育。

学校要发挥主导作用，开设劳动教育特色课程，不断深化产教融合，与行业骨干企业、中小微型企业紧密协同，协作建设劳动实践基地，扩大场域共享，使学生在校内校外、企业

内、行业外都能劳有所感、劳有所获。

社会要积极发挥支持作用，协调利用各方面资源，将基地建设、制度保障、宣传教育等工作贯穿始终，建立常态化劳动教育基地，为学校劳动教育实践提供支持；集全社会之力，以劳动教育树时代新人，这是“三全育人”的重要一环，也是高校劳动教育路径的崭新开拓。

三、劳动教育融入“三全育人”理念的策略

高校培养高素质技术技能型人才，应秉持“三全育人”的内涵要求。高校应当积极营造劳动育人氛围，构建精神传承、形式创新的劳动育人体系，常态化开展劳动育人实践工作。

（一）坚持全员育人，强化劳动教育理念

全员既包括高校辅导员、班主任等专兼职劳动教育工作队伍，也包括其他学科专业教师和各级各类职能部门的行政人员乃至教辅人员、后勤服务人员等。育人者必先育己，立己者方能立人。高校教职工不仅要“传道、授业、解惑”，还要切实做到“行为世范”，通过言传身教，为学生树立标杆。劳动教育师资队伍在整个劳动教育内容的研发、组织和实施过程中应发挥着主导作用，例如，分析学生在不同阶段劳动教育的重点，深入推进课程教学、实训管理、保障支撑等方面的进程，同时还需要围绕专业特色、地域特点、行业需求开展劳动教育理论课题研究和实践探索；在理论课程中融入劳动价值观的培养，在专业实训实操中深化劳动技能和职业精神的培养，引发学生思考和重视劳动的价值。

（二）坚持全过程育人，完善劳动教育制度体系

1. 重视大学生入学阶段的劳动教育

入学教育时，学校要做好思想上的铺垫，强调树立正确劳动价值观与劳动教育的重要性和必要性，可以对劳动教育人才培养方案进行宣讲，主要目的是让新生全面了解劳动教育的培养目标、课程设置、教学组织安排及劳动教育的考核评价体系，帮助学生充分了解劳动教育的时代内涵及意义，激发学生的学习兴趣，增强其学习自觉性，为形成良好的学风打好基础。

2. 加强大学生在校学习期间的劳动教育

课堂是教育教学活动的主阵地，开展劳动教育除了开设专门的劳动教育课程，还要梳理各学科中所蕴含的劳动知识和劳动教育功能，实现劳动教育与其他学科知识体系的有机融合。如思想政治教育与劳动教育的整合，以德育增强认识，实现德育与劳育协同育人；专业课与劳动教育的整合，根据不同专业的学科特色，充分挖掘劳动教育的元素，有针对性地引领青年学生提升劳动素养。高校还需分析大学生在不同年级阶段的劳动教育重点，在课程教学、实训管理、团队建设、保障支撑等方面深入推进劳动教育，从而营造全程育人的环境氛围，将劳动教育贯穿育人全过程。

同时，高校可结合校园文化建设，开展与劳动教育有关的多样化的课外活动，如征文演讲比赛、文明寝室评比、劳动技能竞赛等，使学生亲身体验劳动，感悟劳动的意义；还可以利用宣传标语、校园广播、微信公众号等传播载体，或者召开劳动模范和先进人物的报告会、分享会和学习会，做好对劳动模范、工匠精神的宣传工作。通过一系列切实有效的措施营造崇尚和尊重劳动的良好氛围，这对大学生形成正确的劳动意识、提升劳动素养具有重要

的作用。

3. 深化大学生毕业前夕的劳动教育

在大学的最后阶段，高校可在职业辅导、就业指导等课程中融入劳动精神和劳动知识，给予大学生适当引导，让他们正视自身劳动技能的优点和缺点，找到合适的工作岗位，为今后的学习和就业奠定基础。另外，高校还可以把毕业实习、实训与劳动教育的内容充分结合，在强化专业知识和专业技能中培养大学生的劳动素养；重视创新创业教育活动的开展，坚持强基础、搭平台、重引导的原则，构建创新创业实践导向体系，培养学生的创新精神与实践能力；积极开展社会实践和志愿服务等相关活动，引导大学生深入社会、走进基层，在体验劳动、服务社会的过程中，提高生产生活技能，培养艰苦奋斗的优良品质。

（三）坚持全方位育人，构建家校社“三位一体”的劳动教育格局

劳动教育的施教主体虽然是学校，但家庭教育、社会教育也不可或缺，只有三个维度各司其职、各尽所能，同时协同配合、优势互补，才能真正加强大学生对劳动精神的认识，促进大学生劳动实践技能的养成。

1. 重视家庭中的劳动训练

家庭中的劳动训练是整个劳动教育体系的第一阶段，家庭教育对学生的劳动情感及价值观等方面的培养影响深远。一方面，家长要在孩子的成长过程中，用身边鲜活的劳动典范对孩子进行教育，还要创造各种有利条件，安排与他们年龄特点和身心发展水平相适应的劳动任务，让学生从小树立“劳动最光荣”的正确观念；另一方面，家长也要以身作则，爱岗敬业，热爱劳动，营造优质的劳动教育氛围，发挥好榜样作用，通过潜移默化的熏陶使子女形成勤劳的品质和良好的劳动习惯。

2. 发挥学校劳动教育的主阵地作用

要充分发挥劳动教育的主阵地作用，高校除了综合采用课堂授课、专题讲座、校园文化培育等多种形式开展劳动教育，还可以着手启动线上课程，注重利用网络教学平台等信息技术，拓展劳动教育的方式方法，提升劳动教育的质量；同时，打造线上与线下相结合的模式，结合专业特色，参照市场和用人单位对人才的需求，融合校内外各类优质活动资源，为学生发展提供支持，引导学生在多平台活动中增强自身的劳动意识、强化劳动责任感，进而提升职业技能。如会计专业的学生可到当地税务局或会计师事务所实习，在实际工作岗位实践锻炼，立足本职，培养吃苦耐劳、知行合一等优秀品德及责任担当意识。

3. 做好社会劳动实践资源的开发

社会实践是开展大学生素质教育的重要环节。高校除了宣传劳动精神、工匠精神和现实生活中劳动模范的先进事迹，增强学生对劳动和劳动者的感性认识，还要做好社会劳动实践资源的开发，引导大学生参加各类公益性劳动。但在开展活动的过程中要注重教育者的正确引导，切实发挥劳动教育的教化功能，使大学生在公益活动中提高思想认识和劳动素质，进而服务社会、报效国家。在“三全育人”理念的要求下，高校实施劳动教育要以生为本，突出问题导向，寻找科学可行的实施路径，为培养德智体美劳全面发展的技能型人才奠定坚实的基础。

第二节　劳动教育融入“立德树人”理念

一、“立德树人”理念下劳动精神融入高校教育

（一）高校教育中培养劳动精神的意义

1. 培养劳动精神是思想品德教育的有效形式

在党和政府的正确领导下，高校的思想品德教育形式多样、内容丰富、成效明显。思想品德教育工作是我国高校教育工作中十分重要的一个环节。素质教育的施行，有必要在所有教育活动的环节之中，实现美、体、智、德等方面的有机统一。从学校教育方面来看，不仅需要把握好智育方面，更要需对德育加以关注，同时也需要强化体育教育、社会实践，以便各方教育能够相互协调、互为渗透，使得学生得以实现健康、全方位发展。

2. 培养劳动精神是学生健康成长的内在需要

在劳动的基础之上，人类令世界得以改变，并创造了所有的美好生活。现在的大学生大部分都生活在安逸和舒适的环境中，有些学生对用双手创造价值并不看重，认为获得的一切理所当然。在高校教育中进行劳动精神的培养可以培养学生吃苦耐劳、乐于创造、理解他人、自我管理和热爱劳动的品格，利于学生的健康成长。

3. 培养劳动精神是实现教育目标的主要路径

高校的培养目标是培养适应区域经济发展需要和满足行业发展需求，掌握专业知识、方法和技能，有良好的综合素质和较强的创新创业能力，能够适应职业岗位的高素质技术技能型专门人才。这就决定了高校教育是以培养能力为主的教育，在这过程中，将劳动精神融入高校教育，使学生通过自身劳动锻炼，提高操作和动手的技能，能更好地辅助教育目标的实现。

4. 培养劳动精神是学生成才进入社会的必然准备

党的十九大提出，要对创新、技能、知识型劳动者大军进行构建，弘扬工匠、劳模精神，由此形成良好的敬业风气、社会风尚，并将全新任务、使命等赋予教育现代化。随着日常生活、工作中人工智能设备、技术等的大范围运用，机器已经取代了诸多劳动项目，传统劳动教育也遭受了人工智能的冲击。虽然人工智能科技水平较高，但取代不了劳动等形成的创造性。高校应培养学生的劳动精神，激发其潜能，使其在步入社会前具备科学的劳动观念和熟练的技能，打造工匠精神。

5. 培养劳动精神是感恩意识培养的重要方式

现在进入高校的学生大多都是“00 后”，他们有着这一代年轻人的个性特点和生活方式，享受着高速发展的社会和经济带来的便利和丰富的物质文化生活，学校提供了优越的教学生活场所，父母提供了充足的经济后盾。当然，较为贫困的学生也享受了国家奖助学金和各种助学贷款。但在学校学习的过程中，我们看到不少学生没有意识到在享有这样的资源和资助的同时，是需要对国家、社会、学校和家庭感恩的，恰恰相反，他们觉得理所应当。这就是由于劳动精神培养缺失造成的，他们没有意识到这一切都是大量的劳动所创造的，没有对劳动的敬畏感和感恩之心。感恩既在于心，更在于行，学会劳动，也是感恩意识

培养的重要方式。

(二)“立德树人”理念下劳动精神培养存在的问题及主要原因

高校在育人过程中,对思想品德的培养十分重视,但注重德智体美发展的同时,往往忽略了劳动在教育过程中的意义,存在着较为突出的问题,具体如下。

1. 高校教育中劳动精神培养存在的问题

(1)劳动教育课程没有融入高校教育体系。高校人才培养方案的课程设计中,几乎不涉及劳动课程的安排,都是公共课、思政课、专业基础课和职业技能课程等。这就阻碍了劳动精神的培养。

(2)社会实践活动中劳动教育缺失。在高校学生的思政课程中,会有对劳动的重要性的讲解,但只是停留在理论的讲授和意识的输送层面,没有劳动实践的安排,对学生思想道德素质的提高帮助不大。在专业课程的社会实践锻炼中,学校虽然提供了环境较为舒适的实践场所,但没有安排专门的劳动实践环节,学生的劳动意识也比较缺乏。

(3)相关师资队伍和配套管理制度不健全。高校的教育体系中,没有专门的劳动教育教师,如有安排,也以兼职的教师为主。

因为缺乏具体的实践及完善的培训环节,缺乏系统的教学体系设计和安排,教师也不了解在劳动教育过程中如何避免完全说教式的教学方案,所以无法达到效果。高校未配套管理制度、未提出具体的要求和考核机制,劳动精神的教育也就无法落地。

(4)劳动精神培养没有融入学生日常管理中。在学生的日常管理过程中,学校更注重安全、心理及日常的管理工作,虽设立了勤工助学的岗位,为贫困学生提供了劳动创造价值的机会,但毕竟参与的面比较窄,没有全面铺开。

学生劳动精神的培养并未与日常管理相结合,既无要求也无管理办法,有的学生甚至不屑于劳动,这会对学生进入社会造成消极的影响。

2. 高校教育中劳动精神培养存在问题的原因分析

(1)高校对劳动精神培养认识不足。高校的育人目标是培养具有技能的高素质人才,在人才培养过程中注重知识、技能和职业素质的培育,忽视了劳动在个人对社会责任的付出中起到的作用,没有意识到劳动精神在人才培养中的作用和影响。宋庆龄女士曾经表示,知识往往来自劳动,所有成就的取得,均为辛勤劳动的结晶。若并未在高校教育体系中纳入劳动教育,就意味对其重视程度远远低于对知识和技能教育的重视程度,但其实脑力劳动本身也是劳动的一种形式,只有付出劳动,学生们才会意识到美好生活来之不易。

(2)实践教育与劳动精神培养结合不紧密。实践教育虽然也会培养学生动手和操作的技能,但是学生也存在“等靠要”等懒惰的思想情绪和行为。高校在实践课程的设计和安排中,并没有将劳动精神、技能和观念相结合,引导学生参与更多的实践,而是轻实践重理论,使学生无法通过动手和操作培养与社会价值相结合的能力与素质。

(3)高校教育中劳动精神培养未形成有效的合力。当今高校都努力打造“星级学校”,在教学楼、学生宿舍、食堂和文体场所,投入大量的财力、物力和人力,努力达到一站式的服务标准。宿舍有空调洗衣机,教学楼有电梯,文体馆有完善的设备,图书馆环境舒适,清洁卫生有物业人员负责,学生的劳动意识就逐渐淡化甚至丧失。高校学生由于心态不成熟,自理和自控能力较弱,这些完善的设施可能会造成学生惰性的养成。

(4)高校学生自身因素的影响。劳动精神是习近平总书记系列重要讲话精神特别是关于工人阶级重要论述的组成部分。

劳动精神是对广大劳动者劳动实践的高度肯定与科学总结,劳动精神是对马克思主义劳动价值论、劳动观的丰富和发展。劳动精神即社会主义核心价值观应有之义,需要与工匠精神、劳模精神互为包容。不管是农村,还是城市地区的高校学生,都存在劳动意识淡薄的现象,其对劳动、对劳动者、对劳动行为不尊重,甚至蔑视;在择业时,也是以“少劳多得”作为择业目标,这也是不爱劳动的表现。

(三)“立德树人”理念下劳动精神融入高校教育的途径

教育家马卡连柯说过:“劳动永远是人类生活的基础,是创造人类生活和文化幸福的基础。”

通过以上劳动精神在高校教育中存在的问题,结合高校教育人才培养和教学体系设计的特点,笔者对在“立德树人”理念下劳动精神融入高校教育的实现途径进行了四个方面的思考,尝试在高校中将劳动精神纳入教学体系建设、学生日常管理、感恩教育及家庭教育中,使高校学生能通过自己的努力创造属于自己的幸福生活。

1. 将劳动精神培养纳入教学体系建设中

(1)在各专业教学中开设劳动课程。高校可在人才培养方案中,探索增加劳动课程,并给予一定的课时及学分;采用理论课与实践课相结合的灵活的教学和考核方式,利用课后、周末或者假期等时间,安排劳动实践,促进学生在劳动过程中认识、了解自身的不足,体会劳动和生活的不易,实现教学目标。

(2)在思政教育中将劳动精神培养作为考核指标之一。思政课程是高校教育体系中至关重要的一个环节,思政课的授课教师也应不断研究如何将枯燥的内容以更为灵活及与时俱进的方式进行讲授及考核。如果单纯将劳动教育纳入思政教育和考核,学生可能会难以接受,教师可以制定考核项目和标准,定岗、定人和定责任,将劳动成绩和最终的思政成绩结合,提高教学和育人质量。

(3)在社会实践中融入劳动精神培养。社会实践课占据着高校教育教学体系中大量的课时,有时甚至超过了50%以上。教师关注学生技能的掌握,企业关注学生带来的人力资源,却忽略了劳动精神的培养。在实践环节,采用现在正在部分高校试点的现代学徒制的传帮带方式,无疑是一种新的尝试。师傅带徒弟,师傅将精益求精的工匠精神和一丝不苟的敬业态度,在工作中手手相传,可以端正学生的劳动态度和培养其积极的劳动精神。

(4)加强相关师资队伍建设。师资队伍的建设是培养劳动精神不可或缺的一部分,校内教师通过培训、企业实践锻炼等方式,提高自身对劳动精神的敬畏,在教学各环节进行劳动意识和劳动精神的传递。企业的能工巧匠也是师资队伍的组成部分,在实践和实习的环节也会对学生形成影响。

2. 将劳动精神培养融入学生日常管理工作中

(1)在班级和宿舍管理中设立劳动岗位。劳动是一项身心相结合的活动,对学生的社交能力、互相协作能力、团队精神的培养有一定的促进作用。高校学生大部分时间是在教学场所和宿舍中活动的。在教学场所,可以安排定期的值日生进行教室和实训室的日常管理、卫生清洁;在宿舍内也安排值日生,负责宿舍的卫生及美化,打造和谐居住和生活的环境，培养学生的劳动意识。

(2)定期安排校内外劳动实践活动。有条件的学校，可以在学校内建设劳动基地，如没有条件，可就近联系工厂或者农场，有组织地安排学生进行生产劳作，同时，可利用寒暑假，要求学生进行一定时间的实习锻炼，并提交相应的劳动实践报告，将劳动活动与专业的校内外实践、实习结合，并附以一定的学分，纳入考核范畴。

(3)加强日常管理制度建设。高校从上至下，从领导到一般教师都要有培养劳动精神的意识，这样才能通力协作，将劳动意识的养成融入人才培养中。制度建设和多方位的宣传就成为保障和落实的关键。在管理过程中，高校可将校内外实践、顶岗劳动、宿舍劳动岗位设立、校园服务和社区服务等都形成规矩和要求，最好以课时或者学分的形式纳入教学和育人体系。

3. 将劳动精神培养与感恩教育相结合

(1)探索勤工助学岗位的管理考核方式。勤工助学岗位的设立是为了帮助有困难的学生自立自强，参与到勤工助学岗位的学生都在用自己的劳动创造价值，回馈家庭和社会的关爱。但是在管理和实践的过程中，完成工作的质量和效率无人考核，似乎做多做少都一样，无法互相督促和考核。高校可以在勤工助学岗位中探索“能上能下”、按劳动和工作完成的质量好坏及效率高低计酬的方式，使自强和自律的学生用努力的劳动完成工作，赚取报酬。

(2)探索劳动精神与感恩意识的培养方式。高校虽然培养的是高素质的技能人才，但是教育的出发点无论什么层次都是以“成人”为根本的，感恩教育在任何时代背景下都不过时。感恩教育是一项系统工作，离不开社会、家庭和学校的合作。在学校期间，学生通过课堂的学习、教师的灌输来增强感恩意识的机会较少，但学生在学校的时间比较长，在日常生活、学习中，可通过劳动实践，身心接纳劳动精神，接受劳动教育和行为，热爱劳动，感恩所有获得的一切，珍惜身边人和事，增强责任意识，常怀感恩之心。

4. 将劳动精神培养渗透到家庭教育和社会意识中

(1)争取家长的理解和支持。家长是孩子最好的老师，劳动精神的培养实际上应当从家庭教育抓起。家长在家里言传身教，日常劳动主动让孩子参与，安排力所能及的劳动活动，家长不能包办孩子的全部生活琐事，引导他们多动脑、多动手，凡事需要靠自己的努力才有收获，培养孩子的独立能力和劳动意识。学校再多的教育都不及家长的日常培养，只有家长意识到劳动的重要性，积极配合学校教育，方可事半功倍。

(2)争取社会的认同和配合。企业在接纳学生实习和就业的过程中，也应该加强劳动意识的塑造和考核，积极与学校探索在校期间培养学生劳动能力和意识的渠道和方式，最终为企业输送更多优秀的人才。社会应当积极营造一种“劳动光荣”的舆论导向，通过各种渠道宣传劳模精神和工匠精神。

二、劳动教育融入“立德树人”理念的策略

高校必须完善劳动教育制度，精心设计相关教育内容和评价体系，拓宽劳动教育实践路径，发挥劳动教育在“立德树人”中的综合价值。

（一）积极构建多元化的劳动教育体系

1. 课程劳育：第一课堂有温度

在劳动教育的课堂中要以学生为本，开展内容丰富、形式多样的课程教学，提高学生学习的兴趣度和主观能动性，如可以邀请当地劳模讲述精彩故事、开拓校内劳动实践项目、参加社会公益型活动等，让劳动精神富有感染力。针对大学生实习实训和就业指导，还可以向同学们介绍有关劳动的法律法规、劳动关系等相关内容，帮助学生树立正确的职业观，打造用心用情的劳动教育第一课堂。

2. 专业劳育：技能提升有深度

高校要把劳动教育融入专业课程的实习实训中，面对不同年级学生、不同课程设计出有专业特色的劳动实践项目，使学生在参与技能实训、生产实习、社会调查等相关活动中强化劳动责任、提升专业技能、培养职业素养和社会适应能力；还要利用各方优质资源，打造创新创业平台，为学生劳动实践提供支持，引导学生在平台活动中发挥自己的优势，增强劳动意识，进而提升职业技能。

3. 思政劳育：思政教育有效度

高校开展劳动教育首先要明确思政劳育的育人目标，有针对性地规划思政劳育的相关内容，将意识形态和价值引领潜移默化地融入劳动教育内容中。只有运用社会各行各业人们创造社会价值、服务人民的真实教学案例，高校才能加深学生对劳动精神的思考，注重培养工匠精神、敬业精神，坚持知行合一，有效发挥显性教育与隐性教育、德育与劳育的协同作用。

（二）着力打造协同联动的劳动教育格局

高校应当构建家校社“三位一体”的劳动教育格局，达到协同育人的效果，实现课内课外相衔接、线上线下相结合、校内校外齐教育的育人格局。

1. 课内课外相衔接

学生在课内学习相关的劳动知识，课外积极参与劳动实践活动，可以巩固和深化课堂知识；第一课堂和第二课堂精准对接，知行合一，促进学生丰富劳动知识、提升技能水平。

2. 线上线下相结合

在线上，打造高质量的慕课，引用中国传统文化，让学生体会中国劳动精神、工匠精神；同时，通过网络，学生可以细致了解到当代劳动精神和服务社会的现实案例；榜样现身说法，可以传递正能量，营造向上、向善、向美的网络劳动氛围。在线下，鼓励学生走出校门参加日常生活、社会生产等劳动实践，理论与实践密切结合，让学生尊重所学、检验所学，树立正确的劳动价值观，厚植劳动精神和工匠精神。

3. 校内校外齐教育

在校内，学校整合各方面资源对劳动教育内容进行研发、组织和实施，搭建校内劳动教育实践活动平台，开展兼顾共性和个性的劳动实践项目；在校外，学校借助政府、企业和家庭等多方力量为大学生劳动教育提供实践场地，强化劳动意识，鼓励学生用专业知识奉献社会，达到知行合一的目的，建立以学校为主导、家庭为基础、社会为支持的协同育人格局。

（三）充分建立科学的劳动教育评价体系

高校必须建立科学的劳动教育评价体系，充分利用评价的导向作用，增强劳动教育的实效性。

1. 自评和他评相结合

学校应坚持多元的评价原则对学生劳动教育进行评价。首先是督促学生针对劳动教育过程进行自我评价，还要撰写劳动教育心得体会，加深学生对劳动的体悟；同时，通过小组讨论、成果汇报等多种形式，让劳动小组成员之间进行互评，劳动课教师应综合考查学生对劳动教育知识和技能的掌握程度。采用综合评价的方式，能让学生端正对劳动教育的态度，培养知行合一的责任担当。

2. 定性与定量评价相结合

学校应制订详细的定量考核评价表，根据学生参加劳动教育的课时数、对劳动知识和技能的掌握程度、撰写总结或成果展示等方面，采用观察、访谈和问卷调查等传统方法收集学生在劳动教育过程中的详细材料，以便对学生的劳动教育成效做出定量评价；同时结合学生自评、劳动小组成员互评、劳动课教师评价等多方面对学生在劳动课程中的表现进行定性判断。定性与定量考核配合使用，详细且易于控制，有助于形成更为客观的劳动教育评价结果。

劳动教育是培养时代新人的必然选择，是提升高校人才培养质量的必然要求，是推动学生全面发展的本质要求，高校应坚持立德树人，把劳动教育纳入人才培养全过程，促使大学生掌握劳动知识和提升劳动技能，提升整体素质与能力，用育人实效培养出德智体美劳全面发展的中国特色社会主义合格建设者和可靠接班人。

第三节　劳动教育融入大学体育和专业技能教育

2020 年新年伊始，新型冠状病毒性肺炎疫情的传播引起了无数个家庭对体育锻炼、强身健体的重视，更多的家长和学生意识到要加强锻炼，提高自身免疫力。在疫情期间，由于大学生居家隔离无法返校，特殊背景下体育课程的高效开展对当代大学生的身心健康影响尤为重要。体育课应以何种形式开展，才能既锻炼身体、增强免疫力，又能结合学生居家的实际情况，通过居家劳动、创造性锻炼等多种方式提升学生的劳动技能，引导学生尊重劳动、以劳育体和增强体质，最终达到健全人格的培养目标，这便成为值得探究的教学重点。

一、劳动教育融入大学体育

（一）高校推动“体育+劳育”有机结合

构建大学生“体育+劳育”的锻炼新形式，需要高校加强顶层设计，开展多样化的劳动实线，真正把劳动教育融入体育锻炼、身体素质测评体系、专业教育、实践实习、创新创业等教学环节中，与现有人才培养体系真正结合为一个有机整体。

(二)结合生活实际,全面统筹教育新模式

新时代大学生教育面向的是“00后”一代,他们是伴随着高科技、信息化的时代成长的。过往的劳动方式、体育运动方式发生了新的变化,但体育精神和劳动精神仍然是培养大学生的重要基础。结合大学生的心理特点,高校在体育与劳育相结合的新形式上,需要多下功夫,让“00后”的大学生能意识到多样化的劳动教育,在体育活动的实践中可以得到很好的体现和深化。

(三)培养大学生的终身体育观念,综合提升素质教育

体育与劳育皆是素质教育的重要组成部分,“体育+劳育”的新模式是将两种教育方式有机结合起来。大学生应结合自身实际、所学专业特色,在日常居家锻炼中融入专业技能知识。高校也可以通过组织相应的活动、教学相关内容、设置鼓励机制,引导大学生参与体育劳动,在体育劳动中磨砺意志、增强毅力,培养自理、自立、自强的独立精神,促进大学生养成终身体育锻炼的习惯和实现对体育、劳育等素质教育的再升华。

二、劳动教育融入专业技能教育

(一)劳动教育融入高校专业技能教育的基础

高校专业技能教育是为经济社会发展培养高素质劳动者和技术技能型人才的重要方式,与劳动教育所倡导的育人体系在目标、内容、方式等方面具有天然的内在契合性。

1. 目标一致,都是引导大学生树立正确的职业价值观

新时代将劳动教育融入高校专业技能教育,除了让学生掌握扎实的专业技术和熟练的操作能力外,更要让学生领悟人生理想和目标要靠辛勤劳动、诚实劳动、创造性劳动来实现。高校专业技能教育培养的是具有“工匠精神”的高素质劳动者和技术技能型人才。“工匠精神”不仅表现为精益求精、敬业奉献,还包括与时俱进、勇于创新。因此,从最终目标上来看,两者都是要培养学生爱岗敬业、乐于奉献、勇于创新的优良品质,使学生通过辛勤劳动和艰苦奋斗,实现自身的全面发展,成为能够担当民族复兴大任的高素质劳动者。

2. 内容一致,都是教导大学生学以致用、知行合一

作为新时代劳动教育的主要内容之一,服务型劳动教育就是让学生运用课堂上所学的专业知识和专业技能服务他人和社会,如参与社会实践、志愿服务、公益劳动等。而高校专业技能教育主要是帮助学生习得专业领域的知识和技能,输送区域发展急需的高素质技术技能型人才。因此从内容上来看,劳动教育和专业技能教育都强调学以致用、知行合一,都教导大学生用所学的专业知识和技能服务社会、推动社会的发展,以主人翁的精神投身实现中华民族伟大复兴的征程中,在服务社会中实现职业理想和人生梦想。

3. 路径一致,都是倡导大学生勤于实践锻炼

“纸上得来终觉浅,绝知此事要躬行。”劳动教育要落地见效,必须要组织学生实实在在地劳动,切不可在课堂上听劳动,在书本中学劳动,在视频里看劳动。对于新时代的大学生来说,劳动不仅要有出力出汗的体力劳动,也要有偏重脑力的创新性劳动和创造性劳动。产教融合、工学结合是高校专业技能教育的基本模式,而其中最基本的教学组织形式就是

实践教学,通过实训、顶岗实习、社会实践、志愿服务等多种实践形式检验学生所学的知识和技能,使其在亲身参与中锤炼专业技能,培养良好的职业素养。因此,从教育方式上来说,两者都应不断强化实践锻炼,倡导大学生积极投身社会实践,将学校所学的专业知识、技能转化为对企业、社会、国家有用的实际本领。

(二)劳动教育融入高校专业技能教育的时代诉求

1. 劳动教育是实现高校人才培养目标的关键

高校教育培养的是服务区域发展一线的、具有高素质、高技能的人才。无论是高尚的道德素质,还是精湛的专业技能,都需要学生通过亲身实践、辛勤劳动获得。“功崇唯志,业广唯勤。”习近平总书记在多种场合对青年寄语:“幸福都是奋斗出来的。”“世界上没有坐享其成的好事,要幸福就要奋斗。”这是习近平总书记在实现中华民族伟大复兴的征程中对青年大学生发出的奋斗召唤。青春的梦想要靠勤奋劳动、诚实劳动去实现,社会的进步、国家的发展要靠创造性劳动来助力。劳动教育是实现高校人才培养目标的关键环节,更是社会主义国家先进性的集中体现。

2. 劳动教育是高校培养大国工匠的应有之义

当前,我国经济发展已经从粗放式增长转向高质量、高水平发展,匠心之作才能对接高质量、高水平发展的经济态势,才能满足人们对美好生活的期待。匠心之作源于大国工匠、能工巧匠。高校教育要提质培优、以质图强,必须把培养具有“工匠精神”的高素质技术人才作为人才培养目标。“工匠精神”的塑造不单单是从书本里学出来、从课堂中听出来的,更重要的是通过亲身实践去锤炼技艺、磨炼意志。打造特色劳动教育体系,培养工匠人才,是高校教育内涵式发展的应有之义。

3. 劳动教育是高校培养创新型人才的必由之路

习近平总书记指出“人民创造历史,劳动开创未来。劳动是推动人类社会进步的根本力量。”古有鲁班,专攻生产和生活上的创造发明,制作了曲尺、墨斗、刨子等各种劳动工具,造福劳动人民;又有隋代的著名桥梁专家李春,建造了举世闻名的赵州桥,为中国桥梁技术的发展做出了巨大贡献;今有“玉兔号”月球车、“蛟龙号”载人潜水器、“天眼”等大国重器,这些大国重器背后的大国工匠,是促进科技发展、社会进步的重要推动力。“空谈误国、实干兴邦”强调的就是要脚踏实地地劳动。只有通过不断的劳动实践,才会激发学生对劳动工具、劳动方式、劳动空间的优化与创新,从而在潜移默化中培养学生的专业创新意识和创新能力。

(三)劳动教育融入高校专业技能教育的措施

1. 融入课程建设,筑牢学生新时代劳动价值观

劳动教育融入高校专业技能教育,关键要找准切入点。如果说教师是教育实施的主体,那么课程既是教育思想、教育目标和教育内容得以实现的有效载体,也是教育教学活动的遵循基本。劳动教育要融入专业技能教育,首先要实现的是劳动教育的课程化。

(1)整体优化课程设置。高校应根据不同学段的学生特点,分层次开设劳动教育必修课和模块选修课。如大一阶段重点突出劳动价值观的培育,大二阶段着重提升学生的专业劳动技能。高校可以在大二阶段设置劳动实践课,时间为一周,赋予一定的课程学分。劳动实践周期间,主要以专业实训和实践为主,不安排文化课,将劳动课的成绩计入期末总评

成绩。大三阶段通过毕业设计、调研、顶岗实习，让学生在诚实劳动的基础上进行创造性劳动，着力培养崇高的职业劳动素养。

（2）创新专业课程标准。在制定专业课程标准时，高校应充分挖掘专业课程中蕴含的劳动教育资源，坚持显性教育和隐性教育相统一。高校在设计课程教学目标时，知识目标层面要体现对专业劳动知识、劳动概念的初步理解；能力目标层面要强调与专业相对应的劳动技能的掌握；素质目标层面要注重培育学生崇高的劳动素养，强化劳动精神、劳模精神和“工匠精神”，以此构建具有专业课程特色的劳育价值体系。

2. 融入专业实践，夯实学生的专业基础

随着“互联网+”、人工智能的发展，产业结构发生了重大变革，伴随着一些新经济形态的出现，专业技能实践的内容和形式也随之发生了很大变化，从而赋予劳动实践新的内涵。因此，高校需要不断开拓专业劳动实践育人平台，催生专业劳动实践新形态。

（1）整合多方资源，建设校外劳动实践基地。高校应加强与地方政府、社区、企业的深度合作，不断整合农场、社区街道、企业等社会资源，建设大学生校外劳动实践基地，让学生走进社区、走进工厂、走进社会，了解民情国情，了解专业领域最新的市场动态，在亲身实践中树立家国情怀。

（2）挖掘校内优势，设立学生劳动岗位。高校应增加校内勤工助学岗位。例如，在教师工作室、校园绿化管理、公共区域、图书馆、教室等地点设立学生勤工助学岗位；另外，还可结合专业特色开辟专门的学生劳作园，农林专业可开辟农作物种植示范园，纺织专业可开辟纤维作物（棉花、麻类、蚕桑）种植园等。

（3）升级赋能，完善校内专业实训场地。在科技革命和产业革命的驱动下，产业新形态、劳动新形态出现，催生了“互联网+”“智能+”等教育新形态的产生。为适应教育教学的改革创新，传统的专业实训场地要在信息媒体技术、仿真模拟等方面升级改造，满足学生对专业实操、服务体验、创新实验的专业服务性劳动的实践需求，从而为学生的专业发展赋能。随着网络直播营销模式的兴起，高校电子商务、市场营销等专业还可投入建设网络直播室，为学生实战操练提供便利。

3. 融入师资培育，打牢学生劳动成才的基石

教师是教育活动的直接实施者，人才培养的关键在教师。劳动教育要有效融入专业教育的各个环节，关键在于建设一支劳动素质有保证、教学方法有高度、劳动技能有水平的师资队伍。

（1）扩大“双师型”专业教师队伍。“双师型”专业教师一方面要具备传授学生专业理论知识和技能的教学素养，另一方面要熟练掌握当前应用企业生产一线的专业技术。专业教师要亲身参与劳动实践，通过定期到企业兼职、挂职、研修访学，掌握最新的生产工艺技术，根据企业调研、行业分析，及时调整教学目标，完善教学内容，不断提升理论和实践教学的资质，尤其是对学生专业实践活动的指导水平。

（2）凝聚社会型劳动师资队伍。高校可设立劳模工作室、技能大师工作室等，从企业中聘请劳动模范、技术能手、大国工匠、道德楷模等担任兼职劳动教师，由教师亲身示范讲授锤炼技艺的经历。通常教师个人的亲身经历最容易与学生产生情感上的联系和思想上的共鸣。教师用自己的故事、经验、阅历、情怀传达劳动的深切寓意，会让学生树立正确的劳动价值观，养成勤奋、诚实、有创造力的劳动态度，厚植劳动至上、工匠光荣的信念追求。

第四节 劳动教育与创新创业教育和德育的融合

一、劳动教育与创新创业教育的融合

(一)高校劳动教育与创新创业教育融合的可行性

1. 高校劳动教育与创新创业教育深度融合的迫切性

高校劳动教育与创新创业教育相融体现了时代特征,有利于培育社会发展所需的创造性劳动者。2020年颁布的《意见》在劳动教育内容中要求,高校的劳动教育应围绕创新创业展开,旨在提升学生的就业创业能力,并引导其树立正确的择业观。可见高校劳动教育与创新创业教育深度融合是符合新时代社会发展要求的有益举措,也是培养学生创造性劳动能力与素质的有效方法。

劳动教育需与创新创业教育深度融合以克服社会劳动异化倾向。我国经济社会飞速发展的同时滋生了享乐主义、虚无主义、劳动无用论,部分群体认为劳动即谋生手段,成为“异化劳动”的受害者。根据马克思劳动异化理论,此群体表现为“在自己的劳动中不是肯定自己,而是否定自己,不是感到幸福,而是感到不幸”。劳动教育与创新创业教育深度融合可激发学生创造性劳动的意愿,创新创业活动本身脱离传统意义上的劳动框架,具有极强的趣味性、开创性,创新创业教育帮助学生树立正确的择业观与就业观,克服“劳动谋生”的排斥感与恐惧感,将“为生活而劳动”转化成“为劳动而生活”。

创新创业教育也需与劳动教育深度融合以夯实创新创业行动的基础。熊彼特曾言:“创新就是生产要素重组”,而劳动是创造生产要素的唯一途径,不经历劳动过程难以得到生产要素,创新创业就会变成“无根之树”“无源之水”。

2. 高校劳动教育与创新创业教育融合的客观性

无论是单独的劳动教育,还是创新创业教育,国内高校均有探索与实践经验,为劳动教育与创新创业教育深度融合提供了客观条件。马克思认识论认为,一个完整的认识过程,是由实践到认识,再从认识到实践的过程。基于高校已有劳动教育、创新创业教育理论与实践基础,可推论出应加快高校劳动教育与创新创业教育深度融合的判断,得出“劳创融合”新模式产生的客观需求,大体分为三方面。

其一,劳动教育与创新创业教育深度融合具有互补的教育目标。创新创业教育需要培育有社会担当的企业家,而非完全重利的商人,劳动教育明确要求时代新人需有“创造性劳动”能力,认同劳动“光荣与伟大”的价值意蕴,这正是企业家需具备的素质。二者相融形成育人新目标,即培养新时代具有劳动精神、首创精神、服务意识的新型企业家。

其二,劳动教育与创新创业教育深度融合具有重合的依托载体。高校实践育人创新创业基地建设为“劳创融合”新型育人模式提供载体,通过同一实践育人基地平台可搭建劳动教育与创新创业教育双方沟通、交流、互惠共生的桥梁,依托于桥梁和载体在人才培养、项目合作、成果转化等领域开展系统化深度合作,实现高校、政府、企业在人才培养、人才选拔等多方面的目标。

其三,劳动教育与创新创业教育深度融合具有共同实施主体。无论是劳动教育还是创

新创业教育，均需社会、家庭、高校同步配合，需进一步建立政府、企业、社会等外部主体监管与高校内部相关部门主体监管相结合的多元主体监管机制。

3. 高校劳动教育与创新创业教育融合的社会性

社会性是指高校育人过程中培育对象产生的有利于集体和社会发展的特性。从长远角度而言，高校劳动教育与创新创业教育深度融合具有社会服务价值、社会集体观念与社会经济效益。

其一，劳动教育与创新创业教育深度融合有利于为基层输送人才。当今劳动力市场具有人才流动“单向”积弊，大学生毕业后就业脱离基层会导致创新创业事业发展困难。劳动不单指体力劳动，还包括脑力劳动，而创新创业是将劳动内化于心、外化于行的途径，“劳创融合”育人模式是破解人才市场困境的有效方法。

其二，劳动教育与创新创业教育深度融合有利于促进乡村振兴和精准扶贫。乡村振兴和精准扶贫需要劳动实践支撑与创新、创业的加持，人才是二者内在需求的关键点。劳动教育与创新创业教育融合有利于培养愿意扎根乡村、振兴乡村的新型人才，有利于催生创业扶贫项目，满足贫困户的脱贫发展需求，进一步推进乡村振兴及精准扶贫。

其三，劳动教育与创新创业教育深度融合有利于服务区域发展。服务区域发展是高校办学的重要理念，劳创协同育人有利于打造具有区域特色、社会经济价值的创新品牌项目。

（二）高校劳动教育与创新创业教育融合的措施

劳动精神是指劳动者对劳动的热爱态度，以及在劳动过程中展现的积极人格气质与创造性。“劳创融合”育人模式旨在培育青年劳动者的劳动精神，使其在劳动过程中形成劳动创造的积极态度、开拓创新的精神品格。打造“劳创融合”新型育人模式可以弘扬劳动精神、激发首创精神、增强服务意识。

1. 弘扬劳动精神，打造“劳创融合”新型育人模式

弘扬劳动精神，是新时代劳动观的必然要求，也是高校学子争做时代新人的必然选择。

（1）以第一课堂为基础，完善“劳创融合”课程体系。针对大学生创新创业需求，高校应以第一课堂为基础分门别类开设课程。除面对全部学生开设劳动思想理论必修课、创新创业知识必修课之外，对无创业意愿、创业意愿不强的学生可通过开设相关通识选修课、马克思劳动观思想教育课、创新创业体验课、职业生涯管理等课程向其普及劳动理论、提高其劳动素质，激发学生的创新创业热情与劳动意愿，以更好地服务就业择业。针对创业意愿强的学生，应增设创新创业课程群，分为社会实践类、志愿服务类、劳动技能类等选修课程供学生学习，依托劳动育人基地、创新创业实践育人基地为学生提供学习和交流的平台。

（2）以第二课堂为关键，完善“劳创融合”活动体系。第二课堂是促进劳创融合的主要平台。高校应将学生“劳创融合”相关活动的参与数量、质量纳入第二课堂考核项目中，通过固定学生必须参与的活动，如“劳动周”“创新创业体验周”等促进学生习惯“劳创融合”模式，从“劳创融合”中寻找乐趣。

（3）以督导机制为保障，完善“劳创融合”评价体系。建立完善的督导、评价机制是树立实践育人导向的关键举措。传统实践育人督导评价机制多以“规定”“管理条例”形式为主，评价具体要求较模糊，高校在开展实践育人活动时难免受制约，缺少活力与动力。高校打造“劳创融合”新型实践育人机制，首先应明确要求，本科阶段课程不少于32学时；其次建

立劳动教育教师培训制度,解决师资力量不够、不专、不精的问题,聘请在创新创业领域有突出贡献的行业专业人士或劳动模范担任创新创业、劳动实践指导教师,强化教师劳动教育的自觉性,奖励培训成绩优异的讲师;最后建立劳创素养评价机制,定期考核,同时全面客观记录学生课内外的劳动过程和结果,做好评价记录,形成质量考核标准,作为升学、转专业、评奖评优的参考。

2. 激发首创精神,打造"劳创融合"新型育人模式

首创精神是创新意识更高层次的表达方式,打造"劳创融合"新型育人模式需激发首创精神。

(1)将"劳创融合"作为推进"五育并举"的重要举措。例如,举办产业创新创业大赛,可以为体育事业注入创造活力;将劳动教育融入美育之中,通过各种有益的"劳美相融"活动,学生可以认知美感、创造美感,美化劳动主体、环境、工具、过程、产品。

(2)将劳动教育载体与创新创业教育载体有机统一。高校应采取"化零为整"的理念,将分散的劳动教育资源融入实践育人体系,最大限度地激发学生的首创精神。高校可以将实践育人创新创业基地作为场所载体,为劳动教育提供场所保障;以各种劳动实践活动、创新创业活动为活动载体,增加劳动选择的多样性;立足于场所载体与活动载体,加强学校教育活动设施标准化建设,建立器材、耗材补充机制,完善安全保障机制,充分利用创新创业资源开展劳动实践。

(3)将开放共享理念纳入高校新型人才培养体系。开放共享是我国五大发展理念之一。高校应以开放共享为办学理念,将大学生劳动者作为培养主体,让学生在共享中增加创新动力。新型人才培养体系应注重"五育并举",以劳动教育为实践基石,以创新创业教育为延伸,实现劳动教育成果与创新创业教育成果共享、资源共享、人才共享。促进成果共享需发挥首创精神、创新成果形式,将劳动技术与创新创业融进科研成果、实践项目成果,搭建共享平台,向社会推广"劳创融合"育人模式的有益经验,实现良性协同发展;通过校企资源沟通、校校资源沟通、跨地域资源沟通、政府资源调配等形式可促进资源共享;促进人才共享则需凝聚劳动型、创造型人才,打造"师生共创"模式,推进人才培训与人才推荐机制建立。

3. 培育服务意识,打造"劳创融合"新型育人模式

指导学生服务社会并投身于社会建设,是所有教育手段的最终目的。

(1)项目驱动,彰显育人特色。一要健全"社、校、家"三位一体的项目保障机制,社会为项目提供平台或资源支撑,家长需树立正确的劳动观念与大局意识,摒弃功利主义思想,支持配合学校探索"劳创融合"项目,形成三方互相支持的引导育人格局;二要支持"劳创融合"项目研究,尤其是支持具有专业特色、地域特色、学校文化特色的新项目;三要坚持"基础项目+提升项目+拔尖项目"的层级化项目建设思路并鼓励学生服务社会项目建设,推进社会实践等基础项目全面化,创新创业社团、劳动训练活动等提升项目精品化。

(2)竞赛引导,提升育人质量。高校应创新竞赛形式,形成闭环式竞赛体系,实现由知识到技能的转化、校内实训到创业实战的过渡,达到通过赛事比拼提升服务的目的;组织开展精品社会实践、志愿服务、创新创业、劳动实践比赛等活动,以高质量项目培养高质量人才。

(3)产教融合,强化育人体验。产教融合将"教育链"与"产业链"衔接,有效缓解了高

校人才培养供给侧与产业结构需求侧的矛盾。学生深入企业与社会服务岗位,有助于其增加感情认同。通过建立校企协同共建育人基地、打造校企合作产教融合项目、企业导师进课堂等方式开展协同育人,可解决学生实习实践场地不足、实践指导不到位、理论与实践脱节等问题,为企业提前吸引优秀毕业生入职做好准备。

二、劳动教育与德育的融合

当前,德育和劳动教育是新时代党和国家的重要教育方针,是高校培养德智体美劳全面发展的高水平技术技能型人才的重要内容。尽管目前德育和劳动教育的联动耦合路径处于发展阶段,诸多文件和措施都在陆续出台,但二者的协同创新还有提升空间,也具有积极意义。

(一)劳动教育与德育融合要解决的主要问题

劳动教育和德育的联动耦合机制旨在加强高校劳动教育的针对性、必要性。以国内高校加强劳动教育的经验为参考,以深入广泛的调研、访谈为依据,综合国内外高校劳动教育理论和实践的研究成果,探究分析新时代大学生劳动教育的理论和实践。

1. 解决国内劳动教育理论不系统的问题

目前,国内高校劳动教育研究尚处于起步阶段,理论不系统。我们要从理论与实践的角度进行探索和应用,丰富国内劳动教育的内容和体系,推出更多、更好的劳动教育理论和实践创新成果,大力弘扬劳模精神、劳动精神、工匠精神。

2. 解决劳动教育融入校园文化不充分的问题

校园文化是劳动教育的重要载体,目前高校校园文化建设仍存在劳动教育缺失的问题,客观上制约了劳动教育的深入开展。对劳动教育融入校园文化的路径进行有效探究,可以切实提升劳动教育的实际效能,加强劳动教育在校园内的建设。

3. 解决劳动教育与课程体系不完善的问题

学校劳动教育具有系统性优势,将劳动教育和德育全面融合,对全方位开展新时代大学生劳动教育具有重要作用。高校应注重劳动教育的系统化提炼,课程实施采取“必修课与选修课相结合”“长课与短课相结合”“分散节点式与集中探究式相结合”“实践课与理论课相结合”的方式,推动劳动教育的开展。

(二)劳动教育与德育融合的方法

劳动教育与德育相融合不应局限于课堂内、校园内,而是要延伸到课堂外、校园外,准确把握高校劳动教育的探索本质,加深高校劳动教育的理论研究。具体如:将劳动教育融入校园文化和企业文化中,探索高校劳动教育的新路径;将劳动教育融入学科建设和课程设置中,引导大学生树立正确的劳动价值观;将劳动教育融入志愿者活动等社会实践中,培养学生正确的社会责任观;将劳动教育融入家庭、社会、学校教育中,构建“三位一体”的协同育人机制。

1. 从学生被动教育到主动学习模式探讨,以知促行

高校应以学生的成长过程为主线,从学生自身的视角出发,完善育人体系,充分考虑学生的学习生活环境,调查学生自身的心理需求,把握学生的兴趣点,多维度激发学生主动进

行自我教育,如将劳动教育标准融入评奖、评优、评分体系,作为入党入团的硬性指标,从学生的兴趣点激发学生自我教育的意识;通过学生行为规范的学习,认真落实行为准则,培养一批以身作则的行为榜样,带动学生的思想教育;创新育人方式,以学生喜闻乐见的形式开展劳动教育,例如通过"直播、抖音"等创新形式,积极运用幽默的语言吸引学生的注意力,提升育人效果;全面发挥学生团体组织的育人作用,积极组织开展各类教育活动,形成自育机制。

2. 开展"隐性教育",形成"以劳化人"校园成长生态

高校应创建劳动教育与优秀传统文化、革命文化、社会主义先进文化相结合的校园育人环境,让校园环境能"说话",可以"动"起来、"活"起来;通过实践活动、传统文化节日、校史馆、校训、校歌等,营造润物无声的文化氛围,逐步提升学生的涵养;让学生可以了解祖国悠久的历史文化,知晓舍生取义的红色文化,践行社会主义核心价值观,培养其成为社会主义合格建设者和可靠接班人;让学生切身感受到生长在中华民族这个大家庭的骄傲和自豪,在接地气的环境氛围里,让育人的气候"火"起来;从社会主义核心价值观教育方面,培育、选树和宣传一批在学习励志、实践奉献、参军报国、诚信友善、创新创业、志愿服务等方面践行社会主义核心价值观的先进典型,营造积极向上的"校风、学风"。

在社会主义先进文化教育方面,高校应寻找劳动教育与思想政治教育的契合点,挖掘革命文化的育人内涵,充分利用国家重大纪念日与重点文化基础设施开展社会主义先进文化和劳动教育。在校园文化建设方面,高校应挖掘校史、校风、校训、校歌的教育作用,建设特色校园文化;支持师生以原创话剧的形式说好身边的故事,丰富劳动教育的内涵;积极开展各项主题活动,积极进行文明校园创建,打造建设社会主义精神文明的高地;深入挖掘古今中华名人故事,关注社会现象,紧密结合时政,例如总结抗击新型冠状病毒性肺炎疫情中出现的最美"逆行者"感人事迹,将其整理为生动的案例推广给学生,以此提升学生的思想水平。

3. 充分利用信息化手段进行劳动教育,让学生真正爱上劳动

高校应建立学生信息管理系统,简化日常学生管理工作,使学生管理工作程序化、透明化、可视化。构建一个科学、高效的信息管理系统,可使辅导员有更多的精力与学生谈心谈话。管理系统应具有电子点名功能,可使教师点名电子化,并实时显示学生的出勤率、迟到率、学习态度等方面的指标,每学期教师对每个学生进行评价,定期将学生的表现发送给学生家长,实现家校联动育人机制。

此外,高校可将劳动教育加入学生的互动环节,比如设立"劳动教育"公众号,分享成功教学视频,并通过该平台展示学生在成长中拼搏进取的事迹,传播社会正能量;激励学生对此平台进行自主运行、日常维护,以此提高学生的管理、运营和创新能力,提高其政治素养,增强其责任意识。

参考文献

[1] 吴卫卫. 革新与实践:新时期高校大学生劳动教育研究[M]. 北京:九州出版社,2024.
[2] 刘斌,黄妩. 高校劳动文化教育改革路径研究[M]. 长春:吉林出版集团股份有限公司,2024.
[3] 刘鑫. 小学劳动教育探索与实践[M]. 北京:现代出版社,2023.
[4] 温斌,张双会. 新时代大学生劳动教育教程[M]. 上海:上海交通大学出版社,2023.
[5] 王玉娥. 大学生劳动教育理论教程[M]. 重庆:重庆出版社,2024.
[6] 刘强. 新时代大学生劳动教育与实践研究[M]. 延吉:延边大学出版社,2023.
[7] 刘升学,李理,曹毅. 新时代大学生劳动教育教程[M]. 长沙:湖南师范大学出版社,2023.
[8] 鲁明川,刘珊珊. 新时代大学生劳动教育教程[M]. 杭州:浙江大学出版社,2023.
[9] 崔现强,黄伟,朱卫东. 大学生劳动教育理论与实践教程[M]. 上海:上海交通大学出版社,2023.
[10] 林玲玲,温君慧,徐楠,赵洁. 劳动教育教程[M]. 北京:清华大学出版社,2023.
[11] 朱华炳,鲍宏. 大学劳动教育与实践教程[M]. 北京:机械工业出版社,2023.
[12] 高强,龙婷,石智生. 新时代,新青年[M]. 北京:中国民主法制出版社,2023.
[13] 成玉莲,董晓平. 大学生劳动教育理论教程[M]. 北京:北京理工大学出版社有限责任公司,2022.
[14] 尹新元,崔振魁,刘佳. 大学生劳动教育教程[M]. 成都:电子科技大学出版社,2022.
[15] 刘社欣. 大学生劳动教育教程[M]. 北京:清华大学出版社,2022.
[16] 王桂武,高林国. 大学生劳动教育教程[M]. 天津:天津科学技术出版社,2022.
[17] 魏磊,李家恩,李贵邦. 大学生劳动教育教程[M]. 北京:电子工业出版社,2022.
[18] 郑耿忠,袁德辉,冯健文. 大学生劳动教育与实践[M]. 北京:清华大学出版社,2022.
[19] 吴德明,董妍玲,何春涛. 大学生劳动教育[M]. 武汉:华中科技大学出版社,2022.
[20] 李志峰. 大学生劳动教育概论[M]. 武汉:武汉大学出版社,2021.
[21] 徐趁丽,石林,佘林芳. 新时代大学生劳动教育教程[M]. 北京:中国书籍出版社,2020
[22] 金秋萍,金成. 新时代大学生劳动教育理论与实践[M]. 南京:南京大学出版社,2020.
[23] 邵文祥. 新时代大学生劳动教育教程[M]. 成都:电子科学技术大学出版社,2020.
[24] 陈锋,褚玉峰. 新时代劳动教育理论与实践教程[M]. 上海:同济大学出版社,2020.
[25] 许媚. 新时代劳动教育读本[M]. 成都:电子科技大学出版社,2020.
[26] 周万才,周丽姐,王潇伟. 劳动教育理论与实践教程[M]. 上海:上海交通大学出版社,2020.
[27] 陈森,赵万江,唐杰. 劳动教育[M]. 成都:电子科技大学出版社,2020.
[28] 王琳,吴远志,张承安. 劳动教育与职业素养[M]. 北京:外语教学与研究出版社,2019.